LA TRANSFORMACIÓN TOTAL DE SU DINERO

UN PLAN EFECTIVO PARA ALCANZAR BIENESTAR ECONÓMICO

DAVE RAMSEY

GRUPO NELSON
Una división de Thomas Nelson Publishers
Desde 1798

NASHVILLE   DALLAS   MÉXICO DF.   RÍO DE JANEIRO   BEIJING

Tipografía: *Grupo Nivel Uno, Inc.*

ISBN: 978-1-60255-111-4

Impreso en Estados Unidos de América

09 10 11 12 BTY 9 8 7 6 5 4

A mi bella esposa, Sharon, que pasó brazo a brazo conmigo por una transformación total de nuestro dinero. Te amo, vida mía.

A las superestrellas en todo Estados Unidos que han tenido el valor de enfrentarse a la persona en el espejo, a la cultura, a sus familiares y hasta a sus compañeros de trabajo al «vivir como nadie para después poder vivir como nadie». Ustedes, que con valor tuvieron una transformación total de su dinero en el corazón y en la billetera, son verdaderas superestrellas.

Al equipo de Dave Ramsey y de Thomas Nelson por las incansables horas que dedicaron a poner este material a la disposición de todo el mundo.

Contenido

1. El desafío de la *Transformación total de su dinero*   1

2. Negación:
No estoy *tan* fuera de forma   10

3. Mitos de la deuda:
La deuda (no) es un instrumento   19

4. Mitos del dinero:
Los inexistentes secretos del rico   59

5. Dos obstáculos más:
Ignorancia y competencia con los vecinos   86

6. Ahorre mil dólares rápidamente:
Camine antes de correr   103

7. El «Plan bola de nieve»:
Pierda peso rápidamente, de verdad   120

8. Complete el fondo de emergencia:
Eche a Murphy a puntapiés   146

9. Maximice sus inversiones para la jubilación:
Esté en buena salud financiera de por vida   165

10. Fondos para estudios:
Asegúrese de que también estén incluidos los hijos   183

11. Pague la hipoteca de su casa:
Siéntase en muy buenas condiciones   200

12. Cree riqueza como loco:
Arnold Schwarzedollar, Míster Universo del Dinero   221

13. Viva como nadie   239

Modelos de presupuesto   245

1

El desafío de la
Transformación total de su dinero

«¡Tan perdido como una pelota en la maleza!» (o como una aguja en un pajar). Así es exactamente como me sentía. Aunque eso fue hace quince años, puedo aún experimentar mis sentimientos como si fuera ayer. Descontrolado, perdido, sin la energía necesaria, me veía arrastrando mi tristeza por el cuarto como las sombras de la tarde en un día de invierno. Sentado otra vez en la mesa de la cocina, con demasiado mes por delante y acabándoseme el dinero, no estaba para bromas. Ese arreglo de «adultos» en el que la esposa le considera como el sostén del hogar y los niños esperan de usted la comida y el abrigo, no estaba precisamente dando resultado. No me sentía como un adulto poderoso; al contrario, en mi interior había un niñito con mucho miedo: miedo a las cuentas mensuales, miedo al pago de la hipoteca de este mes, y totalmente aterrorizado cuando consideraba el futuro. ¿Cómo iba yo a enviar a los hijos a la universidad, a jubilarme, a disfrutar la vida y a no vivir bajo la preocupación del dinero?

La familia estadounidense «normal»

Me parecía igual cada mes que me sentaba a la misma mesa con las mismas preocupaciones, temores y problemas. Tenía demasiadas deudas, muy pocos ahorros y ningún sentido de control sobre mi vida. Por fuerte que trabajara, me parecía que no tenía las de ganar. Estaba llamado a ser esclavo sempiterno de algún banquero, del gobierno y de las «necesidades» de mi familia. Cuando Sharon y yo «hablábamos» sobre dinero, terminábamos peleando; ella se sentía atemorizada y yo incompetente. La compra del próximo automóvil, la próxima casa, la universidad de los niños, nuestro futuro en general parecían fuera de nuestro alcance. Yo no necesitaba que un tipo de esos que se hacen ricos rápidamente me diera cuerda ni que me dijera que tenía que ser positivo. No necesitaba una fórmula secreta para volverme

> Tenía demasiadas deudas, muy pocos ahorros y ningún control sobre mi vida.

rico. No le tenía miedo al trabajo ni al sacrificio. No quería buscar la manera de ser positivo. Yo era positivo respecto de una cosa solamente: Estaba cansado de estar cansado. Estaba cansado de sentarme a «pagar las cuentas» y de sentir como si un gran peso me cayera encima. La desesperanza era abrumadora. Me sentía como un ratoncito de laboratorio en una rueda, gira que gira, sin tracción, sin cubrir terreno; tal vez la vida era solo una ilusión financiera. Todo el dinero venía, todo el dinero se iba, y solo los nombres se cambiaban para proteger al inocente. Debía y debía, y a trabajar partía. Usted conoce la rutina y todos los clichés propios de ella.

Durante algunos meses todo parecía funcionar, y creía que quizás íbamos a estar bien. Bien podía decirme: «Bueno, así es como vive todo el mundo». Esos momentos permitían suficiente espacio para contonearme y poder seguir engañándome con eso de que estábamos abriéndonos paso. Pero en el fondo, yo sabía que no.

Seguí mi propio sistema, pero no funcionó

¡BASTA! ¡ESTO APESTA! Finalmente decidí que este plan —que no era tal cosa— no daba resultado. Si ha tenido alguna vez esos sentimientos, le va a gustar este libro; y lo más importante, le encantará la *Transformación total de su dinero*.

Hace quince años mi esposa Sharon y yo quedamos en bancarrota. Lo perdimos todo debido a mi estupidez lidiando con el dinero, o en no lidiar con él, como sea el caso. Llegar al fondo de golpe fue lo peor que jamás me haya pasado y lo mejor que jamás me pasará. Comenzamos con nada, pero cuando tenía veintiséis años de edad, éramos dueños de bienes raíces valorados en más de cuatro millones de dólares. Yo era bueno en bienes raíces, pero era mejor en pedir dinero prestado. Aun cuando llegué a ser millonario, había construido un castillo de naipes.

Para hacer el cuento corto, pasamos por el infierno financiero y lo perdimos todo en un período de tres años. Nos demandaron, fuimos a juicio hipotecario y, finalmente, con un niño recién nacido y uno que comenzaba a caminar, quedamos en bancarrota. *Asustados* no es la palabra que define bien cómo nos sentíamos. *Aplastados* viene mejor, pero nos aguantábamos uno del otro y decidimos que necesitábamos un cambio.

Así, pues, luego de perderlo todo, me lancé a la búsqueda, una búsqueda para encontrar cómo de veras funciona el dinero, cómo controlarlo y cómo podía confiar en el manejo del mismo. Leí todo lo que caía en mis manos. Entrevisté a personas ricas de mayor edad, gente que hizo dinero y lo conservó. Esa búsqueda me llevó a un lugar donde me sentí bien incómodo: a mi espejo. Y vine a darme cuenta de que mis problemas, mis preocupaciones y mi escasez de dinero comenzaban y terminaban en gran medida con la persona que tenía ante mí en el espejo. Comprendí también que si yo podía aprender a dominar al personaje que se afeitaba todas las mañanas, también podía triunfar en los asuntos de dinero.

Esa búsqueda, la que terminó con mi contemplación ante el espejo, me llevó a una nueva ruta durante los últimos quince años: la de ayudar a otros, literalmente a millones, a emprender la misma búsqueda ante el espejo. Conferencias, la Universidad Tranquilidad Financiera [Financial Peace University, en inglés], el *Show de Dave Ramsey* (programa radial) y los éxitos de librería según el *New York Times*, *Financial Peace* (*Tranquilidad financiera*) y *More Than Enough* [Más que suficiente], me permitieron decirles a millones de estadounidenses lo que aprendí —con mil trabajos— acerca del dinero.

El gran desafío: Busque un espejo

Tengo un reto para usted. ¿Está dispuesto a enfrentarse con la persona, sea hombre o mujer, que aparece en el espejo? Si lo está, usted está listo para la victoria. Yo redescubrí la fórmula sencilla que tienen Dios y mi abuela para manejar el dinero. La creación de riqueza no es la ciencia del cohete, lo cual es bueno para mí (y probablemente para usted). Ganar en el campo del dinero es ochenta por ciento comportamiento y veinte por ciento conocimiento. Lo que hay que hacer no es el problema, hacerlo sí lo es. La mayoría sabemos lo que hay que hacer, pero sencillamente no lo hacemos. Si yo puedo controlar la persona que está ante el espejo, puedo llegar a ser delgado y rico. Dejemos que otros libros hablen de la delgadez, y yo los ayudaré con la parte de la riqueza. No, no hay secretos y sí, la cosa es bien difícil. Oiga, si fuera fácil, cualquier retardado sería rico.

Mito vs. Realidad	
Mito:	No tengo tiempo para hacer un presupuesto, un plan de jubilación, ni un testamento.
Realidad:	No tiene tiempo para no hacerlo.

Así, pues, la *Transformación total de su dinero* comienza con un desafío. El desafío es usted. Usted es el problema con su dinero.

Ni el canal financiero ni algunos programas grabados son su respuesta; usted es la respuesta. Usted es el rey de su futuro, y yo tengo un plan. El plan de la *Transformación total de su dinero* no es teoría. Es algo que funciona siempre. Funciona porque es sencillo.

Funciona porque va al meollo de sus problemas económicos: usted. Está basado en una serie de precios que hay que pagar para ganar. Todos los que ganan pagan un precio por ello. Algunos perdedores pagan un precio y nunca ganan, y eso es lo común porque no tienen el beneficio de un plan probado para estar en forma financieramente.

Gente común y corriente

Decenas de miles de personas comunes y corrientes han usado el sistema que se explica en este libro para salir de deudas, reconquistar el control y crear riquezas. He divulgado sus casos a través del libro. Si en algún momento durante su renovación se ve tentado a desistir o si necesita un poco de estímulo, lea una de esas historias. Esas personas se sacrificaron por un breve período de tiempo, para nunca más tener que sacrificarse otra vez.

> Ganar en el campo del dinero es ochenta por ciento de comportamiento y veinte por ciento de conocimiento.

Si está buscando un mapa para encontrar su casa, lo encontró. Si está buscando algo fácil o rápido, este no es el libro. Si está buscando uno que lo ayude a aprobar su examen de contador público o conocimiento financiero, este no es el libro. Si está buscando un escritor con intrincadas teorías (que no funcionan en el mundo real), se ha equivocado de autor. Poseo muchos títulos académicos, pero terminé arruinado. He llegado a ser actualmente dos veces millonario partiendo de cero. La primera vez tenía veinte años, el dinero estaba en bienes raíces, y lo perdí debido a mi estupidez; la segunda vez, no tenía todavía cuarenta años, pero en esa ocasión hice con el dinero lo que era correcto, y estoy libre de deudas.

Oigo a menudo sobre profesores de economía arruinados, que se quejan de que mi sistema es demasiado simple, o como me dijo alguien un día por el correo electrónico sobre un tema que se trató en el *Show de Dave Ramsey*. «Usted es un caballito de un solo truco». A aquellos de ustedes que dicen tener grandes planes pero que no se han puesto en ejecución, les digo: «Demuéstrenlos. Yo lo he demostrado». A mí me gusta el modo en que he creado riquezas, más que el modo en que ustedes no las han hecho.

> ### Estadísticas sorprendentes
>
> Noventa por ciento de la gente en nuestra cultura compra cosas que no debía darse el lujo de obtener.

Usted se encontrará con personas, cultas e incultas, a través de este libro que han ganado, o han comenzado a ganar dinero por primera vez en sus vidas. ¡La *Transformación total de su dinero* da resultado!

El lema de la *Transformación total de su dinero*

Este plan da resultado, pero le costará. Y le enseñará a decir nuevas palabras como: «No». En resumen, la *Transformación total de su dinero* será una renovación personal del dinero con la que aprenderá este lema: SI USTED VIVE COMO NADIE, DESPUÉS PODRÁ VIVIR COMO NADIE. Este es el lema de la *Transformación total de su dinero*. Esta es mi forma de recordarle que si usted hace ahora los sacrificios que la mayoría de las personas no están dispuestas a hacer, más

> ### ARiTMÉTiCA TORCiDA
>
> **Una sensación falsa de seguridad**
>
> Algunas personas desean comprar un automóvil nuevo por la garantía. Si usted pierde 17,000 dólares del valor en cuatro años, como promedio habrá pagado demasiado por una garantía. Usted pudo haber reconstruido completamente el automóvil dos veces por 17,000 dólares.

tarde podrá vivir como esas personas nunca podrán vivir. Usted observará el lema en todo este libro, hasta debajo de cada página. Siento mucho que no exista una vía más fácil para expresarlo, pero lo bueno de todo esto es que funciona.

Usted puede repetirse el lema a medida que deje pasar una compra con el propósito de lograr sus metas. Cuando trabaje hasta tarde y se sienta cansado, repítase el lema a sí mismo. Por supuesto, no se trata de una fórmula mágica; yo no estoy en eso. Pero le recordará que usted ganará, y las ganancias van a ser dignas del costo.

Algunos de ustedes son tan inmaduros que no están dispuestos a retrasar el placer para luego obtener un resultado mayor. Yo les mostraré exactamente cómo obtener el resultado que desean, de modo que el precio que paguen no sea en vano. No quiero caminar sobre carbones encendidos por la simple razón de que es divertido, pero si se me demuestra que una caminata corta y dolorosa pondrá fin a la vida de preocupaciones, frustraciones, estrés y temores que me traerá el estar en quiebra permanente, tráiganme los carbones calientes.

> Usted *ganará*, y el pago *será* digno del costo.

---

*I*nicié mi propio negocio al «estilo americano»… ¡a crédito! A medida que luchaba por obtener nuevas cuentas, las viejas estaban reteniendo mi dinero de cuarenta a ciento sesenta días, de modo que cuando por fin obtenía mi dinero, había tratado de cubrir todos los gastos del mes con mis tarjetas de crédito. Antes de darme cuenta, estábamos endeudados en 78,000 dólares, sin incluir la casa. Estábamos demasiado hundidos. Entonces decidí buscar un segundo empleo, trabajando con mi viejo patrón en trabajitos temporales de treinta a sesenta horas semanales.

Nos dedicamos a trabajar intensamente. Trabajé de ochenta a cien horas por semana durante varios meses y comencé a eliminar nuestras deudas poco a poco. Vendimos nuestra casa y usamos el dinero para liquidar la línea de crédito de 11,000 dólares basada en el valor de la casa y nos mudamos a otra. ¡Trabajaba cada día de la semana desde las 4:30 a.m. hasta las 2:00 a.m. A menudo trabajaba toda la noche y seguía trabajando al otro día, sin dormir hasta la medianoche siguiente. Como resultado de ese esfuerzo, pudimos enviar cheques de seis, siete y ocho mil dólares a las compañías de tarjetas de crédito. Vendimos nuestro camión y compramos un Honda Civic del 88 por 1,800 dólares en efectivo, que sigue funcionando perfectamente hasta el día de hoy.

Fue necesaria una firme determinación para gastar menos ese año para poder pagar la deuda que tomó dos años en acumularse. ¡El último cheque que emití fue al Citi-Bank por 5,411 dólares, y ese fue el día más feliz que mi esposa y yo tuvimos en un largo tiempo!

Ahora tengo una semana normal de trabajo, y puedo estar con mi esposa y mis hijos por las noches. Estoy muy agradecido al plan de la Transformación total de su dinero de Dave Ramsey por darme los instrumentos y la inspiración para liberar a mi familia de la esclavitud que nos ató tan fuertemente por el cuello. ¡Después de años de hacer solo 48,000 dólares anuales, con duro trabajo, pagamos una deuda de 78,000 dólares en doce meses!

Puede que yo sea un caso extremo, pero soy prueba de que si uno se decide realmente a ser libre, no toma tanto tiempo como se cree. ¡Usted también estará camino al éxito!

Shad Peck Plomero

Mi promesa para usted

Mi promesa para usted es: Si sigue la orientación de este sistema probado de sacrificio y disciplina, podrá estar libre de deudas, comenzar a ahorrar y dar como nunca antes. Creará riquezas. Además, le aseguro que todo depende de usted. La *Transformación total de su dinero* no es una fórmula mágica para alcanzar la riqueza. Este sistema no funciona a menos que usted funcione, y solamente en el grado de intensidad en que sea capaz de ponerlo en marcha. En las siguientes páginas conocerá muchos individuos y familias que han ganado muchas victorias monetarias pero ni una de ellas se ganó hasta que ganaron la batalla con el personaje del espejo.

Su situación no es culpa de su esposa (bueno, quizás, pero de eso hablaremos más adelante), no es por culpa de sus padres, ni de sus hijos, ni de sus amigos.

¡ES CULPA SUYA!

Mi vida financiera comenzó a cambiar cuando asumí toda la responsabilidad de ella. A través de todos Estados Unidos hay personas que han utilizado estos pasos para llegar a ser libres, reconquistar un sentido de confianza y control, y forjar un futuro mejor para sus familias. Por favor, acompáñeme en un viaje lejos del joven que era yo, el que describí anteriormente, que estaba atormentado con preocupaciones, temores y culpa respecto del dinero. Haga este viaje conmigo rumbo a la *Transformación total de su dinero*, pero recuerde que la primera parte de la búsqueda es confrontar al hombre del espejo.

> ## *Dave declara...*
>
> Los ahorros sin misión son basura. Su dinero debe trabajar para usted, y no estancarse.

Ese hombre del espejo es su desafío para la *Transformación total de su dinero*.

2

Negación: No estoy *tan* fuera de forma

Hace varios años me di cuenta de que había dejado que el cuerpo se me volviera grasa nada más. Había trabajado tan duro durante tantos años que había descuidado mi condición física. El primer paso para recobrar la forma era comprender la necesidad de cambiar mis métodos; pero el segundo, igualmente importante, era identificar los obstáculos para lograrlo. ¿Qué podría impedir que recobrara mi forma? Una vez que comprendí cuáles eran los obstáculos, comencé un proceso para perder peso, desarrollar músculos y llegar a estar en mejor forma. La *Transformación total de su dinero* es lo mismo. Usted necesita comprender que existe un problema, pero también debe ver lo que pudiera obstaculizar su marcha hacia la buena condición financiera. Los próximos capítulos identificarán algunos inconvenientes importantes que pudieran impedir la *Transformación total de su dinero*.

> Noventa por ciento de la solución de un problema es darse cuenta uno de que existe.

Mírese en el espejo. Mírese detenidamente. ¿Qué ve? Encoja el vientre; levante el pecho y mírese bien. No importa cuántos ángulos o poses asuma, el espejo es cruel. «Bueno, no estoy *tan* gordo, tal vez un poco fofo». Mi papá solía decir que noventa por ciento de la solución de un problema es darse cuenta uno de que existe. Enfocar el asunto intensamente, con una intensidad de vida o muerte, es lo que se requiere para que ordene de nuevo sus patrones de gasto, uno de sus mayores obstáculos va a ser la NEGACIÓN. Lo triste es que usted puede ser financieramente mediocre en este país, financieramente fofo y ser todavía uno del promedio. Y si se conoce la verdad, formar parte del promedio, ser normal y financieramente fofo es correcto según las normas de la mayoría de la gente. Este, sin embargo, no es un libro para personas tímidas y delicadas. Es un libro sobre ganancias, sobre cómo realmente tener algo.

> ## Mito vs. Realidad
>
> **Mito:** La consolidación de las deudas ahorra intereses y tiene solo un pago más pequeño.
>
> **Realidad:** La consolidación de las deudas es peligrosa porque solo trata los síntomas.

«Estaba sumamente apretado». Esa era la mejor manera de describirme cuando comencé a escuchar a Dave Ramsey. Podía inducir con suma rapidez a las personas a que creyeran que yo sabía cómo hacer dinero; pero la verdad era que de eso no tenía ni idea. Actuaba totalmente en negación. La realidad consistía en noches que pasaba desvelado pensando en los cheques que había enviado por correo para pagar cuentas y que podían llegar, y en que tenía que llevar corriendo mi cheque al banco a la hora de almorzar para cubrirlos. Usaba tarjetas de crédito como todo el mundo y sostenía que esa era una manera inteligente de estirar el dinero. Eso me ayudaba a estirar mi sueldo, ¡con una tasa de dieciocho a veintinueve por ciento de interés!

Entonces toqué fondo. La frustración llegó al máximo y comprendí que no controlaba mi situación. ¡había contraído una deuda de 45,000 dólares en tarjetas de crédito solamente!

Siguiendo el plan de la Transformación total de su dinero, he reducido esa suma a 24,000 dólares en veinticuatro meses. ¡Eso ha representado un promedio de 875 dólares extra para liquidar deudas cada mes! ¡Ahora pago a tiempo mis cuentas, sin más notificaciones de cheques rechazados en el correo, y duermo como un bebé! Eso fue posible porque reconocí que no estaba controlando mi dinero, sino que mi dinero me estaba controlando a mí. Doy gracias a Dios por descubrir a Dave Ramsey y a la Transformación total de su dinero. Si usted cree que puede estar al borde de un problema financiero, o simplemente necesita orientación, practique el plan de la Transformación total de su dinero. ¡De veras, no puede darse el lujo de no conocerlo!

Randolph y Linda England
(ambos de 53 años de edad)
Operador y técnico de aguas residuales,
maestra de escuela

No espere a que la negación lo deje fuera de combate

Por varios años he hablado cerca de quince veces al año ante audiencias de dos mil hasta ocho mil personas, enseñándoles las ideas que aparecen en este libro. Después de un evento en que hablé ante cuatro mil personas, Sara me dijo que la *Transformación total de su dinero* le llegó solo después que la vida le hizo un llamado.

Me dijo que había escuchado mi referencia al *Wall Street Journal* donde se reportaba que setenta por ciento de los estadounidenses viven de sueldo en sueldo, pero ella pensaba honestamente que estaba incluida en el treinta por ciento que estaba bien. Ella había asumido cierta postura financiera, y esa postura era una negación.

Con dos hijos de su matrimonio previo, Sara se había vuelto a casar y se hallaba feliz y segura en su empleo, como lo estaba su esposo John. Su nueva vida parecía maravillosa. Sus entradas combinadas eran de cerca de 75,000 dólares al año, con las deudas «normales» de un pequeño préstamo estudiantil, un préstamo para la compra de un automóvil y «solo» 5,000 dólares de una tarjeta de crédito. Con la vida bajo control y todo marchando bien, Sara y John decidieron que su nueva familia necesitaba una nueva casa, así que seleccionaron un constructor y comenzó la edificación. En lo más hondo puede que haya habido cierta inquietud, pero muy hondo. Finalmente, llegó el día cuando la nueva casa se completó.

> ## Dave declara...
>
> Por su propio bien, por el bien de su familia y su futuro, consígase una espina dorsal. Cuando algo está mal, párese, dígalo y no se retracte.

Todo iba a marchar bien, la nueva familia estaría en la nueva casa, como se debe. En mayo se mudaron a la nueva casa y con nuevos grandes pagos.

En septiembre el jefe de Sara le dijo que quería verla en la oficina. Ella era excelente en su trabajo y se preparó para escuchar un buen elogio, seguido de un magnífico bono o un aumento. En lugar de ello, el jefe le explicó que su cargo había sido eliminado, «para reducir la nómina, usted sabe», le dijo. El trabajo de toda su vida quedaba eliminado (y con él 45,000 dólares de su ingreso de 75,000) con las frías palabras del jefe. No solo quedó herido su

> ## ARiTMÉTiCA TORCiDA
>
> ### Lavadora y secadora rebajadas: 1,800.00 dólares
>
> Sí, correcto, y usted también puede obtener esta ganga. Simplemente vaya a la tienda de alquiler con acción a compra.

orgullo y cortada su carrera, sino que un creciente terror la invadió cuando marchaba a su hogar para decírselo a John. Aquella noche hubo lágrimas, temores ante la súbita y sombría realidad de que ella y John estaban financieramente por el suelo. De pronto, Sara y su familia estaban frente a un juicio hipotecario sobre la casa y el embargo de su automóvil.

Las cosas fundamentales de la vida habían llegado a ser incosteables. Sara y John habían escuchado el *Show de Dave Ramsey* en la radio, pero siempre pensaban que otro era quien necesitaba una *Transformación total de su dinero*. Después de todo, siempre mantenían sus estómagos recogidos cuando se miraban en el espejo. La noche después de su cesantía fue la primera que se miraron frente al espejo financiero y se vieron gordos.

El espectáculo no era bonito: altos pagos por la casa, fuertes pagos por el automóvil, grandes préstamos estudiantiles, tarjetas de crédito infladas, escasos ahorros y sin presupuesto. Se vieron gordos.

Cuando usted está físicamente gordo es difícil negarlo, porque la línea del cinturón está en constante ampliación. Cuando usted está financieramente gordo, sin embargo, puede disimularlo y lucir bien por un tiempo. Sus amigos y familiares participarán en su negación fantasiosa, lo cual le hace creer que le va bien. Uno de los cuatro factores importantes que impiden a la gente triunfar en materia de dinero mediante la *Transformación total de su dinero* es no darse cuenta de que la necesitan.

Tristemente, algunas de las más dramáticas transformaciones que he visto han sido en personas a quienes la vida las ha castigado tan duro que las han dejado fuera de combate, como a Sara. Si la vida no lo está castigando por ahora, usted se halla en mayor peligro que Sara y John la noche de la cesantía. Usted es un verdadero candidato a la mediocridad financiera o aun a una crisis mayor como consecuencia de la negación, y tiene que ver la necesidad de hacer cambios dramáticos. Si es indiferente porque

> Usted tiene que ver la necesidad de hacer cambios dramáticos.

todo parece marchar bien, entonces no estará dispuesto a realizar los cambios profundos y necesarios para obtener amplios resultados.

Mmm... patas de rana

Hace años, en un seminario de motivación ofrecido por el maestro Zig Ziglar, escuché un cuento de cómo la mediocridad se nos puede ir colando. La narración dice que si usted deja caer una rana en agua hirviendo, ella sentirá el dolor e inmediatamente saltará.

Sin embargo, si la pone en agua a la temperatura ambiente, ella nadará plácidamente, y si usted aumenta el calor del agua gradualmente, hasta hacerla hervir, la rana no sentirá el cambio. La rana es atraída hacia la muerte por el cambio gradual. Podemos perder nuestra salud, nuestra capacidad y nuestra riqueza gradualmente, poco a poco. Pareciera un cliché, pero es así porque es cierto. El enemigo de «lo mejor» no es «lo peor». El enemigo de «lo mejor» es «bastante bueno».

Estadísticas sorprendentes

Ochenta por ciento de los que se gradúan de la universidad tienen deudas de tarjetas de crédito... ¡antes de tener empleo!

Nos está yendo bien bajo nuestro «techo de vidrio». ¡Vaya negación! Podemos pagar todas las cuentas; no hemos dejado nada ahorrado para el futuro. Yo soy cobrador, de modo que conozco todos los problemas que trae el

meterse en camisas de once varas. Realmente empecé a ver cuán rápido las personas podían caer en la ruina financiera. Sabía que estábamos encaminados en la misma dirección que las personas a quienes trataba de cobrarles. El camino hacia la ruina financiera es un tramo rápido, estábamos definitivamente en él y sabía que teníamos que salir del mismo rápidamente.

Necesitábamos dirección. Comenzamos con el plan de la Transformación total de su dinero y caímos en el estrecho camino hacia la tranquilidad financiera. ¡Habremos pagado 11,000 dólares en ocho meses y estamos en camino a ser LIBRES de deudas! Es asombroso cómo había caído en los mismos problemas y en la negación que yo encaraba cada día en el teléfono. Me felicito de haber visto la salida antes de que llegáramos más hondo.

Todo el mundo necesita la Transformación total de su dinero, no solo los que se han metido en demasiadas deudas. Si usted no paga en efectivo, paga demasiado. El plan de la Transformación total de su dinero brinda esperanza no solo a los que no la tienen, sino que puede darla también a cualquiera que hace dinero. Todos necesitamos dirección en nuestro camino financiero. ¡Así que deje de negarlo!

Kathy (edad 47) y James (edad 49) Smith
Oficial para recuperación del activo;
técnico de mantenimiento
Maryville, TN

El dolor del cambio

El cambio es doloroso. Pocas personas tienen el valor de buscarlo. La mayoría de las personas no cambian hasta que el dolor de donde se encuentran excede al del cambio. Cuando se trata de dinero, podemos ser como el niñito con un pañal húmedo. «Yo sé que huele mal, pero está calientito y es mío». Solo cuando sentimos la irritación es que gritamos. Espero que la historia de Sara y las otras que encontrará en este libro le hagan disponerse a no permanecer donde está. Si se mantiene haciendo las mismas cosas, seguirá obteniendo los mismos resultados. Usted está en este punto, financieramente hablando, como resultado de la suma total de las decisiones que ha hecho hasta ahora. Si está a gusto donde está, manténgase allí. Tenga en mente, sin embargo, por qué está leyendo un libro titulado *La transformación total de su dinero*. ¿Será porque allá en lo profundo, tiene los mismos sentimientos de insatisfacción que tenía Sara, pero que no los expresó hasta que fue casi demasiado tarde? ¿Está usted realmente buscando algo más? Si es así, le tengo grandes noticias. ¡Este plan da resultado!

Rompa con la tentación de permanecer en la misma situación, y opte por el dolor del cambio antes que el de no cambiar lo alcance. No espere un ataque al corazón que le demuestre que tiene sobrepeso. Corte los carbohidratos, las grasas, los azúcares y abróchese los zapatos para correr. Las buenas noticias sobre Sara y John fueron que el ataque al corazón de tipo financiero que sufrieron los hizo bregar con sus hábitos financieros de comer y hacer ejercicio. La cesantía fue un llamado a despertar y poner fin a la negación. Después de un año de pasar momentos muy duros, Sara pudo encontrar una nueva carrera. Solo que esta vez, cuando los cheques empezaron a llegar, Sara y John comenzaron a utilizar este sistema. Cada cheque de pago se convirtió en un acontecimiento emocionante porque tenían un plan. Estaban financieramente perdiendo peso y tonificándose. No fue un proceso rápido, pero después de seguir los pasos por algún tiempo, hoy son realmente triunfadores.

La noche que conocí a Sara y a John llevaban dos años siguiendo el plan, sonrientes. Me dijeron que estaban libres de deudas salvo por la casa, y que tenían 12,000 dólares en el banco para emergencias. Aunque habían eliminado la negación, incomodaron a sus familias al rehusar vivir como todo el mundo. Alberto Einstein dijo: «Los grandes espíritus siempre han encontrado violenta oposición de parte de las mentes mediocres». El padre de John se había burlado de su plan y de los empleos extras que habían aceptado para triunfar. Les preguntaba si se habían afiliado a alguna secta o algo parecido. Una vez que Sara y John comprendieron que eran el emperador desnudo, negarlo dejó de ser una opción. También comprendieron todo lo que habían estado haciendo con el dinero para impresionar a otros, pero ya no más.

Sara se reía entre dientes cuando me contaba cómo solía razonar: «Debemos estar muy bien; según todas estas compañías de tarjetas de crédito, tengo un crédito excelente». «Si recibo aprobación de todos estos bancos, debo estar bien porque, de otra manera, no desearían prestarme dinero». «Además, yo pago mis tarjetas de crédito cada mes. ¿Cómo podría caer en problemas?» «Yo puedo permitirme comprar ese automóvil o esos muebles si puedo pagarlos». John se reía irónicamente también, a medida que ambos se burlaban del lenguaje que usan las personas financieramente gordas que creen que están bien, que no es más que lenguaje negativo.

Al término de nuestra conversación esa noche, Sara me dijo que aunque espera que ella o John nunca pierdan otro empleo inesperadamente, están preparados si ocurre. «Ya no vivimos en la mentira. Ya sabemos dónde estamos, sabemos adónde vamos y sabemos cómo

> Pocas personas tienen el valor de buscar el cambio.

vamos a llegar allá», me dijo. Ambos deseaban dejarme un regalo por inspirar la *Transformación total de su dinero*, pero les aseguré que ya lo habían hecho.

3

Mitos de la deuda: La deuda (no) es un instrumento

Con la cara encendida y los puños cerrados, el niñito chillaba con furia asesina en la voz: «¡Lo quiero! ¡Lo quiero! ¡Lo quiero!» Todos hemos contemplado esa escena en una tienda de comestibles.

Quizás hemos contemplado alguna vez a nuestros propios hijos haciéndolo. Ahora que soy más viejo y más blando, algunas veces sonrío un poco cuando una madre joven trata inútilmente de reprimir los gritos incontrolables de un niño a quien se le niega algo. Es parte de la naturaleza humana desear algo y desearlo ya; es también una señal de inmadurez. Estar dispuesto a posponer el placer por un mejor resultado es una señal de madurez. Sin embargo, nuestra cultura nos enseña a vivir para el momento. «¡Yo quiero esto!», gritamos y podemos obtenerlo si estamos dispuestos a contraer una deuda. La deuda es una manera de obtener el «Yo quiero esto» antes de que podamos costearlo.

> Es parte de la naturaleza humana desear algo y desearlo ya; es también un signo de inmadurez.

Unidos en la mentira

He oído decir que si usted dice una mentira con suficiente frecuencia, en alta voz y durante mucho tiempo, el mito llegará a ser aceptado como una realidad. La repetición, el volumen y la extensión tergiversarán y convertirán un mito, o una mentira, en una forma comúnmente aceptada de hacer las cosas. Poblaciones enteras han sido atraídas a dar su aprobación a hechos espantosos y aun a participar en ellos mediante un paso gradual de la verdad a la mentira. A través de la historia la lógica torcida, la racionalización y los cambios crecientes han permitido que personas normalmente inteligentes sean partícipes de cosas ridículas.

La propaganda, en particular, desempeñó un importante papel permitiendo que pasaran esas cosas.

Tenemos propaganda en nuestra cultura de hoy. No estoy hablando en un sentido político, sino más bien reconociendo que hay personas que quieren que pensemos como ellas y que harán todo lo posible por conseguirlo. Las industrias financieras y bancarias, en particular, son muy buenas para enseñarnos la manera de manejar el dinero, lo cual, por supuesto, nos lleva a comprar sus productos. Si veo un anuncio una y otra vez que me dice que luciré bien si manejo determinado automóvil, puedo caer bajo la ilusión de que comprando ese auto, esas buenas cosas me ocurrirán.

Puede que no creamos que llegaremos a ser un modelo solo por comprar un automóvil, pero observe que a la gente fea no la utilizan en los anuncios de la televisión para vender automóviles. No estamos realmente cayendo en esa mentira, ¿o sí lo estamos?

ARITMÉTICA TORCIDA

Imagínese que compra una casa de 130,000 dólares, para lo cual usted toma una hipoteca de 110,000 dólares a 7%. El costo final será de 283,520 dólares a 30 años o 197,840 dólares a 15 años. ¿La diferencia? Solo 256 dólares extra al mes. ¡Tome la de 15 años!

Solo pregunto. Después de todo, compramos el automóvil y justificamos nuestra compra basados en algo académico como la cantidad de kilómetros por litro de gasolina.

Cuando participamos en lo que la multitud identifica como normal, aun si es estúpido, ganamos la aceptación del club. Algunas veces ni siquiera comprendemos que lo que estamos haciendo es estúpido porque nos han enseñado que esa es precisamente «la manera de hacerlo», y nunca preguntamos por qué. A medida que participamos en el mito, aprendemos a divulgar sus principios. Con el paso de los años y de haber invertido más dinero y tiempo en el mito, llegamos a ser grandes discípulos y podemos exponer sus puntos con gran fervor y abundancia de explicaciones.

Llegamos a ser tales expertos en el mito que podemos convencer a otros para que se unan a la mentira. Yo me uní una vez a ella, pero nunca más volveré a hacerlo.

No deje que los monos lo echen abajo

La deuda nos ha sido vendida tan audazmente, tan ruidosamente y con tanta frecuencia que imaginar vivir sin ella exige romper con el mito. Tenemos que destruir sistemáticamente el trabajo interno de los mitos. La deuda está tan vinculada a nuestra cultura que la mayoría de los estadounidenses no pueden siquiera imaginar un automóvil sin un pago, una casa sin una hipoteca, un estudiante sin un préstamo, un crédito sin una tarjeta. Se nos ha vendido la deuda con tanta repetición y con tanto fervor que la mayoría de las personas no pueden concebir lo que sería no tener que hacer pagos. Así como los esclavos nacidos en la esclavitud no pueden visualizar la libertad, nosotros los estadounidenses no sabemos lo que sería despertar sin deudas. El año 2002, colocaron en nuestros buzones 5.3 mil millones de ofertas de tarjetas de crédito, y estamos aprovechándolas. Según Cardtrak, los estadounidenses actualmente tienen una deuda de 660 mil millones de dólares en tarjetas de crédito. No podemos estar sin deudas, ¿o podemos?

Trabajando con decenas de miles de personas en la *Transformación total de su dinero* en los últimos años, he encontrado que una barrera importante que impide triunfar es nuestro concepto de la deuda. La mayoría de las personas que han hecho la decisión de no pedir dinero prestado han experimentado algo extraño: el ridículo.

Amigos y familiares que son discípulos del mito de que la deuda es buena, han ridiculizado a aquellos que van camino a la liberación. John Maxwell nos habla de un estudio sobre los monos. Un grupo de monos estaba encerrado en un cuarto con un poste en el centro. En el tope del poste se colocaron varias bananas maduras deliciosas. Cuando un mono comienza a trepar el poste, los encargados del estudio lo hacen bajar con un chorro de agua de una manguera de bomberos. Cada vez que un mono intenta subir, lo echan abajo hasta que lo hacen repetidamente con todos, de modo que han aprendido que no hay esperanzas de subir. Los experimentadores observaron entonces que cuando cualquier mono trataba de subir, los otros primates lo echaban abajo.

> Una barrera importante que impide triunfar es nuestro concepto de la deuda.

Entonces reemplazaron un mono con otro que no conocía el sistema. Tan pronto como el nuevo primate trató de trepar, los otros lo halaron hacia abajo y lo castigaron por intentar subir. Uno por uno, fueron reemplazando a todos los monos, y la escena se repitió hasta que no quedó mono alguno en el cuarto que hubiera experimentado el chorro de la manguera. Aun así, a ninguno de los nuevos monos le fue permitido trepar. Los otros monos lo tiraban abajo. Ningún mono en el cuarto supo por qué, pero a ninguno le fue permitido tomar las bananas. Nosotros no somos monos, pero algunas veces exhibimos una conducta que se parece más bien a la del mono. Ni siquiera recordamos por qué, solo sabemos que la deuda es necesaria para triunfar. Así, pues, cuando un familiar o amigo querido decide practicar la *Transformación total de su dinero*, nos reímos, nos enojamos y lo echamos abajo. Somos como la última serie de monos. Con desdén repetimos frases consabidas asociadas al mito, como si alguien que no desea tener deudas careciera de inteligencia. Ese debe ser un simplón, un fanático o lo peor de todo, «un falto de educación en finanzas». Entonces, ¿por qué hay tantos profesores de finanzas arruinados? Yo creo que un profesor de finanzas arruinado es como un maestro de artes mecánicas a quien le faltan los dedos.

Mito vs. realidad

Deseo exponer la labor interna del mito de la deuda, observando a muchos de los submitos. Sin embargo, necesito advertirles que vigilen su instinto de defender el sistema estadounidense de préstamos.

Tranquilo. Relájese y acompáñeme en un recorrido por unas cuantas páginas. Puede que yo esté en algo. Si al final de esta sección sobre la destrucción del mito usted llega a la conclusión de que yo soy un chiflado con un libro, nadie lo obligará a cambiar.

Pero en caso de que decenas de miles de familias que han experimentado una *Transformación total de su dinero* tengan algo que decirle, léalo calmadamente. Desmonte su guardia. Usted siempre podrá colocarse la coraza más tarde.

Mito: La deuda es un instrumento y debe usarse para crear prosperidad.

Realidad: La deuda añade considerables riesgos, casi nunca trae prosperidad, y la gente rica no la utiliza tanto como se nos ha hecho creer.

Recuerdo, cuando me adiestraba para mi primera carrera en bienes raíces, que me dijeron que la deuda era un instrumento. «La deuda es como un punto de apoyo y una palanca» que nos permite levantar lo que de otra manera no podríamos. Podemos comprar una casa, un automóvil, comenzar un negocio o salir a comer y no sufrir la molestia de la espera. Recuerdo a un profesor de finanzas que nos decía que la deuda era una espada de dos filos: que podía cortar como un instrumento pero podía también cortar y herir a la persona. Nos han vendido el mito diciendo que debemos usar el dinero de otras personas (DOP), para prosperar. La basura académica sobre este asunto se ha regado en abundancia. Nos han dicho con suficiente tono de superioridad y mucha altanería que los financistas sofisticados y disciplinados usan las deudas ventajosamente.

Cuidado con eso, puede quemarse. Mi punto de vista es que la deuda entraña suficiente riesgo para contrapesar cualquier ventaja que pueda obtenerse mediante la palanca de la deuda. En el curso de una vida, el riesgo destruirá lo que se espera ganar según lo que proponen los propagadores del mito. Yo era un propagador del mito y podía repetirlo de manera muy convincente, era especialmente bueno con respecto al mito de la «deuda como instrumento».

> La deuda entraña suficiente riesgo para contrapesar cualquier ventaja que pueda obtenerse mediante la palanca de la deuda.

Aun llegué a vender a inversionistas propiedades para alquilar que estaban perdiendo dinero, demostrándoles, con muy sofisticadas tasas internas de ganancias, que ellos sí harían dinero. ¡Qué tarea, caballeros! Podía hablar del mito con entusiasmo, pero la vida y Dios tenían algunas lecciones que enseñarme.

Solo después de haber perdido todo lo que tenía, y hallándome en bancarrota, pensé que el riesgo debe incluirse como un factor en la ecuación, aun matemáticamente. Fue necesario despertar en «cuidados intensivos» para comprender cuán torpe y peligroso es este mito. La vida me golpeó con suficiente fuerza para llamarme la atención y enseñarme. Según

Mito vs. Realidad

Mito:	Jugar la lotería y otras formas de juego lo harán rico.
Realidad:	La lotería y Power Ball son un impuesto sobre el pobre y las personas que no pueden sacar cuentas.

Proverbios 22.7, «El rico se enseñorea de los pobres, y el que toma prestado es siervo del que presta». Me vi confrontado con este pasaje bíblico y tuve que tomar una decisión consciente de quién tenía la razón: mi arruinado profesor de finanzas, que me enseñó que la deuda era un instrumento, o Dios, que muestra evidente desdén por la deuda. Beverly Sills tuvo razón cuando dijo: «No hay atajo a ningún lugar que valga la pena».

¡En qué embrollo financiero y emocional me encontraba! ¡Yo poseía un grado de maestría en el campo financiero y tenía más de 150,000 dólares (sí, con cuatro ceros) en deudas! ¡Yo soy una de los «profesores de finanzas arruinados» a los que se refiere Dave! Oiga, yo tenía realmente algunas cosas con qué divertirme, pero no las podía disfrutar debido a toda la deuda en que me metí. Estaba realmente pagando lo que Dave se refiere como «impuesto estúpido»: haciendo algo estúpido que cuesta dinero. Así, pues, decidí hacer un cambio. Vendí mi casa rodante y comencé a redactar un presupuesto por primera vez en mi vida. Para hacerle el cuento corto, ¡he logrado pagar 116,000 dólares de mi deuda! Ya no tengo tantos juguetes, pero tengo mucha paz. Estoy realmente llevando bien mi presupuesto, que me proporciona mucha más esperanza y dirección que mi grado académico y mis juguetes. Si usted tiene un ingreso, necesita la Transformación total de su dinero. Eso será lo mejor que jamás haya hecho por sí mismo, por su familia y por su dinero. Si hubiera tenido este plan hace cuarenta años, no

dudo que fuera millonaria hoy. ¡LA DEUDA NO ES UN
INSTRUMENTO!

Camille Adcocjk (edad 61)
Consejera escolar
Mount Pleasant, TN

He encontrado que si busca en la vida de la clase de persona que usted quisiera ser, hallará temas comunes. Si quiere ser flaco, estudie a los flacos, y si quiere ser rico, haga lo que hacen muchas personas ricas, no lo que algunos seguidores de mitos dicen que hay que hacer. La Forbes 400 es una lista de las cuatrocientas personas más ricas en Estados Unidos según la calificación de la revista *Forbes*.

Cuando se hizo la encuesta, setenta y cinco por ciento de los Forbes 400 (gente rica, no su arruinado y terco cuñado) dijeron que la mejor forma de crear riqueza es llegar a estar y mantenerse libre de deudas. Walgreen's, Cisco, Microsoft y Harley Davidson funcionan libres de deudas. He conocido a miles de millonarios en mis años de consultor financiero, y nunca he encontrado a uno que diga que hizo sus millones con los puntos que regala la tarjeta Discover.

Todos ellos vivían con menos de lo que ganaban y gastaban solamente cuando tenían efectivo. No tenían pagos que hacer. La historia enseña también que la deuda no fue siempre un estilo de vida. En realidad, tres de las mayores firmas de prestamistas que hoy existen las fundaron personas que aborrecían las deudas. Sears hace ahora más dinero con el crédito que con la venta de mercancía. No son tiendas: son prestamistas con alguna mercancía como pantalla. Sin embargo, en 1910 el catálogo de Sears decía: «Comprar a crédito es insensatez». Las tiendas J.C. Penney hacen millones anualmente con las tarjetas de crédito, pero su fundador tenía el apodo de James «Cash» Penney, porque detestaba las deudas. Henry Ford creía que la deuda era el método del holgazán para comprar artículos, y su filosofía se arraigó tanto en la Ford Motor Company que la firma no ofreció financiamiento hasta diez años después que General Motors lo hizo. Ahora, por supuesto, Ford Motor Credit es una de las operaciones más rentables de Ford Motor. La vieja escuela vio la insensatez de la deuda; la nueva escuela vio la oportunidad de aprovecharse del consumidor con la deuda.

Usted habrá oído probablemente mucho sobre los submitos que van detrás del gran mito: «La deuda es un instrumento». Así, pues, para no dejar piedra sin remover, vamos a revisar y desenmascarar cada uno de los mitos divulgados por una cultura que compró oficialmente la mentira.

Mito: **Si presto dinero a amigos o familiares, los estoy ayudando.**

Realidad: **Si le presto dinero a un amigo o familiar, la relación se hará tirante o se destruirá. La única relación que se fortalecerá es la que resulte de que una parte se convierta en amo y la otra en sirviente.**

Hay un viejo chiste que dice que si usted le presta a su cuñado 100 dólares y este no le habla más. ¿Valió la pena la inversión? Todos hemos experimentado el haber prestado algún dinero y notar un inmediato distanciamiento en las relaciones. Joan llamó a mi programa radial un día quejándose de cómo un préstamo había arruinado sus relaciones con una de sus mejores amigas en el trabajo. Ella le había prestado 50 dólares a una señora, una madre soltera en bancarrota, hasta el día de pago. Llegó el día de pago y pasó, y su amiga, con quien acostumbraba conversar durante el almuerzo cada día, su confidente y consejera, la esquivaba. La vergüenza y la culpabilidad habían entrado en la escena sin provocación alguna.

Nosotros no controlamos cómo las deudas afectan las relaciones; la deuda hace eso independientemente de lo que deseemos. El prestatario es esclavo del prestamista; usted cambia la dinámica espiritual de una relación cuando presta dinero a un ser querido. Ya dejan de ser amigos, tíos o hijos: ahora son sus esclavos. Yo sé que algunos piensan que soy exagerado, pero díganme por qué la comida del Día de Acción de Gracias sabe diferente cuando se ha hecho un préstamo. Comer con su amo es diferente a comer con su familia.

Joan estaba de veras destruida por haber perdido esa amistad. Le pregunté si la amistad valía los 50 dólares. Me respondió emocionada que valía muchas veces más, y entonces le dije que llamara a su amiga y le dijera que la deuda estaba perdonada, que era un regalo.

El perdón de la deuda la ayudó a eliminar la dinámica amo-esclavo de la relación. Por supuesto, sería mejor si esa dinámica nunca hubiera entrado en escena. También le indiqué dos estipulaciones al perdón de la deuda: primero, que la amiga conviniera en ayudar a alguien en necesidad algún día; y segundo, que nunca prestara dinero a los amigos. Vamos a romper la cadena del mito. En el caso de Joan, la cadena del mito de prestar dinero a un amigo se romperá si ambas aprenden su lección. La lección es que si bien es correcto dar dinero a un amigo en necesidad, si usted lo tiene, prestarle dinero embrollará las relaciones.

He tratado con cientos de familias agobiadas y destruidas, personas decentes, que prestaron dinero para «ayudar». Los padres prestan dinero al hijo recién casado de veinticinco años, para cubrir el pago inicial de su primera casa. Esto parece tan noble y bueno hasta que la nuera capta las miradas de desaprobación a la simple mención de las próximas vacaciones de la pareja. Ella conoce el significado de los gestos y debe chequear con esos decentes y nobles suegros antes de comprar papel higiénico hasta que el préstamo se pague. Toda una vida de resentimiento puede surgir de aquí. El abuelo le presta 25,000 dólares al nieto de veinte años para comprar el nuevo camión que necesita con tracción en las cuatro ruedas. Por supuesto, el préstamo es a seis por ciento, mucho mejor que lo que el chico puede obtener en el banco y mucho mejor que lo que abuelo obtiene de su certificado de depósito en el banco. Todo el mundo sale ganando, ¿verdad? ¿Qué pasa cuando do el nieto pierde su empleo y no puede pagarle al abuelo, que es de la vieja escuela en que hay que excavar la tierra hasta la medianoche si se tiene que hacerlo para cumplir con la palabra empeñada? Ahora nieto y abuelo están como las greñas, de modo que el nieto vende el camión y le paga al abuelo los 19,000 dólares que obtuvo por la venta. El abuelo no había declarado un gravamen sobre el título, de modo que ahora espera que el nieto, en bancarrota, enojado y desempleado, le pague el saldo de 6,000 dólares. El abuelo no volverá a ver ni sus 6,000 dólares ni a su nieto. En algún giro perverso del mito, mezclado con la vergüenza y la culpabilidad, la mente del nieto concibe que toda la culpa es del abuelo, y rompe las relaciones.

Cientos de veces he visto las relaciones afectadas y algunas hasta destruidas. Todos tenemos —pero seguimos creyendo en— el mito de que un préstamo a un ser querido es una bendición. No lo es; es una maldición. No ponga esa carga sobre ninguna relación que quiera conservar.

> El prestatario es esclavo del prestamista.

Mito: Al servir de avalador de un préstamo estoy ayudando a un amigo o familiar.

Realidad: Esté listo para repagar el préstamo, el banco desea un aval por una razón: no espera que el amigo o el familiar pague.

Piense conmigo por un momento. Si el préstamo es el producto que se anuncia más agresivamente en nuestra cultura hoy, si los prestamistas deben cubrir cuotas de venta para la «producción de préstamos», si los prestamistas pueden proyectar la probabilidad de un préstamo hacia el incumplimiento con increíble precisión, si todas esas cosas son ciertas, y la industria del préstamo le ha negado a su amigo o familiar uno, hay pocas dudas de que el prestatario en potencia es un problema en espera de presentarse.

Sin embargo, la gente en Estados Unidos toma la muy insensata decisión (sí, estúpida) de firmar como avalador por alguien cada día.

El prestamista exige un aval porque existe una posibilidad estadísticamente muy alta de que el solicitante no pagará. Entonces, ¿por qué nos ofrecemos como generosos, omniscientes y benévolos auxiliadores, pasando por encima del juicio de una industria que se muere por prestar dinero y que, sin embargo, ha considerado a nuestro amigo o familiar un caso perdido en busca de un lugar para fallar, o por lo menos un préstamo incumplido en busca de un nuevo hogar?

¿Por qué avalar conociendo muy bien los problemas inherentes? Entramos en esta ridícula situación solo por emocionalistas. El intelecto no podría llevarnos en este viaje. Nosotros «sabemos» que ellos pagarán porque los «conocemos». Falso. Los padres avalan a una joven pareja que compren su casa. ¿Por qué necesitan un aval? ¡Porque la casa no estaba a su alcance! Los padres avalan a un adolescente para que se compre un automóvil. ¿Por qué hacen eso los padres? «Para que aprendan a ser responsables». No, lo que el adolescente ha aprendido es que si usted no puede pagar por algo, cómprelo de todas maneras.

Lo triste es que los que hemos sido avaladores de préstamos sabemos cómo terminan. Terminamos pagándolos, pero solo después que nuestro crédito ha quedado afectado o arruinado. Si usted firma como avalador en la compra de un automóvil, el prestamista no hará contacto con usted cuando el préstamo se paga tarde cada mes, pero su crédito se daña cada mes.

> Seguimos creyendo en el mito de que un préstamo a un ser querido es una bendición.

El prestamista no hará contacto con usted antes de embargarle el automóvil, pero usted ahora aparece con un automóvil embargado en el historial de su crédito. Ellos harán contacto con usted para pagar la diferencia entre el débito y el precio al por mayor que se paga por un objeto que ha sido embargado, que ellos recibieron por el automóvil, lo que se llama un déficit. Si el prestamista hizo contacto con usted, no hay nada que pueda usted alegar legalmente para forzar la venta del automóvil, porque usted no es su dueño, usted es responsable de la deuda. Cuando usted firma como avalador para una casa obtendrá los mismos resultados.

Según Proverbios 17.18, «El hombre falto de entendimiento presta fianzas». Eso lo resume bien. Es como tratar de bendecir a un ser amado con un préstamo. Muchas personas están tratando de ayudar haciendo de avaladores, y el resultado es un crédito dañado y relaciones dañadas o destruidas. Yo he avalado préstamos y he terminado pagándolos; un pobre me avaló un préstamo, y terminó pagando el préstamo cuando yo me arruiné. Si usted de veras desea ayudar a alguien, déle dinero. Si no lo tiene, no vaya a firmar para pagarlo, porque usted posiblemente tendrá que pagarlo.

Conozco casos cada día en el *Show de Dave Ramsey*, nuestro programa radial, de personas que caen en la trampa de firmar como avaladores. Kevin llamó para quejarse de que una compañía hipotecaria contaba con su firma como avaladora para el automóvil de su mamá como un débito en su contra, aun cuando ella tenía un seguro que pagaría el préstamo si moría. Por supuesto que ellos estaban seguros de que iba a ser así, Kevin; esta es una deuda de la que te hiciste responsable. La compañía hipotecaria no está preocupada por la muerte de ella, sino por su falta de pago, lo cual requerirá que Kevin asuma los pagos del automóvil y entonces posiblemente no pueda pagar su hipoteca.

Joe, otro que llamó, estaba sorprendido de saber que estaba entrampado por 16,000 dólares en una casa-móvil que avaló quince años atrás. Hace diez años le embargaron la casa-móvil a su hermano y el banco la vendió en 16,000 dólares menos de lo que se debía; y ahora, diez años después, el banco lidiaba con Joe y quería su dinero.

¡Joe estaba airado porque le estaba sucediendo eso! La mayoría de los que avalan no tienen idea del viaje en que se han embarcado por haber firmado.

Brian me habló en un e-mail del automóvil de su amiga. Parece que firmó como avalador por 5,000 dólares en la compra de un automóvil para su amiga. Ella se fue con el automóvil y él no pudo dar más con ella, y sorpresa de sorpresas, ella no está abonando sus pagos. Ahora, o su crédito lo declara como un tipo moroso, o abona los pagos de un automóvil que no puede hallar, para una muchacha a quien no desea encontrar.

Eso resume el firmar de avalador: corazones rotos y billeteras rotas. Así es cómo termina usualmente el firmar como avalador; a menos que usted ande en busca de un corazón roto y una billetera rota, no lo haga.

Mito: Adelanto de dinero, préstamos contra el día de pago, alquiler con opción a compra, empeño del título de propiedad y operaciones de compre aquí–pague aquí en lotes donde se venden autos usados son necesarios para ayudar a personas de bajos ingresos a salir adelante.

Realidad: Estos ejemplos de robo en préstamos predatorios están concebidos para aprovecharse de las personas de bajos ingresos y beneficiar solo a los dueños de las compañías que hacen los préstamos.

Las personas de bajos ingresos permanecerán en el último peldaño de la escalera socioeconómica, si son víctimas de uno de estos atracos. Estos «prestamistas» (o como yo les llamo «la escoria de la escoria») se aprovechan de aquellas personas y se hacen legalmente ricos a expensas del pobre o del que está por caer en la pobreza. Las tasas del préstamo en este tipo de operaciones pasan de cien por ciento de interés, y si usted quiere permanecer en el último peldaño, manténgase tratando con esos tipos. ¿Sabe por qué esta clase de operaciones está localizada en el sector pobre de la ciudad? Porque la gente rica no entra en ese juego. Por eso llegaron a ser ricos.

Esto resume el firmar de avalador: corazones rotos y billeteras rotas.

El préstamo contra el día de pago es uno de los negocios más sucios de préstamos de mayor crecimiento. Usted firma un cheque por 225 dólares, con fecha de una semana anticipada, que será el día de pago. Ellos le darán a usted 200 dólares en efectivo al instante. ¡Todo por la simple suma de 25 dólares como pago por el servicio, que equivale a más de 650% anual! Mike llamó a mi programa radial recientemente para decir que fue atrapado en una red de préstamos del día de pago. Él no tenía aún el plan de la *Transformación total de su dinero* y estaba aún gastando como siempre. Se mantenía añadiendo préstamo tras préstamo hasta que no pudo superar el juego de los caracoles que había creado. Básicamente, Mike había pedido prestado dinero a un prestamista de basura para pagarle a otro, y al hacer esto una y otra vez había creado un ciclo de muerte financiera. Sintió pánico al ser amenazado con cargos criminales, por emitir cheques sin fondos, por los mismos lugares que tienen un modelo de negocio basado en cheques «sin fondo» con fecha adelantada. Este tipo de negocio es un préstamo-estafa legalizado.

Lo triste es que el único recurso que le queda a Mike es reventar el globo. Tiene que suspenderles los pagos, cerrar sus cuentas y entonces reunirse con cada uno de sus prestamistas para coordinar los pagos.

Eso significa empleos extra y venta de objetos en la casa.

El clásico «Compre aquí-Pague aquí» de las ventas de autos usados no es mejor. La mayoría de esas transacciones involucran automóviles viejos más baratos. El vendedor compra esos autos y los vende por un pago inicial igual a lo que él pagó por el automóvil, de modo que los pagos a 18 y hasta 38% de interés pagado semanalmente es ganancia fácil. Los camiones de remolque de todo el pueblo reconocen esos autos porque han sido vendidos muchas veces y repetidamente embargados por el vendedor. Cada vez que la agencia vende un automóvil, sus ganancias sobre la inversión son elevadísimas.

Con los pagos se podía haber comprado el automóvil en efectivo en cuestión de semanas; en efecto, con el pago inicial pudo haberse comprado el automóvil si el comprador hubiera sido un poco más astuto.

El alquiler con opción a compra es uno de los peores ejemplos del niñito de cara encendida que grita: «Yo lo quiero ahora». La Comisión Federal de Comercio continúa la investigación de esta industria porque las tasas de interés efectivo en las transacciones de alquiler con opción a compra pasan de 1,800% como promedio.

Las personas alquilan objetos que no pueden comprar porque miran solamente «cuánto a la semana» y piensan: *Esto está a mi alcance, puedo adquirirlo*. Pero, cuando usted mira los números en serio, nadie puede darse el lujo de tenerlo. La lavadora y la secadora promedio le costarán a usted 20 dólares semanales por 90 semanas, lo que suma un total de 1,800 dólares por una lavadora y una secadora que pudieron haberse comprado nuevas a precio de menudeo por 500 dólares y ligeramente usadas por 200. Como decía mi antiguo profesor en cuanto a llegar a ser «dueño» en una transacción de alquiler con opción a venta: «¡Usted debe vivir mucho!»

Si usted hubiera ahorrado 20 dólares cada semana por solo 10 semanas, ¡habría podido comprar el modelo con abolladuras que se exhibía en la tienda «Alquile con opción a compra por 200 dólares». O habría podido comprar un modelo usado por medio de los clasificados. Vale la pena dejar pasar el fin de semana y sufrir yendo a la lavandería automática con sus monedas.

> Compramos cosas que no necesitamos con dinero que no tenemos a fin de impresionar a personas que no queremos.

Cuando usted piensa a corto plazo, se dispone a ser víctima de un prestamista depredador. ¡Si el niño de la cara encendida («¡Yo lo quiero, y lo quiero ahora!») es el que gobierna su vida, usted seguirá arruinado! Si usted usa préstamos contra el día de pago, compre aquí-pague aquí y alquiler con opción a compra, entienda que lo están destruyendo financieramente. Esos negocios se alimentan del trabajador pobre, y usted debe evitarlos a toda costa si desea ser un triunfador con el dinero.

Mito: «Noventa días igual que en efectivo» equivale a usar gratis el dinero de otras personas.

Realidad: Noventa días no es lo mismo que en efectivo.

El mercadeo insensato en que Estados Unidos ha caído ha resultado en lo siguiente: Compramos cosas que no necesitamos con dinero que no tenemos a fin de impresionar a personas que no queremos. «Noventa días igual que en efectivo» ha hecho su explosión en el mercado de muebles, productos electrónicos y aparatos caseros. Recientemente conocí a una dama que compró a plazos su perro en una tienda de mascotas. «Pero terminé de pagarlo hace tiempo», me dijo orgullosa.

Me alegro por Rover que pudo evitar que lo embargaran. Noventa días NO es lo mismo que en efectivo por tres razones básicas. Primero, si usted muestra dinero (billetes de a 100 dólares) frente a un administrador que tiene una cuota de ventas que cumplir, probablemente obtenga un descuento. Si no puede obtener un descuento, vaya al competidor y obténgalo. Usted no obtiene descuento cuando firma un plan financiero.

Segundo, la mayoría de las personas no completan el pago de sus deudas en el tiempo asignado. Nacionalmente, 88% de estos contratos se convierten en débito, un débito donde se le carga una tramposa tasa de interés de 24 a 38%, con cargos retroactivos a la fecha de compra. Por favor, no me vaya a decir que usted es el que va realmente a completar el pago. Un estéreo de 1,000 dólares (no olvide que usted no ha obtenido un descuento) no lo va a hacer rico en noventa días. Pero 1,000 dólares colocados en una cuenta de

> ## Dave declara...
>
> La póliza de seguro de vida es horrible. ¿Por qué va a pagar intereses sobre sus propios ahorros? Eso es al revés y no le hace inteligente.

ahorros a 3% de interés anual le dará una ganancia de 7.50 dólares en noventa días. ¡Vaya, qué clase de genio financiero es usted!

Tercero, usted está jugando con serpientes, y lo van a morder. Marge llamó a mi programa radial con esta pequeña narración. Ella y su esposo compraron un televisor de pantalla grande en una casa de productos electrónicos nacionalmente conocida. Esta pareja terminó de pagar su aparato bastante temprano, para estar seguros de que no le hicieran el ardid de cargarle retroactivamente los intereses. Nada de suerte. Habían rechazado el seguro de incapacidad y de vida (por un costo de 174 dólares), pero al parecer el vendedor había puesto sus iniciales fraudulentamente en el contrato en esa sección, algo que ocurre con más frecuencia de lo que uno piensa.

Así, pues, aunque nuestra brillante pareja pensó que tenían pagado su televisor, quedaba todavía un saldo que les fue cargado con los intereses retroactivamente por todo el contrato. Estaban litigando el caso, pero ello implicaría contratar a un experto en caligrafía e ir a la corte con un abogado para evitar el pago de una cuenta inferior a 1,000 dólares, aun cuando no lo debían. Eso es desalentador. El jueguito de «vamos a usar tu dinero gratis» le salió todo lo contrario.

Recientemente compré un televisor con DVD en esa misma tienda, en efectivo, obtuve un descuento y salí con mi aparato. Sin problema, sin gastos de tribunales, sin intereses, sin mentiras. No, Margaret, noventa días NO es lo mismo que en efectivo.

Mito: Los pagos del automóvil son un estilo de vida; usted siempre tendrá que hacerlos.

Realidad: Librarse de los pagos por la compra de autos, manejando autos usados en buen estado, es lo que hace el promedio de los millonarios, así es como se han hecho millonarios.

Comprar un automóvil a plazos es una de las cosas más torpes para destruir sus oportunidades de crear riqueza. El pago del auto es el más alto para la mayoría de las personas, excepto el pago de la hipoteca, de modo que sustrae más dinero del ingreso que virtualmente cualquier otro. El periódico *USA Today* señala que el promedio de pagos de automóvil es 378 dólares por 55 meses. La mayoría de las personas incurren en pagos de automóvil y siguen así toda la vida. Tan pronto como un automóvil se termina de pagar incurren en otro pago porque «necesitan» uno nuevo. Si usted mantiene un pago de $378 toda su vida, lo cual es «normal», pierde la oportunidad de ahorrar ese dinero. Si usted invierte $378 por mes desde los 25 hasta los 65 años de edad, una vida normal de trabajo, en fondos mutuos promedio a 12% de interés (el mercado de valores promedio de hace 70 años) usted tendrá 4,447,084.01 dólares a los 65 años de edad. ¡Espero que le guste el automóvil!

Alguno de ustedes tenía su nariz en el aire como intelectuales presuntuosos cuando yo ilustraba lo malo que era el método alquile con opción a compra, porque usted nunca entraría en tal establecimiento, y sin embargo, usted está haciéndolo peor en su adquisición de automóvil. Si usted coloca 378 dólares cada mes en un frasco para galletitas durante diez meses, tiene casi 4,000 dólares para un automóvil en efectivo. Yo no estoy sugiriéndole que maneje un automóvil de 4,000 dólares toda su vida, pero así es como usted comienza sin deudas. Luego puede ahorrar la misma cantidad otra vez y cambiar a un automóvil de 8,000 dólares diez meses más tarde, y hasta uno de 12,000 diez meses después. En solo treinta meses, o dos años y medio, usted puede manejar un automóvil de 12,000 dólares pagado, sin haber hecho un pago nunca y sin tener que hacer pagos otra vez. Asumir una compra de automóvil a base de pagos porque los demás lo hacen no es inteligente. ¿Se burlarán de su automóvil usado sus parientes y amigos arruinados mientras usted hace eso?

Seguro que sí, pero eso es una señal muy buena de que usted va por el camino correcto. Habiendo sido millonario y habiéndome arruinado, me abrí campo al tomar una decisión entre lucir bien frente a estar bien. Lucir bien es cuando sus amigos arruinados se impresionan por lo que usted maneja, y estar bien es tener más dinero de lo que ellos tienen.

¿Comienza usted a comprender que la *Transformación total de su dinero* está también en su corazón? Usted tiene que alcanzar el punto que lo que la gente piensa no es su principal motivación. Alcanzar la meta sí es la motivación. ¿Recuerda el juego del circo donde usted movía el gran martillo sobre su cabeza para golpear la palanca que hacía subir un peso por el poste hasta tocar la campana?

¡Usted alcanza el punto que desea para sonar la campana! ¿Qué importa si usted es un enclenque de cuarenta y cuatro kilos con figura desgarbada? Las muchachas están aún impresionadas cuando suenan la campana. Cuando es la meta —y no como usted luce—, lo que empieza a ser importante, usted está en camino de la *Transformación total de su dinero*.

Hoy manejo autos muy buenos, muy caros, ligeramente usados, pero esa no era siempre la costumbre. Después de caer en la ruina, manejaba un Cadillac prestado con 400,000 kilómetros recorridos, techo de vinil roto que se llenaba de aire como un paracaídas. El color predominante de ese automóvil era el de la masilla. Manejé el cochecillo color masilla por un período de tres meses que me parecieron diez años. ¡Me había desmontado de un Jaguar para andar en un cochecillo enmasillado prestado! Eso no era divertido, pero sabía que si vivía como nadie, después podría vivir como nadie. Hoy estoy convencido de que mi señora y yo podemos hacer cualquier cosa que deseemos financieramente, debido en parte a los sacrificios que hicimos respecto de los autos en los primeros días. Creo, con todo lo que siento, que estamos victoriosos debido al cambio de corazón que nos permitió manejar autos viejos y maltratados a fin de ganar. Si usted insiste en manejar autos nuevos con pagos toda la vida, literalmente consumirá una fortuna en ellos. Si usted está dispuesto a sacrificarse por un tiempo, podrá tener la fortuna y manejar autos de calidad. Yo he optado por la estrategia del millonario.

Mito: Arrendar un automóvil es lo que hace la gente sofisticada. Usted debería arrendar cosas que se deprecian en valor y aprovechar las ventajas del impuesto.

Realidad: Los defensores del consumidor, expertos destacados y un buen calculador confirmarán que arrendar un automóvil es la manera más costosa de operar un vehículo.

Consumer Reports, la revista *Smart Money* y mi calculadora me dicen que arrendar un automóvil es la peor manera posible de adquirir un vehículo. En realidad, usted está alquilando para comprar. El costo de capital, que es la tasa de interés, es extremadamente alto. Sin embargo, la mayoría de las ofertas de autos nuevos este año serán una estafa... quiero decir, un arrendamiento.

¡Eso es *maaaalo*! Perdóneme, esa es mi impresión de una oveja que están «esquilando». Los cabilderos de la industria automovilística son tan poderosos que la ley no exige una declaración del estado financiero del prestamista. La industria arguye que usted está meramente alquilando, lo que es cierto, así que no debe exigírseles que le muestren a usted la verdadera tasa efectiva de interés. La Comisión Federal de Comercio exige la declaración de «truth-in-lending» [veracidad en el préstamo] cuando usted compra un automóvil u obtiene una hipoteca, pero no un arrendamiento, de modo que usted no sabe lo que va a pagar a menos que sea muy hábil con la calculadora. Habiendo visto varios cientos de acuerdos de arrendamiento con personas que he asesorado, mi calculadora financiera confirma que la tasa de interés promedio es 14%.

¿Arrendará o alquilará usted algo que baje de valor? No necesariamente, y la matemática seguramente no funciona en un automóvil. Sígame en este ejemplo. Si usted alquila (arrienda) un automóvil con un valor de

Estadísticas sorprendentes

Ochenta por ciento de los que se gradúan de la universidad tienen deudas de tarjetas de crédito... ¡antes de tener empleo!

22,000 dólares por tres años, y cuando usted lo devuelve al final de esos tres años el automóvil tiene un valor de 10,000, alguien tiene que cubrir los 12,000 dólares perdidos. Usted no es estúpido, de modo que usted sabe que General Motors, Ford, Chrysler y cualquiera de los otros gigantes de la industria de autos no van a coordinar un plan para perder dinero. Sus pagos estafa/alquiler están diseñados para cubrir la pérdida en valor (12,000 dólares extendidos por 36 meses es igual a 333 dólares por mes) además de la ganancia (el interés que usted paga).

¿Dónde obtuvo usted una ventaja en ese negocio? ¡En ninguna parte! Por encima de eso, hay un cargo de 11 a 17 centavos por kilómetro por pasarse de los kilómetros consignados y los recargos que han experimentado todo el que ha firmado un arrendamiento por concepto de «uso excesivo y desgaste», lo cual toma en cuenta cada golpecito, abolladura, mancha en la alfombra, tizne o cualquier olor. Usted termina haciendo un gran cheque solo por salir de la agencia después de alquilar su automóvil. La idea de los recargos es de doble efecto para obligarlo a usted a asumir otra estafa/alquiler de modo que pueda, sin darse cuenta, ser atrapado en un nuevo contrato, y asegurar que la compañía del automóvil haga dinero.

> La mayoría de las ofertas de autos nuevos este año serán una estafa... quiero decir, un arrendamiento.

La revista *Smart Money* cita a la Asociación Nacional de Agencias de Autos (NADA, por sus siglas en inglés) declarando que el automóvil nuevo promedio comprado al contado deja a la agencia 82 dólares de ganancia. Cuando la agencia logra que usted lo financie con ellos, le venden la financiación y hacen un promedio de 775 dólares por automóvil. ¡Pero si ellos pueden lograr que usted alquile el automóvil, la agencia puede vender ese contrato al banco local o a GMAC, Ford Motor Credit, Chrysler Credit, Toyota Credit, etc., por un promedio de 1,300 dólares! El típico agente de autos hace su dinero en la oficina de financiación y en el taller, no en la venta de automóviles nuevos.

El alquiler de autos está en auge porque los vendedores saben que ese es su centro de mayores ganancias. Vivimos en una cultura que deja de preguntar: «¿Cuánto?» y en su lugar pregunta: «¿Cuánto de entrada y cuánto al mes?» Si uno se fija solamente en el gasto mensual, siempre alquila, porque esto casi siempre cuesta menos de entrada y menos mensualmente, pero a la larga, es mucho más costoso.

Una vez más, el niño de la cara enrojecida compra algo que no está a su alcance usando un método inapropiado, y luego intenta justificar su estupidez. Esa actitud no va a funcionar si usted desea una *Transformación total de su dinero*.

Craig llamó a mi programa de radio para argüir sobre el arrendamiento de autos porque su contador le dijo que debería arrendar un automóvil. (¡Prueba de que algunos CPA [Contadores Públicos] no pueden sumar, o por lo menos no se toman el tiempo para eso!) Craig era dueño de su propio negocio y pensó que si su negocio era dueño del automóvil, el arrendamiento era la mejor idea debido a la excepción tributaria. Craig tenía los 20,000 dólares en efectivo para comprar un automóvil de un año de uso, exactamente como el que él deseaba, pero en lugar de eso iba a alquilar uno nuevo de 30,000. Pasó por alto dos puntos importantes. Primero, 98% de los arrendamientos se hacen en un automóvil nuevo, que rápidamente pierde valor, y no es una sabia decisión como negocio.

Segundo, crear un gasto de negocio innecesario en obsequio de una excepción tributaria es matemática torcida.

Digamos que Craig arrendó un automóvil por 416 dólares al mes, 5,000 al año, y lo utilizó 100% para el negocio (lo cual es altamente improbable y la mayoría de las veces no sobrevive una auditoría). Si tiene una excepción tributaria de 5,000 dólares, usted no paga impuesto sobre ese dinero. Si Craig no tenía la excepción tributaria por los 5,000 dólares, pagaría impuestos por esos 5,000, que serían unos 1,500 dólares. Así, pues, la sugerencia del contador de Craig de que enviara 5,000 dólares a la compañía del automóvil para evitar enviar al gobierno 1,500 suena como que él no puede sumar.

Además, él ahora es responsable por el automóvil de 30,000 dólares que está decreciendo en valor en lugar de uno de 20,000 que ya recibió la peor reducción de valor durante su primer año de uso.

Mi compañía es dueña de mis autos, los que compré usados. Nosotros podemos depreciar aquellos autos o descontar los kilómetros. Si usted maneja autos baratos en su negocio y pone alto kilometraje en ellos, use la deducción del kilómetro. Si usted, como yo, maneja autos costosos pero no pone muchos kilómetros en ellos, use la depreciación oficial. Ambas deducciones de impuestos están disponibles sin tener un estúpido pago de automóvil. Si usted no posee un negocio y no entiende todo lo que yo acabo de decir sobre excepciones tributarias, etc., no se preocupe. Solo tiene que saber, como un dueño inteligente de negocio, que usted no desea arrendar un automóvil.

Mito: **Usted puede obtener un buen negocio sobre un automóvil nuevo a 0% de interés.**

Realidad: **Un automóvil nuevo pierde 60% de su valor en los primeros cuatro años, y eso no es 0%.**

Hemos discutido la compra de un automóvil nuevo en varias formas en las páginas anteriores. No, un automóvil nuevo no está al alcance de usted, a menos que sea millonario y pueda por lo tanto darse el lujo de perder miles de dólares, todo en nombre del olor a nuevo de un automóvil nuevo. Un buen automóvil usado que tenga menos de tres años es tan confiable o más que uno nuevo. Un automóvil nuevo de 28,000 dólares perderá cerca de 17,000 de valor en los primeros cuatro años de uso. Eso es casi 100 dólares por semana en valor perdido. Para entender lo que estoy diciendo, abra su ventana en su viaje al trabajo una vez a la semana y tire por ella un billete de 100.

> El millonario promedio maneja un automóvil de dos años, sin hacer pagos.

El millonario promedio maneja un automóvil de dos años sin hacer pagos. Simplemente lo compró. El millonario promedio no está dispuesto a asumir la pérdida que un automóvil nuevo derrocha: así es como llegaron a ser millonarios. Yo no estoy diciendo que no maneje nunca un automóvil nuevo, pero hasta que tenga mucho dinero usted puede perder grandes sumas sin saberlo, y no puede darse ese lujo. El vendedor de autos le dirá que «usted está comprando el problema de otro». Entonces, ¿por qué ellos venden autos usados? ¿No sería eso moralmente erróneo? La verdad es que la mayoría de los autos ligeramente usados han recibido ya todos los arreglos y no han sido negociados debido a que eran malos autos. Puesto que casi 80% de los autos nuevos este año se arrendarán, es más que probable que usted esté comprando un automóvil que fue arrendado. Mis dos últimos autos comprados fueron de uno y dos años de arrendamiento entregados con bajo kilometraje.

Si usted entiende lo que estoy diciendo sobre esta gran pérdida de valor, usted ahora comprende que 0% interés no es realmente «no costo». Si bien el dinero para prestar no le cuesta a usted técnicamente hablando, usted está perdiendo tanto en valor que aun así lo han engañado. Cero por ciento, sin embargo, se usa con bastante frecuencia por hombres, pocas veces mujeres, para racionalizar su «necesidad» de algunas ruedas nuevas. Así, pues, aun cuando la tasa de interés sea atractiva, pase eso por alto porque la transacción total significa aun tirar billetes de 100 por la ventanilla cada semana.

Algunas personas desean comprar un automóvil nuevo por la garantía. Si pierde 17,000 dólares del valor en cuatro años, como promedio, usted ha pagado demasiado por una garantía. Pudo tener completamente reconstruido el automóvil dos veces por 17,000 dólares. Además, tenga en mente que la mayoría de las garantías de los fabricantes también lo cubrirán a usted cuando compra un automóvil ligeramente usado (trataré sobre la compra de una garantía extendida sobre un automóvil usado en el siguiente capítulo).

Por supuesto, cuando comience la *Transformación total de su dinero,* usted tendrá un cacharro, pero el objetivo es evitar la tentación del mito de 0% de interés y entrar en el tema de los autos usados de calidad.

Mito: Usted debe obtener una tarjeta de crédito para construir su crédito.

Realidad: Usted no tiene que tener crédito con la *Transformación total de su dinero,* salvo quizás para una hipoteca ni necesita una tarjeta de crédito para eso.

El mejor mito es el que dice «construya su crédito». Los banqueros, los vendedores de autos y los prestamistas que no están bien informados sobre hipotecas le ha dicho a Estados Unidos por años que «construya su crédito». Este mito significa que tenemos que contraer deudas, de modo que podemos contraerlas porque con ellas es como obtenemos artefactos. Aquellos que hemos tenido una *Transformación total de su dinero* encontramos que es mejor comprar con dinero en efectivo que endeudarse. Pero si yo estuviera vendiendo deudas como hace el banquero, también les diría que se endeuden para que tengan más deudas. Esto es, sin embargo, un mito.

Sí, ustedes necesitan «construir su crédito» pidiendo préstamos y amortizando deudas en un plazo determinado si desean vivir una vida de tarjetas de crédito, préstamos estudiantiles y pagos de automóviles. Yo no. La pregunta que tenemos que responder es: ¿Cómo obtengo una hipoteca sobre la casa? Más tarde, les presentaré el plan de 100% de entrada, incluyendo cómo establecer una hipoteca por quince años con una tasa de interés fija. Pero si usted quiere que esa hipoteca a quince años con tasa de interés fija tenga un pago que no sea mayor de 25% de sus entradas, yo no le hablaría de eso, ¿No necesita usted crédito? No.

> Usted puede adquirir una hipoteca si ha vivido correctamente.

Usted necesitará encontrar una compañía hipotecaria que haga negocios de aseguramiento. Esto quiere decir que sean profesionales con capacidad para procesar los detalles de su vida en lugar de usar solo un registro Beacon (préstamos para tontos). (El registro Beacon mide por puntos el nivel de crédito de un individuo de acuerdo a su historial de préstamos obtenidos y su pago a tiempo.)

Usted puede obtener una hipoteca si ha vivido correctamente. Permítame definir «vivido correctamente». Usted puede calificar para un préstamo convencional a quince años con tasa de interés fija si:

- Ha pagado a su arrendador anticipadamente o a tiempo por dos años.
- Ha estado en el mismo campo de actividades por dos años.
- Dispone de un buen pago de entrada, que es más que «nada de entrada».
- No tiene otro crédito, bueno o malo.
- No está tratando de obtener un préstamo demasiado grande. Un pago que totalice 25% de sus entradas es conservador y le ayudará a calificar.

No deje que nadie le diga que contraiga deudas para facilitarle una hipoteca; eso es mentira. Un buen profesional en hipotecas puede darle posesión a usted de una casa si sabe cómo tramitar el seguro. En cuanto a conseguir crédito para las otras cosas, deje eso a los perdedores. Con la *Transformación total de su dinero* usted no estaría aceptando esa clase de débito de ninguna manera.

Mito: Usted necesita una tarjeta de crédito para arrendar un automóvil, alquilar una habitación en un hotel o comprar por vía electrónica.

Realidad: La tarjeta de débito hace todo eso.

La tarjeta de débito Visa u otras tarjetas de cheques que están conectadas con su cuenta de cheques le proporciona la capacidad de hacer virtualmente todo lo que una tarjeta de crédito haría. Yo llevo una tarjeta de débito para mi cuenta personal y una para mi negocio y no tengo tarjeta de crédito. Por supuesto, usted debe tener dinero antes de poder comprar algo con una tarjeta de débito, pero pagar por las cosas con dinero que usted tiene ahora es parte de la *Transformación total de su dinero*. Algunas firmas de alquiler de autos no aceptan tarjetas de débito, pero la mayoría sí. Yo no hago negocios con Hertz o Avis porque no aceptan tarjetas de débito, y son muy costosos de todos modos. La mayoría de las otras aceptan tarjetas de débito, pero usted necesita verificarlo de antemano.

Yo compro cosas por la Internet y me alojo en hoteles usando siempre mi tarjeta de débito. En realidad, viajo por toda la nación varias veces al año hablando y presentándome ante el público, y mi tarjeta de débito me permite acceso a las mejores cosas que la vida puede ofrecer sin incurrir en deudas.

Mito: La tarjeta de débito tiene más riesgos que la de crédito.
Realidad: ¡No!

Algunos de ustedes se preocuparon cuando mencioné la compra de cosas por la Internet y las reservaciones en el hotel con una tarjeta de débito. La creencia es que es más riesgoso llevar esa clase de negocio con una tarjeta de débito. Supuestos expertos financieros han divulgado este mito hasta el punto que es virtualmente una leyenda urbana. El hecho es que las regulaciones de Visa exigen al banco asociado, para tener derecho a la tarjeta de débito, exactamente la misma protección en casos de robo o fraude. Si usted abriga alguna duda, lea esta cita de Visa en su propia página web:

> Recuerde, hay una cosa que *no* hace la tarjeta de débito: meterlo en deudas.

VIVIR COMO NADIE PARA DES

La política de «Cero responsabilidad» de Visa significa 100% de protección para usted. La política ampliada de Visa garantiza un máximo de protección contra fraudes. Usted dispone ahora de completa protección de su responsabilidad para todas las transacciones con tarjeta que tengan lugar en el sistema de Visa. Si alguien le roba el número de su tarjeta mientras está comprando, por la Internet o fuera de ella, usted no tiene que pagar nada por esa actividad fraudulenta. Si advierte actividad fraudulenta en su tarjeta, comuníquese de inmediato con su institución financiera para reportarlo. Es importante fiscalizar continuamente su estado de cuenta mensual para identificar cualquier transacción no autorizada.

La política de «Cero responsabilidad» de Visa entró en vigor el 4 de abril de 2000, y es una gran mejoría sobre la política anterior. La política anterior exigía que usted informara la actividad fraudulenta dentro de dos días hábiles desde su descubrimiento. Después de ese período de dos días, usted puede ser responsable de hasta 50 dólares de cargos no autorizados. Con la nueva política de «Cero responsabilidad», usted no tiene obligación de reportar actividades fraudulentas dentro de los dos días y no es responsable por ninguna transacción fraudulenta realizada en la red Visa. Esa política cubre todas las transacciones con tarjetas de crédito o débito, procesadas en la red Visa, sean hechas por la Internet o fuera de ella.

> Cuando usted juega con serpientes, lo muerden.

Mito: **Si paga cada mes su tarjeta de crédito, usa gratis el dinero de otros.**

Realidad: **De acuerdo a CardTrack, 60% de los usuarios no pagan su tarjeta de crédito cada mes.**

Cuando usted juega con serpientes, lo muerden. A mis oídos ha llegado lo que utilizan como señuelo para atraer a la cueva al ingenuo. Un sombrero gratis, kilometraje en aerolíneas, acumulación de puntos, uso gratis del dinero de otros, un descuento en la contadora y la lista sigue hasta hacerlo firmar por una tarjeta de crédito. ¿Se ha preguntado por qué se esfuerzan tanto en involucrarlo? La respuesta es que usted pierde y ellos ganan.

Usted no va a usar el sombrero y *Consumer Reports* dice que 75% del kilometraje de las aerolíneas nunca se redime. La próxima vez que usted vaya a la tienda y le den un descuento por firmar una tarjeta, se olvidará de su efectivo, usará la tarjeta y el ciclo comenzará. Quizás piense: *Yo pago lo mío, de modo que estoy usando el dinero de ellos, estoy ganando.* De nuevo errado. Un estudio hecho por Dunn y Bradstreet demostró que el tarjetahabiente gasta de 12 a 18% más cuando usa la tarjeta que cuando paga en efectivo. Duele cuando se gasta el efectivo y, por consiguiente, usted gasta menos.

La gran pregunta es: ¿Qué hacen los millonarios? Ellos no se hacen ricos con sombreros gratis, acumulación de puntos, kilometraje de aerolíneas y uso del dinero de otros. ¿Qué hacen las personas arruinadas? Usan tarjetas de crédito. Un estudio de American Bankruptcy Institute [Instituto Estadounidense de Bancarrotas] sobre expedientes de bancarrotas revela que 69% de los solicitantes dicen que las tarjetas de crédito causaron su bancarrota. Las personas arruinadas usan tarjetas de crédito; las personas ricas, no. Concluyo mi caso.

M is enormes problemas de deudas se debieron mayormente a mi mal manejo de las tarjetas de crédito. Luego de obtener mi primer empleo y de trabajar cerca de seis meses, decidí tomar unas pequeñas vacaciones. Fui al banco para ver si podía pedir prestada una pequeña suma de dinero. El atento personal del banco me dijo que no podían prestarme ningún dinero, pero que podía obtener gratis una tarjeta de crédito. Esta fue mi entrada al mundo de las tarjetas de crédito.

Por supuesto, el límite de crédito de mi tarjeta era de más dinero que el que yo necesitaba, pero no pasó mucho tiempo sin que me encontrara con que había gastado el máximo. Sin mayor preocupación, la compañía me envió una nota diciéndome que debido a que yo era tan buen cliente, iban a aumentar mi límite, que significaba más efectivo al instante. Adicionalmente, decían que debido a que era tan buen cliente, no tenía que hacer pagos durante la temporada festiva de ese año. Lo que no me decían era que el interés, a 22%, ¡continuaría creciendo! Pensé que era prestigioso tener tantas tarjetas de crédito como pudiera. El número de tarjetas que pude adquirir parecía ilimitado. Tenía tarjetas de oro, de platino y de todo tipo de grandes compañías, más tiendas específicas y por catálogos.

Entonces, solo cuando la deuda se hizo una verdadera prueba para pagar, aparecieron las tarjetas de bajo interés inicial. Estas prometían una tasa de interés muy bajo durante los primeros meses. ¡En tanto usted no lea la letra pequeña, la cosa parece un verdadero negocio! De modo que solicité y recibí varias de esas también. Para esa época mi deuda por tarjetas de crédito ascendía a la cantidad de 30,000 dólares. Había alcanzado el punto en que tenía que usar tarjetas de crédito para comprar alimento, para pagar el alquiler y aun trasladar dinero de una tarjeta a otra para hacer los pagos mensuales. Calculaba que si podía simplemente pagar el mínimo de cada tarjeta y no comprar nada nuevo, podía liquidarlas todas, en cerca de veintidós años.

Ahora sigo las enseñanzas de la Transformación total de su dinero y aliento a las personas a que SE MANTENGAN ALEJADAS de las tarjetas de crédito.

Anónimo

Mito: Asegúrese de que su adolescente obtenga una tarjeta de crédito, para que aprenda a ser responsable con el dinero.

Realidad: Obtener una tarjeta de crédito para su adolescente es un excelente modo de enseñarle a ser financieramente irresponsable. Por eso los adolescentes son ahora el blanco número uno de las compañías de tarjetas de crédito.

Algunas de las últimas páginas han sido dedicadas a los males de las tarjetas de crédito, de modo que no voy a repetirlas en el caso de los adolescentes. Solo añadiré que lanzar a sus adolescentes a un estanque lleno de tiburones es una vía segura para garantizarles una vida llena de dolores de cabeza, a ellos y a usted. Diré solamente que más de 80% de los graduados universitarios tienen deudas de tarjetas de crédito, antes de que tengan siquiera un empleo. Los del mercado de tarjetas de crédito han realizado tan buen trabajo que una tarjeta de crédito se considera como un rito del paso a la adultez. Los adolescentes estadounidenses se ven a sí mismos como adultos si poseen una tarjeta de crédito, un teléfono celular y una licencia de manejar. Tristemente, ninguno de esos «logros» está asociado en modo alguno con la verdadera adultez. Usted no le está enseñando a su hijo de dieciséis años a tener responsabilidad con sus gastos cuando le da una tarjeta de crédito, como tampoco le está enseñando responsabilidad con una pistola, dejándolo dormir con un arma automática sin el seguro puesto. En ambos casos usted, como padre, está actuando estúpidamente. Las personas con sentido común no les dan cerveza a sus hijos de dieciséis años para enseñarles cómo usar el licor. Al darle a un adolescente una tarjeta de crédito, el padre, que se supone tenga responsabilidad, introduce una sustancia financieramente dañina y aprueba su uso, lo cual es necio, pero por desdicha muy normal en las familias de hoy. En vez de eso, los padres deben enseñar a sus adolescentes a decir

> Usted no está enseñándole a su hijo de dieciséis años a tener responsabilidad con sus gastos cuando le entrega una tarjeta de crédito.

que no. Cualquiera que visite un recinto universitario en los años recientes se habrá escandalizado ante el agresivo e insensato mercadeo de tarjetas de crédito a personas que no tienen empleo.

Los resultados pueden ser devastadores. Recientemente, dos estudiantes universitarios en Oklahoma se dieron por vencidos por sus tarjetas de crédito y se suicidaron, dejando las cuentas en la cama junto a ellos.

Nunca me dijeron cómo administrar mi dinero, nunca me enseñaron que los gastos en exceso tenían consecuencias. Cuando fui a la universidad, estuve rápidamente dispuesto a firmar para recibir una tarjeta de crédito de la institución.

¡Me intrigó que 10% de todo lo que gastara fuera para la escuela y, oiga, yo quería ser un gran contribuyente! (¡10% de 200 dólares son 20 buenos dólares!) Además, sabía que solo la usaría en emergencias. ¡Sí, cómo no! Bueno, recuerdo el día que obtuve la tarjeta. ¡Estaba en mi dormitorio, aburrido y divagando, mirando mi correspondencia, y allí estaba, con un retrato de la escuela impreso y todo! Iba a usarla solamente para «emergencias», después que la usara una vez a fin de activarla. Me dirigí al centro comercial y la activé —gasté 200 dólares con ella— comprando un traje barato con un cinto que le combinaba. Nunca lo olvidaré. ¡Utilicé al máximo mi tarjeta el primer día que la tuve! Visa, complacida, elevó mi límite y continuó haciéndolo varias veces durante los cuatro años siguientes.

¡Yo salí de la universidad con un diploma de bachiller en ciencias y con más de 13,000 dólares en deudas de la tarjeta de crédito! En realidad no me sentía muy preocupado por eso, porque en tanto que hacía mis pagos mínimos todo estaba bien. ¡Sí, cómo no! Bueno, todo lo que les puedo decir es que no pude salir adelante, que me sentía atrapado, y que era muy fácil usar las tarjetas de crédito. Hoy, estoy totalmente libre de deudas, pero no fue sin mucho sufrimiento. La deuda me mantuvo sin logros. Había muchas cosas a las que mi esposa y yo no teníamos acceso, gran parte de nuestra paz nos la habían robado. Aprendimos nuestras lecciones, sin embargo, gracias al plan de la Transformación total de su dinero.

Bill Hampton (edad 32)
Vicepresidente The Lampo Group, Inc.

Vince llamó a mi programa radial con un problema que se ha convertido en algo muy común. Firmó por numerosas tarjetas durante su segundo año de universidad para obtener como premio una camiseta gratis. No iba a usar las tarjetas a menos que surgiera una emergencia, pero cada semana tenía «una». Y pronto se montó en una deuda de 15,000 dólares. No pudo hacer los pagos, de modo que abandonó la escuela para obtener un empleo. El problema era que, sin su diploma sus ganancias eran mínimas. Y peor que eso, también tenía una deuda de 27,000 dólares en préstamos estudiantiles.

Los préstamos estudiantiles no son pagaderos mientras usted está en la escuela, pero cuando sale por graduación o por renuncia, empiezan los pagos. Vince era un atemorizado joven de veintiún años de edad con 42,000 dólares en deudas, y ganando solo 15,000 dólares al año. Lo que da miedo es que Vince es «normal». El Instituto Estadounidense de Bancarrotas revela que 19% de las personas que se declararon en bancarrota el año pasado eran estudiantes universitarios. Eso quiere decir uno entre cinco que se declararon en bancarrota eran personas muy jóvenes que comenzaban sus vidas como fracasados financieros. ¿Piensa usted todavía que es sabio darle una tarjeta de crédito a un adolescente? Espero que no.

La razón de que los prestamistas mercadeen tan audazmente entre los adolescentes es signo de lealtad. Los estudios sobre los prestamistas han encontrado que nosotros los consumidores somos muy leales al primer banco que certifica nuestra adultez dándonos una tarjeta plástica. Cuando me presento ante el público y corto tarjetas de crédito, es asombroso el apego emocional que muchas personas tienen con la primera tarjeta que adquirieron en la universidad. Se apegan a ella como si fuera un viejo amigo. El signo de lealtad es real. Varios cientos de escuelas en Estados Unidos están usando nuestro currículum para bachillerato llamado «Tranquilidad financiera para la nueva generación». Los resultados han sido asombrosos. Los adolescentes se adhieren a la *Transformación total de su dinero* antes de que lo necesiten. Una graduada reciente del programa, Chelsea, de quince años, dijo: «Yo pienso que esta clase ha cambiado totalmente mi vida. Dondequiera que veo a alguien usando una tarjeta de crédito, pienso: *¡Caramba! ¿Cómo pueden hacerle eso a su vida?* Siempre creía que uno tenía que hacer pagos a tarjetas de crédito, pagos de la casa y pagos del automóvil. Ahora me doy cuenta que no tengo que hacerlo». Qué bien, Chelsea.

Influencia de las marcas comerciales en la niñez

Usted tiene que comenzar a enseñar a los niños desde temprano porque esta tendencia es muy común ahora. Observo esto cuando miro detrás de una caja de cereales con pasas y veo «Visa… la tarjeta oficial de Whoville…» de la película *Grinch, el ladrón de la Navidad*.

Yo no soy el objeto de este anuncio: mi hijo de once años sí. Los prestamistas están enseñando más temprano a los niños este mensaje de confianza en cuanto al plástico. Hace unos pocos años, Mattel sacó al mercado la «Barbie de compras», patrocinada por MasterCard. Por supuesto, esta muñequita «popular» tenía su propia tarjeta Master-Card. Cuando analizaba electrónicamente su tarjeta, la registradora del dinero decía: «Crédito aprobado». Hubo tal reacción por parte de los consumidores que Mattel retiró el producto. Este año Barbie, salió con la «Registradora Barbie», y aparentemente esta dama realizó muchas compras. La registradora viene con su propia tarjeta American Express. ¿Por qué estas compañías están vendiéndoles a nuestros pequeños? Estas marcas comerciales intentan influir en la selección de tarjetas más tarde en la vida. Es inmoral.

Otra vez, nosotros decidimos combatir dichas marcas con nuestro propio antídoto. Tranquilidad Financiera Jr. es una colección de ayudas para auxiliar a los padres a enseñar a sus hijos (de tres a doce años) acerca del dinero. Por supuesto, usted puede enseñar los principios sin el equipo, pero de cualquier manera, ellos necesitan aprenderlo.

En mi casa usamos las mismas técnicas para enseñar a nuestros hijos cuatro cosas que podemos hacer con el dinero. Deseamos crear momentos de aprendizaje, de modo que la influencia mercantilista en la niñez sea contrarrestada por el sentido común. Enseñamos a nuestros hijos a trabajar, no como si estuvieran en algún campo militar, sino enseñándoles que haciendo tareas domésticas se gana dinero. Nuestros hijos están en comisión, no en asignación. Trabajan y reciben pago, no trabajan y no reciben pago. Es lo mismo que en el mundo real. Nuestros hijos ponen el dinero que ganan en sobres con el membrete de «Ahorro», «Gastos» y «Donaciones». Cuando un muchacho aprende a trabajar, ahorrar y gastar, y dar bajo la madura dirección de los padres, puede evadir los mensajes que dicen que una tarjeta de crédito equivale a prosperidad.

Mito: La consolidación de las deudas ahorra intereses, y usted tiene un pago más pequeño.

Realidad: La consolidación de la deuda es peligrosa porque usted trata solo el síntoma.

La consolidación de las deudas no es más que un engaño porque usted cree que ha hecho algo con el problema de la deuda. ¡La deuda está allí todavía, como están los hábitos que la han causado; usted solamente la ha movido! ¡Usted no puede pedir prestada la manera de salirse de la deuda! Usted no puede salir de un hoyo excavando en el fondo. Larry Burkett dice que la deuda no es el problema sino el síntoma.

Creo que la deuda es el síntoma del sobregasto y del ahorro deficiente. Un amigo mío trabaja para una firma de consolidación de deudas cuya estadística interna estima que 78% de las veces, después que alguien consolida su deuda de tarjetas de crédito, la deuda vuelve a crecer. ¿Por qué? Porque no tiene aún un plan de pagar en efectivo o para no comprar, y no ha ahorrado para pagar «gastos inesperados», lo cual también se convierte en deuda.

La consolidación de deudas parece atractiva porque existe una tasa de interés más baja en algunas de las deudas y un pago más bajo. En casi todos los casos que revisamos, hallamos que el pago bajo existe no porque la tasa sea en realidad inferior, sino porque el término se ha extendido. Si usted se mantiene endeudado más tiempo, consigue un pago más bajo. Si permanece endeudado más tiempo, usted le paga al prestamista más, por lo que están en el negocio de consolidación de deudas.

Mito: **Tomar prestado 125% sobre mi casa es sabio, porque reestructuraré mi deuda.**

Realidad: **Usted está atascado en su casa, lo cual es realmente tonto.**

En el programa radial de hoy atendí una llamada de un hombre desesperado que encaraba una bancarrota. Él había recibido prestado 42,000 dólares sobre una segunda hipoteca, un robo de 125% en el préstamo. El saldo en existencia de su primera hipoteca era de

> La respuesta no es la tasa de interés, sino una *Transformación total de su dinero.*

110,000 dólares que hacía su total de la nueva hipoteca un débito de 152,000 dólares. La casa de Dan tenía un valor de 125,000 dólares, de modo que debía 27,000 más sobre su casa de lo que esta valía. Había perdido su empleo dos meses atrás y dichosamente había acabado de hallar un empleo en otro estado, pero no había podido vender su casa. Tuvo el mismo empleo por dieciséis años y pensó que tenía seguridad, pero ahora, solo unos meses después, estaba «hecho tierra».

Le sugerí a Dan que llamara al prestamista de la segunda hipoteca y obtuviera un documento legal en el cual se reconociera que no existía ningún colateral para el préstamo. Ellos no podrían ejecutar la hipoteca ni en cien años, pero sí demandarlos cuando la primera compañía hipotecaria ejecutara la hipoteca.

Así, pues, después de solicitar al segundo prestamista que liberara el gravamen sobre lo que quedara después de vender la casa y pagar la primera hipoteca, Dan firmaría un pagaré y haría pagos sobre el resto. Dan tendría pagos por los años venideros por una segunda hipoteca sobre una casa que ya no posee, pero como mucha gente, con su segunda hipoteca iba a liquidar la deuda que ya tenía con las tarjetas de crédito, cuentas de médicos y otros conceptos. Hoy con un empleo en otro estado, Dan hubiera preferido sus viejas deudas y su casa que podía vender fácilmente.

> Trabajan y reciben pago; no trabajan y no reciben pago.

Mito: Si nadie usa el débito, nuestra economía sufriría un colapso.
Realidad: No, prosperaría.

El improvisado profesor de economía cree en la necesidad de armar este ridículo escenario. Mi sueño es lograr que tantos ciudadanos como sea posible salgan de deudas con una *Transformación total de su dinero*. Por desdicha, yo podría vender diez millones de libros, y aún quedarían cinco mil millones de ofertas de tarjetas de crédito por año, así que no hay peligro de que me quede sin trabajo. El mejor programa sobre pérdida de peso en el mundo no puede asegurar nunca que no habrá personas gordas, después de todo, hay demasiados McDonald's.

Sin embargo, vamos a imaginarlo solo por diversión. ¿Qué tal si cada persona deja de incurrir en deudas de cualquier clase en un año? La economía sufriría un colapso. ¿Qué tal si cada persona deja de incurrir en débito de cualquier clase durante los próximos cincuenta años, lo que sería una gradual *Transformación total de su dinero*? La economía prosperaría, aunque los bancos y otros prestamistas sufrirían. ¿Veo lágrimas dondequiera? ¿Qué haría la gente si no tuvieran que hacer pago alguno? Ahorrarían y gastarían, no apoyarían a los bancos. El gasto por gente libre de deudas apoyaría y haría prosperar la economía. La economía estaría mucho más estable sin las conmociones causadas por la «confianza del consumidor» o por la falta de la misma. (La confianza del consumidor es eso que los economistas utilizan para medir cuánto usted sobregastará debido a que está aturdido con lo buena que está la economía, sin importarles que usted esté metiéndose en una deuda profunda. Si el consumidor estuviera libre de deudas y viviera dentro de los límites de sus recursos, su confianza estaría bien fundada.) Los ahorros y la inversión crearían riqueza, construida a un nivel sin precedentes, lo cual crearía más estabilidad y mayor consumo. Las donaciones aumentarían y muchos problemas sociales se privatizarían; el gobierno podría salir del negocio de la beneficencia pública.

> ¿Qué haría la gente si no tuviese que hacer pago alguno?

Entonces los impuestos se reducirían, y tendríamos todavía mayor riqueza. Como ha dicho el gran filósofo Austin Powers: «¡Capitalismo, arriba, muchacho!» Seguro, el capitalismo es magnífico. Aquellos que están preocupados por la polarización que produce la creciente brecha entre los que tienen y los que no tienen no necesitan mirar

> La deuda no es un instrumento; es un método para hacer ricos a los bancos, no a usted.

al gobierno para resolver el problema, sino abogar por una *Transformación total de su dinero.*

La deuda *no es* un instrumento

¿Está comenzando a comprender que la deuda NO es un instrumento? Este mito y otros pequeños mitos se han extendido a lo ancho y a lo largo. Siempre mantenga la idea de que si dice una mentira con suficiente frecuencia, en alta voz y durante mucho tiempo, llegará a aceptarla como una realidad.

La repetición, el volumen y la extensión tergiversarán y convertirán un mito, o una mentira, en una forma comúnmente aceptada de hacer las cosas. Ya no más. La deuda no es un instrumento; es un método para hacer ricos a los bancos, no a usted. El prestatario es verdaderamente siervo del prestamista. Su mayor activo para crear riqueza son sus ingresos. Cuando usted frena su ingreso, pierde. Cuando usted invierte su ingreso, se hace rico y puede hacer lo que le venga en gana. ¿Cuánto podría dar cada mes, ahorrar cada mes, y gastar cada mes si no tuviera pagos que hacer? Su ingreso es su mayor instrumento para hacer riqueza, no su débito. La *Transformación total de su dinero* comienza con una visión permanente cambiada de los mitos de la deuda.

4

Mitos del dinero:
Los inexistentes secretos del rico

La mayoría de los mitos del dinero tienen que ver con una mentira acerca de una vía más corta o una mentira sobre la seguridad. Anhelamos llegar a ser saludables, ricos y sabios sin esforzarnos y sin correr riesgos, pero tal cosa no ocurrirá nunca. ¿Por qué tiene tanto éxito la lotería en lograr millones de dólares? ¿Por qué las personas permanecen en empleos que detestan, en busca de una falsa seguridad?

La mentalidad de la *Transformación total de su dinero* es vivir como nadie para después poder vivir como nadie. Hay que pagar un precio, y no hay atajos. Aunque nadie anda buscando dolores, riesgos o sacrificios innecesarios, cuando algo suena demasiado bueno para ser cierto, es porque es falso. Los mitos en este capítulo están enraizados en dos problemas básicos. Primero es la negación del riesgo, al pensar que la seguridad total es posible y probablemente cierta.

El segundo es la riqueza fácil, o la búsqueda de la llave mágica para abrir el cofre del tesoro.

La negación del riesgo

La negación del riesgo toma varias formas en el mundo del dinero. Algunas veces la negación del riesgo es una especie de holgazanería, cuando no queremos emplear energía en comprender que esta se necesita para vencer. Otras veces, la negación del riesgo es un tipo de rendición en que aceptamos una mala solución porque estamos tan por el suelo y tan apabullados que alzamos la bandera blanca y hacemos algo estúpido. Otras veces la negación del riesgo puede tener un componente activo cuando buscamos una falsa seguridad que sencillamente no existe. Esta es la negación del riesgo de alguien que por catorce años mantiene un empleo que no le gusta porque la compañía es «segura», solo para encontrar que la vida se le voltea con una cesantía cuando la compañía «segura» se declara en bancarrota. La negación del riesgo siempre implica una ilusión, seguida de desilusión.

> Los secretos de los ricos no existen porque los principios no son secretos.

Dinero rápido y fácil

El segundo problema de fondo es la búsqueda de riqueza fácil. El dinero rápido y fácil es una de las más viejas mentiras o mitos en el libro de la raza humana. Una vía más corta, una comida preparada en microonda, un café instantáneo, un millonario instantáneo gracias a la Internet, son cosas que deseamos que nos den una alta calidad, pero nunca es así. Los secretos de los ricos no existen porque los principios no son un secreto. No existe una llave mágica, y si usted busca una, se expone al sufrimiento y a la pérdida de dinero. Uno de mis pastores dice que la vida recta no es complicada; será difícil, pero no complicada.

Vivir rectamente, desde el punto de vista financiero, es igual, no es complicado; puede ser difícil, pero no es complicado.

Mito vs. realidad

Además de los mitos de la deuda, tenemos que eliminar otros varios mitos del dinero como parte de la *Transformación total de su dinero*. La mayoría de ellos están enraizados en los problemas que hemos discutido: la negación y la mentalidad de atajo.

Mito: Todo saldrá bien cuando me retire. Yo sé que no estoy aho-
               rrando todavía, pero todo marchará bien.

Realidad: Usted no se sacó la lotería.

¿Cómo puedo decir esto con delicadeza? No hay caballero andante
que llegue a tu camino en un caballo blanco para salvar la situación,
¡Despierta! ¡Este es el mundo real donde los ancianos tristes comen
comida para perros! Por favor, no se ilusione conque este gobierno,
que es tan inepto y poco ingenioso con el dinero, vaya ocuparse tanto
de usted en sus días dorados. ¡Esto es cuestión suya! ¡Es una emergencia! ¡La casa se quema! Tiene que ahorrar. Tiene que invertir en su
futuro. ¡Usted no estará BIEN! ¿Entiende cuál es el cuadro?

Vivimos en una tierra de abundancia, y eso ha llevado a un gran
porcentaje de personas a dormirse, pensando que todo estará bien.
Las cosas no estarán bien a menos que usted trate de que lo estén.
Su destino y su dignidad dependen de usted. Usted es responsable de
su retiro. Hablaremos sobre cómo ocuparnos de esto más tarde en
el libro, por ahora, es mejor que esté completamente convencido de
que este aspecto merece su total atención *ahora mismo,* no mañana ni
próximamente. Personalmente, no deseo trabajar en un McDonald's
cuando me jubile, a menos que sea uno de mi propiedad en St. Thomas o en las Islas Vírgenes estadounidenses.

Mito: El oro es una buena inversión y me protegerá si hay un colap-
               so económico.

Realidad: El oro tiene una pobre trayectoria y no se usa cuando hay un
               colapso económico.

El oro ha sido presentado como una inversión estable que todo
el mundo debe poseer. La sabiduría convencional repite: «Desde el
principio de los tiempos, el oro ha sido el estándar que el hombre ha
usado para el intercambio de bienes y servicios». Después de esa alegación, el promotor del mito seguirá con la declaración de que en una

economía caída, el oro es lo único que retiene su valor. «Usted tendrá lo que todo el mundo desea», es como continúa la alegación. Después de escuchar esas declaraciones, la gente compra oro como inversión bajo la ilusión de la falsa seguridad o la negación del riesgo.

La verdad es que el oro es una mala inversión con un largo historial de mediocridad. Las tasas de rendimiento promedio registradas desde la era de Napoleón son alrededor de 2% por año. En la historia reciente, el oro tiene un historial en cincuenta años de alrededor de 4.4%, casi lo mismo que la inflación y un poco por encima de las cuentas de ahorro. Durante ese mismo período de tiempo, usted habría obtenido cerca de 12% en un buen fondo de acciones mutuas.

Durante esos cincuenta años, por supuesto, ha habido increíble volatilidad y toneladas de riesgos. Es importante recordar que el oro no se usa cuando la economía falla. La historia demuestra que cuando una economía sufre colapso total, lo primero que aparece es un sistema de trueques en el mercado negro, donde la gente intercambia cosas por otras cosas y servicios. En una cultura primitiva, las cosas de utilidad a menudo llegan a convertirse en medios de cambio, y lo mismo es temporalmente cierto en una economía caída. Una habilidad, un par de pantalones de mecánico, o un tanque de gasolina llegan a ser muy valiosos, pero no las monedas ni las pepitas de oro. Usualmente se establece un nuevo gobierno que surge de las cenizas, y papel moneda nueva o moneda acuñada. El oro, cuando más, juega un papel menor, y el inversionista en oro será dejado con la triste sensación de que los bienes raíces, la sopa enlatada o el conocimiento hubieran sido una mejor protección contra una economía caída.

Mito:	Yo puedo hacerme rico rápida y fácilmente si me uno a esos grupos, compro ese juego de cintas y trabajo tres horas a la semana.
Realidad:	Nadie desarrolla y logra un ingreso de seis guarismos en tres horas a la semana.

Recibí un email de un caballero esta semana, en el que me ofrecía una ganancia de 500 por 1 sobre mi dinero. Afirmaba que había llegado a ser tan entusiasta con las perspectivas de esta «inversión» que había conquistado a varios de sus amigos para su negocio (ay, no.) Tenía poco tiempo en su ocupada agenda, pero haría un espacio si me reunía con él. No, gracias. Yo no sé que es eso, pero sé que es una estafa. No soy incrédulo, pero sé de inversiones. Las probabilidades de 500 por 1 no se producen, y no quiero gastar mi tiempo discutiendo sobre el tema o tratando de hallar la falta de lógica. Es una estafa, punto. ¡Huya lo más rápido que pueda de esa gente!

> El oro es una mala inversión con un largo historial de mediocridad.

Cuando más joven, con frecuencia caía víctima de ese tipo de basura. Más tarde, acostumbraba a reunirme con esos tipos para tratar de encontrar su falla. Ahora solo sacudo mi cabeza, porque sé que está destinado a sufrir pena y pérdidas, así como sus amigos. ¿Ha visto usted los anuncios comerciales de medianoche, sobre la venta de cintas magnetofónicas con los «secretos» para que «usted también» pueda llegar a ser enormemente rico comprando bienes raíces sin depósito inicial, o aprendiendo la fórmula secreta del éxito en el mercado de valores? Las ideas sobre la pequeña empresa abundan, tal como hacerse rico desde la casa llenando sobres y haciendo cuentas médicas. Sea realista. ¡Los sobres se llenan mecánicamente a miles por minuto a un costo de un décimo de centavo; no los llena una mamá en casa, tratando de suplementar el ingreso de la familia! Una persona entre mil que trate de sobrepasar las ventas,

ARITMÉTICA TORCIDA

La respuesta, mi amigo, se va por la ventana.

Un automóvil nuevo de 28,000.00 dólares perderá cerca de 17,000 de su valor en los primeros cuatro años de uso. Eso es casi 100 dólares por semana en valor perdido. Para entender lo que estoy diciendo, abra su ventana en su viaje al trabajo una vez a la semana y tire por ella un billete de 100 dólares.

sobrepasar el concepto de cuentas médicas atrasadas, lo hace con fines de lucro. El cobrador de cuentas médicas es, por lo general, alguien que vino de la industria médica, no alguien que le costó bastante tomar un curso de fin de semana. ¡No caiga en eso!

Los bienes raíces pueden comprarse sin dinero de entrada, pero entonces usted debe tanto que no produce efectivo. Usted tiene que «alimentarlo» cada mes. Yo compré bienes raíces sujeto a juicio hipotecario y bancarrota durante diez años y sé que se puede hacer, pero los compradores con dinero en efectivo son los que ganan. Los buenos negocios son uno en doscientos *si* usted tiene experiencia y es muy bueno en negocios; trabajaba sesenta horas a la semana, y me tomó años llegar a tener un ingreso de seis cifras en bienes raíces.

El mercado de valores atrae a las mentes más brillantes del planeta. Estos supercerebros estudian, siguen la pista, proyectan, comen y respiran el mercado de valores y lo han hecho por generaciones. Sin embargo, cada año sale un libro, o todo un artista sosteniendo que han «descubierto» ideas clave poco conocidas, modelos o tendencias que lo «harán rico». Las Damas Beardstown publicaron un libro, calificado como bestseller en el *New York Times*, sobre el simpático grupo que confeccionaba edredones, que comenzó invirtiendo y descubrió cómo obtener ganancias increíbles. Según se supo, todo fue un fraude, nunca obtuvieron esas ganancias anunciadas y al publicista lo demandaron. Otro libro que se publicó bajo el título de *Dogs of the Dow*, mostraba una fórmula poco conocida de comprar las peores acciones industriales promedio del indicador Dow Jones del mercado de valores para ganar riqueza. Como resultado de eso, el autor escribió otro libro acerca de cómo invertir en bonos después de descubrir que su fórmula no funcionaba.

Es verdaderamente difícil vender libros y cintas que enseñen la necesidad de realizar mucho trabajo duro, vivir con menos de lo que se gana, salir de deudas y vivir a base de un plan, pero estoy intentándolo, porque es la única manera de lograr buenos resultados. Mientras tanto, cuanto más pronto usted comprenda que nadie se hace rico rápidamente usando información secreta, tanto mejor.

Mito: Un seguro de vida de valor efectivo me ayudará a retirarme rico.

Realidad: El seguro de vida de valor efectivo es uno de los peores productos financieros disponibles.

Tristemente, más de 70% de las pólizas de seguro de vida que hoy se venden son pólizas de valor efectivo. Una póliza de valor efectivo es un producto del seguro que coloca juntos el seguro y el ahorro. No invierta dinero en pólizas de seguro de vida, el rendimiento es horrible. Su asegurador le mostrará proyecciones maravillosas, pero ninguna de esas pólizas se comporta como las proyectan.

Veamos un ejemplo. Si un hombre de treinta años de edad dispone de 100 dólares mensuales para gastar en una póliza de seguro y hace un estudio de seguro en las cinco mejores compañías de valor efectivo, encontrará que puede comprar un promedio de 125,000 dólares en seguros para su familia.

El anzuelo es adquirir una póliza que acumule ahorros para el retiro, que es lo que hace la póliza de valor efectivo. Sin embargo, si este mismo individuo compra un seguro a un término de veinte años, con cobertura de 125,000 dólares, el costo será únicamente de 7 dólares por mes, no 100. ¡Caramba! Si escoge la opción de valor efectivo, los otros 93 dólares por mes serían para ahorrarlos, ¿verdad? Bueno, realmente no; como usted sabe, hay gastos.

¿Gastos? ¿Cuánto? Todos los 93 dólares por mes desaparecen en comisiones y gastos durante los primeros tres años; después de eso la ganancia será un promedio de 2.6% por año para la compañía aseguradora (Whole Life), 4.2% para la otra compañía (Universal Life) y 7.4% para la nueva y mejorada póliza de vida (Variable Life) que incluye fondos mutuos. Estas estadísticas son de *Consumer Reports*, Consumer Federation of America, *Kiplinger's Personal Finance*, y la revista *Fortune*, de modo que estos son los verdaderos números.

> Nadie se hace rico rápidamente usando información secreta.

Peor aun, con Whole Life y Universal Life, los ahorros que finalmente acumula después de haber sido timado por años no van a su familia cuando usted muera. El único beneficio pagado a su familia es el valor nominal de la póliza, los 125,000 dólares de nuestro ejemplo. Lo cierto es que usted saldría mejor comprando la póliza a plazos de 7 dólares por mes, y colocar los 93 dólares restantes en una alcancía. Por lo menos a los tres años usted tendrá 3,000 dólares y cuando muera, su familia podrá obtener sus ahorros. A medida que continúe con este libro y aprenda cómo tener una *Transformación total de su dinero*, usted comenzará a ahorrar bien. Entonces, cuando tenga cincuenta y siete años y los hijos estén crecidos y se hayan ido, la casa estará pagada, usted tendrá 700,000 dólares en fondos mutuos, y llegará a estar autoasegurado. Esto significa que cuando su plazo de veinte años se venza, no necesitará seguro de vida de ninguna clase porque sin hijos que alimentar, sin casa que pagar, y 700,000 dólares ahorrados, su esposa solo tendrá que sufrir su ausencia si usted muere.

Mito: Jugar la lotería y otras formas de juego lo harán ricos.

Realidad: La lotería y otros nombres derivados son un impuesto a la gente pobre y las personas que no pueden sacar cuentas.

Precisamente el otro día me encontraba para dictar una conferencia en un estado en donde hay lotería. Fui a la estación de gasolina para pagar por el combustible y vi una fila de gente. Por un momento pensé que iba a tener que formar fila para pagar mi gasolina, antes de darme cuenta de que era para comprar boletos de Lotto. ¿Ha visto usted esas filas? La próxima vez que las vea, fíjese en las personas. Darryl y su hermano Darryl. Estas no son personas ricas, ni inteligentes. La lotería es un impuesto a la gente pobre y las personas que no pueden sacar cuentas. La gente rica y la gente inteligente estarían en la fila si la lotería fuese un verdadero instrumento para crear riqueza, pero lo cierto es que la lotería es un robo instituido por nuestro gobierno.

Este no es un concepto moral, sino un hecho matemático, estadístico. Los estudios muestran que las zonas que gastan cuatro veces lo que cualquier otro, son aquellas de los que viven en las secciones de más bajos ingresos del pueblo. La lotería o el juego de cualquier clase ofrece falsa esperanza, no un boleto. La *Transformación total de su dinero* ofrece esperanza porque da resultados.

Recuerde, he estado arruinado dos veces en mi vida, pero nunca pobre; pobre es un estado mental. El juego representa una falsa esperanza y una negativa. Con energía, ahorro y diligencia es como se crea riqueza, no con suerte tonta.

Mito: Las casas móviles o tráileres me permitirán poseer algo, en lugar de alquilar, y eso me ayudará a ser rico.

Realidad: Las casas móviles bajan de valor rápidamente, haciendo que sus oportunidades de crear riqueza sean menos que si usted hubiese alquilado.

Las casas móviles bajan de valor rápidamente. Las personas que compran un hogar móvil de doble ancho por 25,000 dólares deberán en cinco años 22,000 en un tráiler valorado en 8,000 dólares.

> La lotería es un impuesto a la gente pobre y las personas que no pueden sacar cuentas.

Financieramente es como vivir en su nuevo automóvil. Si fuera a sugerirle que invirtiera 25,000 dólares en un fondo mutuo con un récord probado de depreciación a 8,000 dólares en solo cinco años, usted me miraría como si me hubiera vuelto loco. No tengo a menos vivir en una casa móvil. He vivido en lugares peores. Solo sé que las casas móviles son inversiones horribles. Por favor, no se engañe con eso.

Si camina como un pato, y grazna como un pato, es un pato. Llámela «casa manufacturada», colóquela sobre una base permanente, añádale muchas mejoras alrededor del patio, y seguirá siendo un tráiler cuando usted esté listo para venderlo.

Yo quiero que usted posea una casa porque ellas son una buena inversión. La manera más rápida de llegar a ser un dueño de casa es a través de la *Transformación total de su dinero* mientras alquila lo más barato que pueda. La compra de un tráiler no es la vía más rápida, sino un retraso en el camino hacia la propiedad de bienes raíces que suben de valor. Si el típico consumidor que considera comprar su casa puede caminar y dice que es un tráiler en cualquier forma, su casa bajará, no subirá, de valor.

La única excepción a la norma de «no casa móvil» es el plan de Ron. Ron se graduó en la Universidad Tranquilidad Financiera y seguía el camino hacia una *Transformación total de su dinero*. Ron y su esposa decidieron, después de mucha oración, vender su buena casa de 120,000 dólares de la cual debían solo 50,000. Compraron una pequeña finca y una casa móvil muy usada en 3,000 dólares. Sin tener que hacer pagos y con una cuota inicial de 85,000 dólares, ahorraron y construyeron una casa muy buena, pagada, por 250,000 dólares en solo un par de años. La valoración fue de 250,000 dólares, pero como pagaron al contado por el terreno, obtuvieron una ganga. Además, como contratista, Ron construyó la casa por poco, así que no les tomó mucho tiempo terminar de pagarla. Vendieron la casa móvil de 3,000 por 3,200 dólares; después de todo, las casa móviles de 3,000 dólares han perdido casi todo su valor, así que la venta vino a ser negociada.

Mito: Pagar por adelantado mi funeral o los gastos universitarios de mis hijos es una buena manera de invertir y protegerme contra la inflación.

Realidad: Los planes de funeral y gastos universitarios prepagados ofrecen reducidos beneficios y colocan el dinero en el bolsillo de otro.

Cuando usted paga algo por adelantado, su ganancia por la inversión (interés) es la cantidad que el objeto subirá de valor antes que lo use. En otras palabras, pagando por adelantado, usted evita los aumentos de precio, y esa es su ganancia. Pagar por adelantado es como invertir en la tasa de inflación del objeto. Por ejemplo, pagar por adelantado la matrícula universitaria le ahorrará la suma del aumento de la matrícula entre el momento en que usted firma y el momento en que su hijo comienza su educación universitaria.

La tasa de inflación promedio para la matrícula nacionalmente es cerca de 7%, de suerte que pagar por adelantado la matrícula es como invertir dinero a 7%. Eso no está mal, pero los fondos mutuos darán como promedio cerca de 12% durante un largo período de tiempo y usted puede ahorrar para la universidad LIBRE de impuestos. (Más sobre ahorro universitario posteriormente en la *Transformación total de su dinero*.)

El mismo concepto es cierto para planes funerales pagados por adelantado. Si usted ha pasado por la experiencia desagradable de seleccionar un féretro, un terreno en el cementerio, etc., en medio del dolor, usted no desea que sus seres queridos experimenten lo mismo. Planear por adelantado los detalles de su funeral es sabio, pero pagar por adelantado no lo es. La mamá de Sara murió de repente y la pena fue abrumadora. En medio del dolor, Sara sintió que había hecho una compra poco sabia como parte de los arreglos funerales, y juró no dejar a su familia en la misma difícil situación. Así, pues, Sara, de treinta y nueve años de edad, pagó 3,500 dólares por un funeral adelantado. Lo repito, es sabio planear por anticipado, no pagar por adelantado. ¿Por qué? ¡Si ella fuera a invertir 3,500 dólares en un fondo mutuo con promedio de 12% sobre una muerte promedio a la edad de setenta y ocho, el fondo mutuo de Sara sería valorado en 368,500 dólares! ¡Creo que Sara podría ser enterrada por esa suma, con un pequeño sobrante, a menos, por supuesto que ella sea Tutankamón!

Mito: No tengo tiempo de trabajar en un presupuesto, ni en un plan de retiro ni sobre mis bienes.

Realidad: Usted no tiene tiempo para no hacerlo.

La mayoría de las personas en nuestra cultura se concentran en lo urgente. Nos preocupamos acerca de nuestra salud y nos enfocamos en nuestro dinero solo después que se ha perdido. El libro del doctor Stephen Covey, *Los 7 hábitos de la gente altamente efectiva* examina este problema. Covey dice que uno de los hábitos de las personas muy eficientes es que comienzan con el final en mente. Deambular por la vida sin un objetivo fijo trae mucha frustración. Covey dice que dividamos las actividades en cuatro cuadrantes. Dos de los cuadrantes son Importante/Urgente e Importante/No urgente. Los otros dos son «No importantes», así que vamos a dejarlos.

Nos ocupamos del material Urgente/Importante, pero lo que es Importante/No urgente en una *Transformación total de su dinero* es la planificación. Usted puede pagar la cuenta de la electricidad o sentarse en la oscuridad, pero si no hace un plan de gastos mensuales no hay daño inmediato aparente.

> Nos preocupamos por nuestra salud y nos enfocamos en nuestro dinero solo después que se ha perdido.

John Maxwell tiene la mejor cita sobre presupuesto que jamás he oído. Quisiera haber dicho esto: «Un presupuesto es cuando la gente dice a su dinero dónde ir, en lugar de averiguar adónde fue». Usted tiene que hacer que su dinero se comporte como es debido, y un plan escrito es el látigo y la silla para el domador del dinero.

Earl Nightingale, una leyenda en motivación, dijo que la mayoría de las personas gastan más tiempo escogiendo un ajuar de ropa que planeando su carrera o aun su retiro. ¿Qué tal si su vida depende de cómo usted maneja su 401k o si usted comenzó su Roth IRA hoy? (Ambos, 401k y Roth IRA, son planes de retiro muy populares en Estados Unidos.) Realmente, esto es así porque la calidad de su vida en el retiro depende de que usted llegue a ser un experto en administración de dinero hoy. La planificación de sus bienes no es urgente nunca hasta que alguien muere. Usted puede pensar a largo plazo para ganar con el dinero, y eso incluye pensar toda la vida hasta la muerte. Hablaré más sobre esto más tarde, pero solo recuerde, todo el mundo debe hacer su presupuesto, su plan de retiro y la planificación de sus bienes, todo el mundo.

Mito: Las compañías anunciadas por televisión que administran deudas, como AmeriDebt, me salvarán.

Realidad: Usted puede salir de deudas, pero solo con su crédito deshecho.

Las compañías de administración de deudas surgen hoy por dondequiera. Estas compañías «administran» su deuda tomándole un pago mensual de su bolsillo y distribuyendo el dinero entre sus acreedores, con quienes ellos han acordado con frecuencia pagos más bajos e intereses más bajos. Este no es un préstamo como para la consolidación de deudas. Algunas personas confunden ambas cosas.

Ambas son malas, pero ya hemos explicado los préstamos para consolidación de deudas. Sin embargo, debido a que Estados Unidos necesita una *Transformación total de su dinero*, el negocio de la administración de deudas ha llegado a ser una de las industrias de más rápido crecimiento hoy. Compañías como AmeriDebt y Consumer Credit Counseling Service pueden ayudarlo a obtener mejores tasas de interés y pagos más reducidos, pero a un precio.

Cuando usted utiliza a una de esas compañías y trata de obtener un préstamo convencional, a través de FHA o VA, será tratado lo mismo que si se hubiera acogido al Capítulo 13 de bancarrotas. Las normas de seguro de hipoteca para hipotecas tradicionales considerarán su crédito dañado, de modo que no haga eso.

Otro problema con la administración de deudas asumida por otro es que los hábitos de usted no cambian. Usted no puede hacer que otro pierda peso por usted; tiene que cambiar su ejercicio y sus hábitos de dieta usted mismo. Manejar el dinero es la

Mito vs. Realidad

Mito: Todo saldrá bien cuando me retire. Yo sé que no estoy ahorrando todavía, pero todo marchará bien.

Realidad: Ed McMahon no viene.

misma cosa; usted tiene que cambiar su conducta. Traspasar todos sus problemas a otro es como atacar el síntoma, no el problema.

Nuestra firma brinda asesoramiento financiero y certifica a los asesores en toda la nación para referencias. No manejamos el dinero por usted. Lo encaminamos hacia una obligatoria *Transformación total de su dinero*. No somos niñeros. Hemos tenido miles de clientes a través de los años que han acudido a compañías de administración de deudas en busca de ayuda. Cuando el empleado que recibe la solicitud no puede lograr que la vida de la persona se ajuste al programa cortado a molde de la computadora, se le avisa al cliente para que se declare en bancarrota. Luego que nos reunimos con ellos, es obvio que el cliente no estaba en bancarrota; tan solo necesitaba una cirugía radical. No acepte el consejo de las compañías de administración de deudas de declararse en bancarrota. Usted probablemente no lo esté.

Entre las compañías de administración de deudas, Consumer Credit es la mejor. Ellos realizan el trabajo más completo, algunas sucursales realmente imparten educación, y son las más poderosas en la renegociación de su deuda. Usted puede aun destruir su crédito utilizándolas, de modo que no lo haga; pero si yo no puedo convencerlo de ninguna manera para que se salga de eso, ella es una de las que puede usar. AmeriDebt es probablemente una de las peores. El *Washington Post* informa que Andris Pukke se declaró culpable en dos ocasiones de cargos federales por fraude a los consumidores en una estafa de préstamo para consolidación de deudas; ese mismo mes «su esposa» abrió AmeriDebt. AmeriDebt tiene en Better Business Report uno de los peores expedientes de cualquier compañía de administración de deudas, sin embargo, el año pasado gastó 15 millones de dólares en anuncios y tuvo ventas brutas muy por encima de los 40 millones. No hay nada malo con ganar dinero o anunciarse, pero el consumidor está siendo mal orientado, y las quejas contra esta compañía llegan al techo. Manténgase alejado de ella.

Mito: Yo puedo comprar un formulario y limpiar mi crédito, y todas mis infracciones pasadas serán borradas.

VIVIR COMO NADIE PARA DESPUÉS PODER VIVIR COMO NADIE   VIVIR COMO NADIE PARA DE

Realidad: Solo las inexactitudes pueden borrarse de los informes de crédito, así que eso es una estafa.

La ley sobre Federal Fair Credit Reporting Act establece cómo los consumidores y acreedores se relacionan con las oficinas de crédito. El mal crédito desaparece de su informe de crédito después de siete años, a menos que usted esté sujeto al Capítulo 7 de bancarrotas, que perdura por diez años. Su informe de crédito es su reputación financiera, y usted no puede borrar nada de su informe a menos que los acápites sean inexactos. Si tiene algún dato incorrecto que necesita ser eliminado, vea las cartas modelo al final de este libro y utilícelas. El mal crédito anotado correctamente permanece a menos que usted mienta. Mentir con el fin de obtener dinero es un fraude. No lo haga.

Las compañías para reparar el crédito son mayormente una estafa. La Comisión Federal de Comercio regularmente lleva a cabo visitas para clausurar esas compañías fraudulentas. He tenido muchas llamadas a mi programa de radio de personas que compraron un formulario de 300 dólares para «limpiar» su crédito. Algunas veces el formulario le aconseja disputar todo mal crédito y pedir que este sea borrado aun si el asunto ha sido reportado con exactitud. No haga eso. La peor idea que promueven los recetarios es obtener un nuevo número de Seguro Social. Al obtener una segunda identidad, usted obtiene un informe de crédito totalmente nuevo y los acreedores nunca sabrán de sus pasadas infracciones. Eso es fraude, si lo hace irá a la cárcel. Usted está mintiendo para obtener un préstamo, lo cual no es limpiar su crédito, y esto es un acto criminal.

Limpie su crédito con una *Transformación total de su dinero.* Yo le demostraré cómo vivir bajo control, pagar en efectivo para que no incurra en deudas, y con el tiempo su crédito se limpiará solo.

Dave declara...

No me opongo a que uno disfrute del dinero. A lo que sí estoy opuesto es a gastarlo sin tenerlo.

Mito: Mi decreto de divorcio dice que mi esposa tiene que pagar la deuda, de modo que yo no.

Realidad: Los decretos de divorcio no tienen poder para borrar su nombre de las tarjetas de crédito ni de las hipotecas, de modo que si su esposa no paga, esté listo para pagar.

Usted todavía es responsable de la deuda.

Los divorcios ocurren con mucha frecuencia, lo cual es muy triste. Divorcio significa que dividimos todo, inclusive las deudas; sin embargo, estas no se dividen fácilmente. Si su nombre está en la deuda, usted es responsable del pago, y su crédito se afecta si no paga. Un tribunal de divorcio no tiene la facultad de eliminar su nombre de una deuda. El juez que divorcia tiene solo la facultad de decirle a su cónyuge que pague por usted. Si su cónyuge no paga, puede decírselo al juez, pero usted sigue siendo responsable. El prestamista que no recibe el pago informará correctamente el mal crédito de todas las partes involucradas en el préstamo, usted inclusive. El prestamista que no recibe el pago puede correctamente demandar a las partes del préstamo, usted inclusive.

Si su ex esposo mantiene el camión que ambos firmaron al comprarlo y entonces no hace los pagos, su crédito se daña, le quitan el camión y lo demandan por el saldo. Si usted otorga una escritura traspasando su propiedad de la casa de la familia a su ex esposa como parte del arreglo, se hallará en un embrollo.

Esta escritura es la manera fácil de renunciar a la propiedad en su casa. Si ella no paga a tiempo, su crédito es dañado; si ella sufre un juicio hipotecario, usted también. Aun si ella paga perfectamente su casa o él lo hace en cuanto al camión, usted encontrará que tendrá problema al comprar una próxima casa, porque tiene demasiadas deudas.

Si usted va a dejar el matrimonio, esté seguro de que todas las deudas no estén refinanciadas a su nombre o presione la venta de la propiedad. No asuma la actitud de: «Yo no quiero hacerle vender el camión». Si usted lo ama tanto, no se divorcie, pero si está separándose, hágalo completamente, rompa del todo aunque sea doloroso ahora. He asesorado a miles de personas que habían sido arruinadas financieramente por sus ex cónyuges y el mal asesoramiento de un abogado de divorcios. Así, pues, venda la casa o refináncicla como parte del divorcio, punto. Otra opinión es un riesgo enorme, y puede contar con dolores de cabeza y aun más enojo en su camino.

Mito: El recaudador fue muy servicial; realmente me simpatiza.
Realidad: Los recaudadores no son sus amigos.

Hay muy pocos cobradores buenos, muy pocos. Casi todas las veces que un cobrador es «comprensivo» o desea «ser su amigo» existe una razón: hacerlo a usted pagar su cuenta. La otra técnica es ser fastidioso y pesado, y usted puede hallar a su nuevo «amigo» usando toda clase de tácticas de acoso una vez que tenga una relación. La *Transformación total de su dinero* lo hará a usted pagar sus deudas. Yo deseo que pague lo que debe, pero los recaudadores no son sus amigos. Los recaudadores de tarjetas de crédito son los peores, porque mentirán, harán trampas y robarán, y eso es solo antes del desayuno. Usted puede saber si un recaudador de tarjetas de crédito está mintiendo con observar si sus labios se mueven.

Todo negocio, plan especial o arreglo que usted haga con los recaudadores debe ser por escrito ANTES de enviarles dinero. De otra suerte, encontrará que usted no ha hecho un negocio y que han mentido. Nunca permita a los recaudadores acceso electrónico a su cuenta corriente, y nunca envíe cheques con fecha adelantada. Ellos abusarán de usted si les da facultades, y no podrá hacer nada porque usted les debe dinero. ¿Estamos claros?

Mito: Me declararé en bancarrota y comenzaré de nuevo, me parece muy fácil.

Realidad: La bancarrota es un retorcijón de tripas, un episodio para cambiar la vida que causa daños permanentes.

Kathy llamó a mi programa de radio, lista para declararse en bancarrota. Sus deudas eran extraordinarias, y su esposo engañador se había marchado con su amiga. La casa estaba a su nombre, como lo estaba toda la deuda salvo 11,000 dólares. Kathy tiene veinte años y su brillante tío, un abogado de California, le dijo que se declarara en bancarrota. Kathy está llena de problemas y abandonada, pero no en bancarrota. Cuando su esposo —que pronto dejará de serlo— termine con la deuda a su nombre, puede que quede en bancarrota, pero Kathy no.

La bancarrota es algo que no recomiendo, tanto como no recomiendo el divorcio. ¿Hay momentos cuando las buenas personas no ven otra salida y solicitan la bancarrota? Sí, pero sigo diciéndole que no incurra en eso si tiene la oportunidad. Pocas personas que han pasado por la bancarrota pueden dar fe de que es una limpieza no dolorosa lo de borrón y cuenta nueva, después de la cual usted marcha alegremente hacia el futuro para comenzar fresco. Que nadie lo engañe. He estado en bancarrota y he luchado con ella por décadas, y no es un sitio que usted desee visitar.

La bancarrota se considera en el tope de cinco acontecimientos negativos que alteran la vida, el cual podemos atravesar al igual que el divorcio, la grave enfermedad, la incapacidad y la pérdida de un ser querido. Nunca diría que la bancarrota es tan mala como la pérdida de un ser querido, pero es una alteración de la vida que deja profundas heridas tanto en lo psíquico como en el informe de crédito.

El Capítulo 7 de bancarrota, que es bancarrota total, permanece en su informe de crédito por diez años.

> La bancarrota es una alteración de la vida y deja profundas heridas tanto en lo psíquico como en el informe del crédito.

El Capítulo 13 de bancarrota, más bien como un plan de pagos, permanece en su informe de crédito por siete años. La bancarrota, sin embargo, es de por vida. Las solicitudes de préstamos y muchas solicitudes de empleo preguntan si usted llenó alguna vez una solicitud de bancarrota.

Si usted miente para obtener un préstamo debido a que su bancarrota es muy antigua, técnicamente comete fraude.

La mayoría de las bancarrotas pueden evitarse con una *Transformación total de su dinero*. Esta transformación puede implicar una amplia eliminación de cosas, que le será doloroso, pero la bancarrota es mucho más dolorosa. Si da el paso consciente hacia atrás para afirmarse en terreno sólido en lugar de estar mirando a la falsa visión de la solución rápida que la bancarrota parece ofrecerle, vencerá más rápida y fácilmente. Conozco por experiencia el dolor de la bancarrota, el juicio hipotecario y las demandas judiciales. He pasado por eso, lo he experimentado, he recibido camisetas y no vale la pena.

Siempre hemos sabido que la deuda es mala. Pero pensábamos que puesto que podíamos hacer los pagos, todo estaba bien. Recuerdo a mi esposo hablar sobre Dave Ramsey, un tipo de la radio, y su plan de la Transformación total de su dinero. Cuando Glenn me dijo que quería que probáramos el plan, me quise reír porque a Glenn le gusta gastar dinero. «Mayor, mejor, más rápido», era su lema. Y teníamos las cuentas para probarlo.

Pues bien, me figuraba que podría sobrevivir tratando el plan. Antes de conocerlo, estábamos en el mejor momento de nuestras vidas. Nos hallábamos ansiosos de trabajar según el plan. En casi trece semanas habíamos eliminado

40,000 dólares en deudas. Dos años más tarde, estábamos libres de deudas excepto la hipoteca.

No pasó mucho tiempo sin que la tragedia azotara nuestro hogar. A Glenn le diagnosticaron la presencia de un tumor masivo, tan grande que los doctores no tenían muchas esperanzas. Lo enviaron a casa y le dieron una perspectiva desconsoladora de seis meses de vida y le pronosticaron una muerte lenta y agónica. Los doctores pueden no haber tenido esperanzas, pero su familia y yo nunca perdimos nuestra fe.

Sin entradas de dinero, yo no podía hacer los pagos de la hipoteca. Hice contacto con el banco y les conté nuestra situación. El juicio hipotecario sobre nuestra casa era inevitable y la perspectiva era sombría.

Después de tres grandes operaciones, seis hospitales e incontables doctores, Glenn estaba en el camino de la recuperación. No pasó mucho tiempo después de las operaciones que Glen comenzó a recibir cheques por incapacidad. Ahora que estaba mejor, comencé a agonizar con las cuentas que era seguro llegarían y lo que iba a deber aún de la casa después del juicio hipotecario. La bancarrota parecía inevitable.

Dos años han transcurrido y nuestro puntaje de crédito puede haberse dañado, pero no nos declaramos en bancarrota. ¡Es cómico, pero un puntaje de crédito no es muy importante después que usted deja de pedir prestado dinero! El banco nos compró la casa de nuevo por la suma que debíamos. Nos quedamos con las «siempre desafiantes» cuentas de los médicos y nos hemos arreglado para continuar aplicando los principios de la Transformación total de su dinero. ¡Ahora tenemos un activo de casi 80,000 dólares!

¡Las cosas pueden parecer desesperanzadoras y abrumadoras, pero aprender a ponerlas en orden pasito a pasito,

*como los bebés, en lugar de solicitar una bancarrota, es lo
que hay que hacer!*

*Glenn (edad 41) y Joan (más joven) Banfield
Consultor de computación; embarques*

Mito: No puedo usar el efectivo porque es peligroso me pueden robar.
Realidad: Cada día le roban por no usar el poder del efectivo.

Nosotros enseñamos a las personas a llevar dinero en efectivo. En
una cultura en la que el empleado de ventas piensa que usted es un
traficante de drogas si paga con dinero, sé que esta sugerencia puede
parecer extraña. Sin embargo, el dinero es poderoso. Si usted lleva efectivo, gasta menos, y puede obtener gangas luciendo el dinero. Linda me
envió por e-mail mi columna en la prensa, quejándose de que la iban a
robar si llevaba efectivo. Le expliqué que los pícaros no tienen visión de
rayos X para mirar en sus bolsillos o en la bolsa. Ellos asumen que su
bolsa es como las otras, llenas de tarjetas de crédito que sobrepasan el
límite. Mire, no estoy aminorando la posibilidad del crimen. Existe una
posibilidad de que la roben pues a las personas las suelen robar, lleven
o no efectivo. Y si esto le ocurre, le llevarán el efectivo. Pero, créame,
tiene que estar más preocupada por el peligro de usar tarjetas de crédito que por el peligro de ser asaltada llevando efectivo. Llevar dinero en
efectivo no hace más probable que la roben. Por el contrario, la mala
administración de las tarjetas de crédito le está robando cada mes.

Hemos ya destruido el mito de las tarjetas de crédito y demostrado
que cuando usted gasta en efectivo, gasta menos. Si pone su plan por
escrito, encontrará que manejar las categorías de gastos como parte de
la *Transformación total de su dinero* es un punto obligado para ganar
control. El efectivo le capacita para decirse no a usted mismo. Cuando
el sobre destinado a la comida está bajo en efectivo, comemos lo que
queda en vez de ordenar pizza, otra vez.

Mito: El seguro no está a mi alcance.
Realidad: Hay algunos seguros sin los cuales no se puede estar.

Hoy, cuando fui a almorzar, me encontré con Steve y Sandy en mi sala de recibo. Venían a darme las gracias. ¿Por qué? Esta joven pareja de apenas veinte años escucha nuestro programa radial, y como insto a la gente a obtener la mejor clase de seguro, ellos lo hicieron. Este año obtuvieron un seguro de vida a término y una cuenta de ahorros médicos. «Bueno, hicimos lo que nos indicó», dijo Steve quitándose la gorra para mostrar una cabeza afeitada con una gran cicatriz en la parte superior. ¿Qué fue lo que pasó?, le pregunté. La cicatriz era de una biopsia que reveló un cáncer inoperable en el cerebro. Steve prometió que iba a vencerlo. Sandy sonrió y dijo: «El seguro médico ha pagado ya más de 100,000 dólares en cuentas, y estaríamos hundidos si no hubiéramos seguido lo que nos ha instado siempre». Además, Steve ya no tiene derecho a seguro, de modo que está agradecido de haber tenido ese seguro de vida en su lugar. Nuestras oraciones están con esta joven pareja. (La historia de Steve sigue más adelante.) Por ser responsable y comprar la adecuada clase de seguro, ellos han cubierto vida y muerte, lo que todos debemos hacer.

Me llamo Steven Maness. Tengo veintiocho años, estoy libre de deudas y tengo cáncer en el cerebro. Encontré a Dave Ramsey en la radio y me hice su fanático inmediatamente.

Mientras crecía, había aceptado la deuda como parte de la vida. Al principio, traté de convencer a mi esposa, Sandy, que comprara de acuerdo con el plan de la *Transformación total de su dinero*. Decir que estaba renuente sería subestimarla, especialmente cuando pensaba que tendríamos que vender su Toyota 4Runner del 2000 para quedar libre de deudas. Nos sentamos juntos y miramos nuestro cuadro financiero total. Debíamos cerca de 46,000 dólares. Sabíamos que teníamos que cambiar. Ella comenzó a sintonizar a Dave y empezamos a discutir nuestras finanzas.

Acordamos comenzar con los «pasitos de bebé» mencionados en la *Transformación total de su dinero*. Simplemente seguimos lo que Dave enseñaba. Nos tomó doce meses eliminar 46,000 dólares de deudas.

Vendimos una pila de cosas. Nos mudamos dos veces para ahorrar dinero en el alquiler. Como diría Dave, actuamos «a paso de gacela». Cada sacrificio valió la pena. ¡Nunca nos sentimos más vibrantes!

Después de quedar libres de deudas, pudimos dedicar a nuestro negocio de tiempo parcial una oportunidad de tiempo completo. Y siguiendo el consejo de Dave, abrimos una cuenta de ahorros médicos (CAM) y una póliza de seguro a término de veinte años. Junto con la decisión de llegar a estar libre de deudas, la CAM y el seguro han literalmente salvado nuestras vidas. Este año que pasó se me diagnosticó una forma inoperable de cáncer cerebral a la edad de veintiocho años. La CAM que escogimos tiene un deducible de 5,000 dólares, pero cubre 100% de todo lo que sea sobre el deducible. Mis cuentas médicas se acercaron a los 100,000 dólares durante los primeros dos meses. La CAM, junto con nuestro seguro de vida, salvó nuestra vida financiera.

Aun después de mi partida, sé que mi bella esposa de veintitrés años no carecerá de atención. Esto es todo debido al consejo de Dave.

No puedo imaginarme la preocupación de hacer pagos sobre 46,000 dólares en deudas y la preocupación por llegar con el efectivo para cubrir nuestra parte de un plan de seguro 80/20. O deseando haber tenido el tiempo para arreglar un seguro de vida para mi esposa. Gracias a Dave, Sandy y yo podemos estar juntos y librar esta batalla. Con la ayuda de Dios, triunfaremos.

Steve (edad 28) y Sandy (edad 23) Maness
Trabajo por cuenta propia

Todos odiamos el seguro, hasta que lo necesitamos. Pagamos, pagamos y pagamos primas, y algunas veces nos consideramos pobremente asegurados. Hay ciertamente varios artilugios en el mundo del seguro. Cubrimos el seguro en detalle en la Universidad Paz Financiera y en otros libros, pero usted debe tener

> Todos odiamos el seguro, hasta que lo necesitamos.

seguro en algunas categorías básicas como parte de la *Transformación total de su dinero*.

- Seguro de automóvil y de casa: Escoja los más altos deducibles a fin de ahorrar en prima. Con altos límites de responsabilidad, son las mejores compras en el mundo del seguro.
- Seguro de vida: Compre seguro a nivel de término de veinte años, igual o casi diez veces su ingreso. El seguro por término es barato y es la única manera de actuar; nunca use el seguro de vida como un recurso para ahorrar dinero.
- Incapacidad a largo plazo: Si usted tiene treinta y dos años de edad, tiene doce veces más probabilidades de llegar a incapacitarse que a morir a la edad de sesenta y cinco. El mejor lugar para comprar seguro por incapacidad es comprarlo donde esté empleado a una fracción del costo. Usted puede, usualmente, obtener cobertura que equivalga de 50 a 70% de su ingreso.

- Seguro médico: La causa número uno hoy de bancarrotas son las cuentas del médico, y la número dos son las tarjetas de crédito. Un modo de controlar los costos es buscar grandes deducibles para bajar las primas. Si usted trabaja por cuenta propia, busque una CAM (Cuenta de ahorros médicos); este tipo de seguro ahorra primas e impuestos.

- Seguro de cuidados a largo plazo: Si usted tiene más de sesenta años, compre un seguro de cuidados a largo plazo para cubrir el cuidado en la casa o en el asilo. El promedio del costo de un asilo es de 40,000 dólares al año, lo que causaría a cualquiera una profunda herida en el corazón. Papá puede usar en el asilo los ahorros de 250,000 dólares de mamá en solo unos pocos años. Haga que sus padres obtengan este seguro.

*C*omencé a oír a Dave hace casi diez años. En esa época me había graduado en la Universidad de Vanderbilt con una deuda de 60,000 dólares y había hecho poco para pagar el principal. Reconocía la carga de la deuda puesto que ganaba menos de 20,000 dólares por año en el ministerio, y mis cuentas comenzaron rápidamente a acumularse, especialmente mis préstamos como estudiante.

Además de los 65,000 dólares por mi préstamo universitario, tenía cientos en cuentas de hospitales y acreedores enojados que pronto comenzaron a llamarme. Me casé, asumí cerca de 12,000 dólares de la deuda en tarjetas de crédito de mi esposa y adopté a su hija. Luego de tres meses de matrimonio terminó mi empleo de ministro y quedé sin trabajo con una nueva familia.

Y como si eso fuera poco, mi esposa quedó embarazada. En los últimos cinco años, bajo las arduas circunstancias del desempleo, altas deudas, una nueva esposa y familia, el embarazo y sin seguro, estuve continuamente estimulado por mi fe y por escuchar el programa radial del *Show de Dave Ramsey*. No busqué la ayuda de las tarjetas de crédito para zafarme de ese embrollo.

Finalmente conseguí un empleo en ventas de programas médicos por computadora e inmediatamente obtuve algún seguro médico. Nuestro hijo nació más tarde ese año. A través de una serie de circunstancias desafortunadas, a nuestro hijo se le diagnosticó cáncer un año después. Sufrió varias operaciones y finalmente partió al cielo ese mismo año. Menciono esto por la importancia que tiene el seguro médico. ¡Si no lo hubiéramos tenido, habríamos fácilmente estado en deuda por varios cientos de miles de dólares! Gracias a la generosidad de las personas a nuestro alrededor, no tuvimos muchas deudas, pero tuvimos la pena de perder a nuestro primer hijo. Solo mediante Jesús y nuestra iglesia hemos podido llegar hasta aquí. ¡El seguro médico es esencial!

Scott Kozimor (edad 34)
Director de ventas

Mito: Si hago un testamento, podría morirme.

Realidad: Usted va a morirse de todas maneras, así que, hágalo con un testamento.

Los planificadores de bienes dicen que 70% de los estadounidenses muere sin un testamento. Tonto, muy tonto. El estado, conocido por sus proezas financieras, decidirá lo que le suceda a sus pertenencias, a sus hijos y a su legado financiero. El proverbio dice: «El bueno dejará herederos a los hijos de sus hijos» (Proverbios 13.22). Soy pragmático, por eso no entiendo toda la lucha con el testamento. Un testamento es un regalo que usted deja a su familia o a los seres queridos. Es un regalo porque hace que la administración de sus bienes sea muy clara y mucho más fácil.

Usted va a morir, así que hágalo con estilo y muera con un testamento bien hecho. Hemos revelado los mitos de la deuda y los del dinero. Si ha leído cuidadosamente y ha entendido por qué esos mitos son inciertos, tengo grandes noticias para usted. ¡La *Transformación total de su dinero* ha comenzado! La *Transformación total de su dinero* es una nueva hechura de su visión del dinero, de suerte que usted, permanentemente, cambie su modo de tratar con el dinero. Usted debe caminar al ritmo de un tamborilero diferente, el mismo ritmo que escucha el rico. Si el ritmo suena común o normal, salga de la pista de bailar inmediatamente. La meta no es ser normal porque, como saben los oyentes de mi programa radial ahora, ser normal es estar en ruinas.

Estadísticas sorprendentes

Setenta por ciento de los estadounidenses mueren sin un testamento.

5

Dos obstáculos más: Ignorancia y competencia con los vecinos

Negativa (no tengo problema), «Mitos de la deuda» (la deuda es el medio para llegar a ser rico) y «Mitos del dinero» (historias contadas por la tradición cultural) son tres importantes obstáculos que le impiden llegar a ser un cuerpo fiscalmente adecuado para administrar el dinero y contar con poder estable. Antes de pasar al plan probado, exploremos dos enemigos más de la *Transformación total de su dinero*.

Si los helados Ben&Jerry le son una tentación muy grande, debería decirlo a su entrenador antes de tratar de cambiar su dieta y su programa de ejercicios. Primero, debe admitir su problema con el helado y reconocer los mitos sobre el helado como el gran producto para perder peso. El punto es que debemos identificar al enemigo y los obstáculos para poder vencer. Establecer un plan de juego y no reconocer los obstáculos a ese plan sería algo inmaduro y poco realista. Aquellos que hemos sido golpeados por la vida sabemos que debemos encontrar los problemas u obstáculos y planear pasar sobre ellos, a través de ellos o alrededor de ellos. Si pudiera agrupar las cosas que pudieran derrotar la *Transformación total de su dinero*, entonces el

> «Hemos encontrado al enemigo y está en nosotros».

plan funcionará. El primer paso para perder peso y tonificarse es identificar los mitos acerca de la pérdida de peso, comer en demasía, comer
lo que no debe y no hacer ejercicio como los problemas a superar; lo
mismo es cierto respecto a la *Transformación total de su dinero*. Como
dijo el gran filósofo Pogo —de cierta tira cómica dominical— hace
años: «Hemos encontrado al enemigo, y está en nosotros».

Obstáculo # 1: Ignorancia:
Nadie nace financieramente talentoso

El primer obstáculo es la ignorancia. En una cultura que rinde culto al
conocimiento, decir ignorancia sobre el dinero es un tema que pone a
algunas personas a la defensiva. No se ponga a la defensiva. La ignorancia no es falta de inteligencia; es falta de conocimiento. He visto
muchos bebés recién nacidos de amigos, parientes, miembros de la
iglesia y miembros del equipo. Nunca he visto a uno listo para hacerse
rico. Los amigos y parientes nunca se reúnen alrededor de la ventana
de la guardería y exclaman: «¡Oye, mira! ¡Ella es un genio financiero
de nacimiento!»

Nadie nace con el conocimiento de cómo manejar un automóvil.
Nos enseñan la habilidad (aunque algunos parecemos no haberla
aprendido). Nadie nace con el conocimiento de cómo leer y escribir;
nos enseñan cómo. Ninguna de estas son capacidades innatas; todo
debe enseñarse. De igual manera, nadie nace con el conocimiento de
cómo manejar el dinero, pero ¡NO nos enseñan eso! Mientras tomá-
bamos café cierto día, uno de mis líderes me dijo: «Necesitamos que
se nos enseñe este proceso de la *Transformación total de su dinero* en
la universidad». Antes de que ella pudiera graduarse en un pequeño
instituto cristiano, se le exigió que tomara una clase sobre cómo entre-
vistarse y buscar un empleo. Ella dijo que la clase no era muy difícil
académicamente, pero en sus implicaciones prácticas era una de las
más valiosas que había tomado en la escuela. Vamos al colegio a aprender a ganar, ganamos, y luego no tenemos idea de lo que vamos a hacer

con el dinero. Según la Oficina del Censo, la familia promedio estadounidense ganó el año pasado 40,816 dólares. ¡Aun si nunca tenemos un aumento, la familia promedio hará más de dos millones de dólares en una vida de trabajo! Y no enseñamos NADA sobre el manejo de ese dinero en la mayoría de las escuelas secundarias y las universidades.

Nos graduamos de la escuela, luego salimos al mundo y obtenemos un grado de maestría financiera en E.S.T.U.P.I.D.E.Z.

¿Hacemos un embrollo de nuestras finanzas porque no somos inteligentes? No. Si usted pone en el asiento del chofer de un auto nuevo a una persona que nunca ha manejado un auto, que nunca ha visto un auto, que no puede deletrear *auto*, el accidente se producirá antes que salga de su casa. Dar marcha atrás y acelerar solo conducirá a otro accidente. «Hacer más esfuerzo» no es la respuesta, porque el próximo accidente no solo destruirá totalmente el auto, sino que herirá a otras personas. ¡Eso es absurdo!

> La ignorancia no es falta de inteligencia, es falta de conocimiento.

Durante el transcurso de nuestra vida hacemos dos millones, sin embargo nos graduamos de secundaria, de la universidad o aun de posgrado y no podemos deletrear *finanzas*. ¡Este es un mal plan! Hemos eliminado la enseñanza de las finanzas personales y tenemos que comenzar de nuevo. Por eso es que «Tranquilidad financiera para la nueva generación» se enseña en las escuelas secundarias en toda la nación; sin embargo, el currículum de nuestras secundarias no lo ayudan a menos que usted esté aún en una de ellas.

Si hace un embrollo de su dinero no ha hecho el mejor uso de él, usualmente la razón es que a usted nunca le enseñaron cómo hacerlo. Ignorancia no significa estupidez; significa que usted tiene que aprender cómo hacer las cosas. Yo soy bastante inteligente. He publicado múltiples libros de gran venta, he hablado a millones de personas en mi programa radial y dirijo una compañía multimillonaria, pero si usted me pide que arregle su automóvil le haría un embrollo. Yo no sé cómo; soy ignorante en esa materia.

Superar la ignorancia es fácil. Primero, admita sin pena alguna que no es un experto en finanzas porque nunca le enseñaron. Segundo, termine de leer este libro. Tercero, emprenda una búsqueda total para aprender más sobre el dinero. No necesita matricularse en Harvard para obtener una maestría en negocios con especialización en finanzas; no tiene que buscar un canal televisivo sobre finanzas en lugar de una gran película. Usted necesita leer algo sobre dinero por lo menos una vez al año. Usted debe ocasionalmente asistir a un seminario sobre dinero. Sus acciones deben demostrar que usted se preocupa por el dinero, aprendiendo algo sobre el mismo.

Sharon y yo formamos un gran matrimonio, no perfecto, pero grande. ¿Por qué? Nosotros leemos sobre el matrimonio, vamos a retiros matrimoniales los fines de semana, tenemos cita para salir semanalmente, y algunas veces asistimos a una clase de Escuela Dominical sobre matrimonio, y aun nos reunimos una que otra vez con un amigo que es consejero matrimonial cristiano. ¿Hacemos todas estas cosas porque nuestro matrimonio esté debilitándose? No, las hacemos para hacerlo grande. Tenemos un gran matrimonio porque lo cultivamos, le damos prioridad y buscamos conocimiento sobre el matrimonio. Los grandes matrimonios no ocurren por casualidad. Tampoco la riqueza.

> ## Dave declara...
>
> En las familias siempre se harán cosas estúpidas hasta que el miembro más sabio aprenda a hacer frente al miembro más imponente.

Usted consumirá algún tiempo y esfuerzo para salir de la ignorancia. Otra vez, usted no necesita llegar a ser un mago financiero; solo necesita emplear más tiempo en sus opciones 401(k) y su presupuesto que lo que emplea escogiendo dónde va a pasar este año las vacaciones.

Comencé a escuchar a Dave Ramsey en la radio hace un poco más de dos años y también asistí a un evento donde él hablaba. Quedé tan impresionado y motivado que me enrolé en la Universidad Tranquilidad Financiera. Tenía ocho meses de embarazo y una deuda de casi 340,000 dólares. Mi sueño era quedarme en casa como madre, pero eso parecía imposible. Mi esposo ganaba solamente 36,000 dólares al año.

Mi esposo, que no había querido hacer nada con las finanzas porque tendría que ser entonces el responsable, realmente disfrutó el plan. Creo que ambos comprendimos que necesitábamos estar juntos en esto.

Cancelamos servicios innecesarios; estudiamos cómo gastar nuestro dinero y vendimos un vehículo utilitario y otro deportivo para comprar un automóvil mediano confiable. Habíamos alquilado la primera casa que poseíamos. Y estábamos viviendo en la segunda, la que habíamos comprado para el retiro. Vendimos la segunda casa e hicimos un presupuesto que comenzó exitosamente utilizando sobres y comenzamos a pagar todo lo que pudimos.

No estamos libres de deudas todavía, pero estamos definitivamente en ese camino. Nos deshicimos de muchas cosas, pero nos sentimos más maduros y menos agobiados debido a eso. Me siento feliz diciendo que hemos pagado aproximadamente 150,000 dólares de nuestra deuda en dos cortos años. Eliminamos más de veintiocho tarjetas de crédito. Hemos regresado a nuestra primera casa, de modo que nuestras cuentas son mucho menos y podemos comenzar a *lidiar con el resto de la deuda. ¡Mi esposo le puso a Dave y al plan de la Transformación total de su dinero el nombre de «el personaje con el plan que nos hizo renunciar a nuestra casa pero salvó nuestro matrimonio!»*

Christina Curtis (edad 33) Ama de casa

La ignorancia no es buena. La frase «lo que usted no sabe no lo perjudica» es realmente estúpida. Lo que usted no sabe lo matará. Lo que usted no sabe acerca del dinero lo arruinará y lo mantendrá arruinado. Termine con este libro y lea otros. Usted puede siempre buscar mi sitio web en daveramsey.com para lecturas recomendadas por otros autores que generalmente coinciden con mis enseñanzas.

Obstáculo # 2: Competir con los vecinos: Los vecinos no saben sacar cuentas

El segundo obstáculo en este capítulo es «competir con los vecinos». Intensa presión, expectativas culturales, «nivel de vida razonable», no me importa cómo lo diga, todos necesitamos ser aceptados por nuestra gente y nuestra familia. Esta necesidad de aprobación y respeto nos lleva a hacer algunas cosas realmente locas. Una de las cosas paradójicamente estúpidas que hacemos es destruir nuestras finanzas comprando basuras que no están a nuestro alcance, tratando de parecer ricos ante otros. El doctor Tom Stanley escribió un maravilloso libro en los años noventa que usted debería leer, titulado *The Millionaire Next Door* [El millonario de al lado]. Su libro es un estudio de los millonarios estadounidenses. Recuerde, si quiere ser delgado y musculoso, debe estudiar los hábitos de las personas que son delgadas y musculosas. Si quiere ser rico, deberá estudiar los hábitos y los sistemas de valor del rico. En su estudio de los millonarios, Stanley descubrió que los hábitos y los sistemas de valor no era lo que la mayoría de la gente piensa.

Cuando pensamos en los millonarios, pensamos en casas grandes, autos nuevos y ropas realmente buenas. Stanley encontró que la mayoría de los millonarios no tienen esas cosas. Encontró que el millonario típico vive en casas de clase media, maneja un automóvil de dos años o más viejo, ya pagado, y compra pantalones vaqueros en Wal-Mart. En resumen, Stanley halló que el típico millonario encuentra infinitamente más motivación en una meta de seguridad financiera, que lo que amigos y familiares piensan. La necesidad de aprobación y respeto de parte de otros, basado en lo que ellos poseen, virtualmente no existía.

Si nos fijamos en lo que Stanley ha descubierto y lo comparamos con el plan de vida de Ken y Barbie, hallamos que Ken y Barbie están fuera de la realidad, sin rumbo y sin orientación. Ken y Barbie están en nuestra oficina todo el tiempo buscando asesoramiento financiero. El año pasado estaban aquí, y sus nombres eran Bob y Sara. Bob y Sara ganan 93,000 dólares al año y lo han hecho durante los últimos siete años. ¿Qué tienen ellos para

> ## ARiTMÉtiCA TORCiDA
>
> ### Tome la delantera en cuanto a las deudas grandes
>
> El estudiante universitario promedio paga 5,000 dólares *más por año* para vivir y comer fuera de la escuela que el que vive en los dormitorios y come en el comedor. Los préstamos a estudiantes se necesitan no para ganar un título sino para lucir bien.

demostrarlo? Una casa de 400,000 dólares de la que deben 390,000, incluyendo un valor neto utilizado para amueblar la casa. Tienen dos autos arrendados bien equipados de 30,000 dólares y una deuda de 52,000 en tarjetas de crédito, pero han viajado mucho y se han vestido a la última moda.

Los 25,000 dólares que quedan por un préstamo estudiantil de hace diez años están aún pendientes porque no tienen dinero. Del lado positivo, tienen 2,000 dólares en ahorros y 18,000 en su 401(k). Estas personas tienen un valor neto negativo, pero lucen realmente bien.

La madre de Bob está muy impresionada, y el hermano de Sara frecuentemente viene a pedir dinero, porque ellos están «evidentemente desenvolviéndose bien». Ellos ofrecen el cuadro perfecto del sueño estadounidense que se ha vuelto una pesadilla. Detrás del peinado perfecto y del manicurista francés había profunda desesperación, sentido de futilidad, un matrimonio que se desintegraba y disgusto con ellos mismos.

Este puede ser uno de los lugares donde se quiebra nuestra metáfora de perder peso para obtener un buen estado fiscal. Si su cuerpo estuviera en las mismas condiciones en que está el dinero de Bob y Sara, todos podrían pensar: *Quinientas libras es sencillamente demasiada gordura.* Su problema sería obvio para su familia, amigos, extraños y aun usted mismo. La diferencia con Bob y Sara es que tienen un «pequeño secreto no muy limpio». El secreto es que están muy lejos de ser lo que aparentan. Están arruinados y desesperados, y nadie lo sabe. No solo nadie lo sabe sino que todo el mundo piensa que lo opuesto es lo cierto. De modo que cuando mi asesor les hizo algunas sugerencias para prevenir esta bancarrota casi inevitable, hubo más de un lugar de resistencia en el corazón. La verdad es que Bob y Sara están arruinados. Necesitan vender los autos y la casa.

La resistencia del corazón es algo real. Primero, por supuesto, nos gustan nuestras buenas casas y nuestros buenos autos, y venderlos sería doloroso. Segundo, no queremos confesar delante de los que hemos impresionado que somos farsantes. Sí, cuando usted compra una pila de objetos sin dinero con muchas deudas, usted es un farsante financiero. La presión por igualarse es muy, pero muy poderosa.

> No piense siquiera competir con los vecinos. ¡ELLOS ESTÁN ARRUINADOS!

«Nos estamos frenando» es una dolorosa expresión para hacerla ante amigos o familiares. «Tenemos que olvidarnos de ese viaje o de esa comida, porque no está dentro de nuestro presupuesto», es algo virtualmente imposible de decir para algunas personas. Ser realistas exige tremendo valor. Queremos ser aprobados y respetados y decir otra cosa es otra forma negativa. Desear ser admirados por otros es cosa normal. El problema es que esta admiración puede convertirse en una droga. Muchos de ustedes son adictos a esta droga, y la destrucción de su salud y bienestar financiero causado por su adicción es profunda.

Se requiere un cambio radical en la búsqueda de aprobación —que ha implicado la compra de mercaderías con dinero que no tenemos—, para saltar hacia adelante en materia de dinero. El salto de Sara vino con la familia, que era de la clase media alta y siempre había obsequiado con regalos de Navidad a cada miembro de la misma. Con veinte sobrinos y seis parejas de adultos a quienes había que comprarles regalos, solo de su parte, el presupuesto era ridículo. El anuncio de Sara durante el Día de Acción de Gracias de que este año los regalos de Navidad iban a hacerse por sorteo porque ella y Bob no estaban en buenas condiciones económicas cayó como una bomba. Algunos de ustedes están sonriéndose como si eso no significara mucho. ¡Fue una gran cosa en la familia de Sara! ¡Hacer regalos era una tradición! Su madre y dos de sus cuñadas estaban furiosas. Muy pocas gracias se dieron aquel Día de Acción de Gracias, pero Sara se mantuvo firme y dijo: «No más».

Sara posee una maestría en sociología, de modo que no es una persona fácil de dominar. Ella comprendió cómo iba a alterarse la dinámica de la familia y entendió que iba a perder aprobación, admiración y respeto. Por eso dijo más tarde que aun cuando captaba intelectualmente lo que significó su anuncio, y sabía emocional y financieramente que eso era lo correcto, la realidad era muy dura. La fuerte presión de la familia la mantuvo desvelada toda la noche anterior. Según me dijo: «Mientras meditaba en la oscuridad sentía miedo, como una niñita de doce años que desea la aprobación de su papá». El valor para tratar con lo que puede parecer una cuestión pequeña fue un profundo descubrimiento para ella. Ese Día de Acción de Gracias su corazón tuvo una

> Se requiere un cambio radical... para saltar hacia adelante en materia de dinero.

Transformación total de su dinero, y ella no iba a ser llevada más nunca a una pobreza bien vestida bajo la presión de otros.

Hace diez años, mi esposo y yo nos casamos, compramos una casa nueva, la amueblamos y arreglamos el patio completamente, todo dentro de un año.

Olvidemos el mantener la competencia con los vecinos, ¡nosotros íbamos a ser los vecinos! Como paso siguiente mi esposo compró un nuevo camión Chevy y yo era la orgullosa dueña de un nuevo Corvette. Al año siguiente teníamos cerca de quince tarjetas de crédito de las mejores, y acumulamos unos 30,000 dólares en débitos para la época que todo estaba dicho y hecho. Hasta viajamos a Las Vegas durante un fin de semana y terminamos comprando una unidad de vacaciones de tiempo compartido. ¡Lo pusimos en la tarjeta de crédito, por supuesto! Pero una vez de regreso, cambiamos de idea respecto de la unidad; creíamos que no podíamos sostener el pago, y el Corvette era más importante. Así que también pagamos 2,000 dólares para salirnos de los pagos. ¿Y adivina qué? ¡Lo cargamos a la tarjeta de crédito!

¡Yo era una reina en eso de comprar! Podría estar con los ojos tapados en un centro comercial, y sabría cómo andar entre las tiendas. ¡Teníamos las mejores joyas y ropas que nuestras tarjetas de crédito podían comprar! Finalmente, estábamos al punto en que teníamos que pagar una tarjeta con otra y, a fin de cuentas, nos declaramos en bancarrota.

Nuestro valor neto era la suma negativa de 140,000 dólares contando la casa. Entonces, por divina intervención, creo, encontré a Dave Ramsey en la radio. Lo escuchaba y reía la mayoría de las veces porque sabía que me estaba hablando. Usted comienza a ver los embrollos que ha creado y empieza a sentir pánico. ¡No quería estar comiendo alimento para perros a los sesenta y cinco y a los sesenta y siete por ser tan estúpidos a los treinta y cinco y treinta y siete! Comenzamos el programa de la Transformación total de su dinero el año pasado. Hicimos un presupuesto y en tres años y tres meses habíamos pagado 32,500 dólares de la deuda del automóvil y de las tarjetas de crédito y teníamos 20,000 como fondo de emergencia. Íbamos a triunfar porque estábamos rompiendo el ciclo. Nunca, jamás volveremos a estar en esa situación porque ¡ESTAMOS HASTA LA CORONILLA DE ESTAR HASTA LA CORONILLA! No piense siquiera competir con los vecinos. ¡ELLOS ESTÁN ARRUINADOS!

Tabitha Williams (edad 35)
Asistente ejecutiva

Cada uno tiene su punto débil como Sara. Podría ser su negocio de la tercera generación en quiebra que necesita cerrarse. Podría ser su compra de ropas. Probablemente sea su automóvil. Podría ser el bote. Quizás su punto débil sea el dar a sus hijos crecidos. A menos que se haya adherido de todo corazón a la *Transformación total de su dinero* en algún punto, en alguna época en su vida, usted está haciendo algo con el dinero para impresionar a otros, y eso tiene que cambiar antes de que haga un verdadero plan para una buena postura fiscal. La

¡Totalmente en quiebra y manejando un Jaguar!

Biblia dice: «Pero gran ganancia es la piedad acompañada con contentamiento» (1 Timoteo 6.6). Aquellos que hemos tenido una *Transformación total de su dinero* sabemos aun dónde está nuestro talón de Aquiles y vemos aun ese punto débil como una herida fatal si le permitimos crecer de nuevo. ¿Cuál es la «cosa monetaria» que hace que usted se sonría por dentro cuando ve a otros admirándolo? ¿Necesita darse por vencido para romper ese sentimiento interior? Hasta que reconozca ese débil aspecto, usted siempre estará propenso a la estupidez financiera sobre ese tema.

Mi debilidad son los autos. Luego de comenzar con nada y haber llegado a millonario la primera vez a la edad de veintiséis años, puse el ojo en un Jaguar. «Necesitaba» un Jaguar. Lo que yo necesitaba era que la gente se impresionara con mis éxitos. Lo que necesitaba era que mi familia diera su aprobación basada en mi capacidad para el éxito. Lo que anhelaba era respeto. Y lo que realmente era fue que fui muy ingenuo en llegar a creer que era el automóvil que manejaba lo que me proporcionaba esas cosas. Dios usó la historia de todo lo que pasé para darle mi corazón a la *Transformación total de su dinero* en el aspecto de la presión de otros.

Aunque estaba en quiebra, perdiéndolo todo, mantuve el Jaguar refinanciándolo repetidas veces en diferentes bancos. Llegué inclusive hasta a conseguir que un buen amigo firmara como fiador un préstamo, de modo que pudiera conservar mi imagen. No estaba a mi alcance sostener el mantenimiento del automóvil, así que empezó a deteriorarse.

Mito vs. Realidad	
Mito:	Los pagos del automóvil son un estilo de vida; usted siempre tendrá que hacer uno.
Realidad:	Librarse de los pagos por compra de autos, manejando autos usados en buen estado, es lo que hace el promedio de los millonarios, así es como él o ella se han hecho millonarios.

Funcionaba mal y ya no era confiable, pero aun así lo amaba y me aferraba a él. Durante el año de nuestra bancarrota, estábamos tan arruinados que una vez me cortaron la electricidad por dos días.

Siempre me he preguntado qué pensaría el empleado de la compañía de electricidad cuando estuvo en la entrada de mi casa junto a mi Jaguar, desconectando mi contador eléctrico.

Esto enferma. El automóvil continuaba deteriorándose y el sello del depósito de aceite se cuarteó. Esto ocasionaba que el aceite saliera por detrás del motor hacia el silenciador y se quemara. El aceite que se quemaba, en grandes cantidades, creaba una estela de humo por kilómetros dondequiera que iba. El estimado para arreglarlo era de 1,700 dólares y yo no había visto un ingreso extra de 1,700 dólares en meses, por suerte que me mantuve manejando mi móvil cortina de humo a lo James Bond. Finalmente, mi amigo se cansó de cumplir con los pagos que hacía como fiador y gentilmente me sugirió que vendiera mi precioso automóvil. Me enojé con él. ¡Cómo se atreve a sugerirme que venda mi automóvil! Así, pues, dejó de hacer los pagos y el banco, no tan gentilmente, me sugirió que vendiera el automóvil o tendrían que quitármelo. Traté de evitarlo, volví a mis cabales y vendí el Jaguar la mañana de un jueves, porque el banco me aseguró que se lo llevaría el viernes. Pude salir del embrollo, pagarle al banco y aun a mi amigo lo que le debía, pero el proceso fue humillante. Y como fui muy terco para reconocer lo que el automóvil representaba en mi vida, causé mucho daño que podría haberse evitado.

Un pie de página interesante sobre la curación que puede ocurrir en su punto débil; estaba tan disgustado de mí mismo cuando desperté y comprendí lo profundo de mi estupidez que juré salirme de mi droga: los autos. Inicié la abstinencia, queriendo decir que no me importaba qué automóvil manejar o cómo lucía en tanto estuviera ganando en la *Transformación total de su dinero*. Quince años más adelante llegamos a ser ricos nuevamente, y decidí tener un automóvil diferente. Siempre estoy buscando un automóvil de un año o dos. Siempre pago al contado, y siempre buscando un buen negocio, sin que me importe realmente qué tipo de automóvil es. Yo era de los que buscaba un Mercedes o un Lexus, pero ahora buscaba realmente una ganga. Un amigo que vende autos me propuso un negocio, con un Jaguar. Así que más tarde, después de todos esos años difíciles y de lágrimas, cuando esa afición ya no era más la fuerza motriz de mi nivel de aprobación, Dios me mandó de nuevo un Jaguar. Él me regresó lo que se habían comido las langostas, pero lo hizo cuando ya no era mi ídolo. Se dice que a Dios no le gusta que tengamos otros dioses en nuestra vida.

*L*a primera vez que oí de Dave Ramsey fue por la radio. Creía que los conceptos que enseñaba eran correctos, pero yo no vivía de acuerdo con ellos. Estaba muy ocupado comprando ARTÍCULOS. Sí señor, tenía lo que Dave llama ¡«articulitis»!

Encontré que había cura para la «articulitis» un par de años después, cuando un amigo y yo vimos a Dave Ramsey en uno de sus eventos. En esa época yo tenía aproximadamente una deuda total de 45,000 dólares. ¡Y tenía un montón de pertenencias!

Tenía un nuevo Honda Accord y una televisión de pantalla grande con un sistema de sonido alucinante que había comprado a plazos, por quince meses, al precio de contado. Después de oír a Dave hablar, sabía que tenía que vender algunas cosas y salir de otras deudas. Tenía que deshacerme de mis «cosas», al menos por ahora.

Durante los tres años siguientes realmente decidí seguir los pasos de bebé en la Transformación total de su dinero. Tenía un presupuesto para cada mes, vivía al CONTADO y puse fin a mis tarjetas de crédito. Vendí mi automóvil nuevo, la gran pantalla y el sistema de estéreo. ¡Durante *esos tres años, sin embargo, también me casé y recorrí en un crucero, por siete días, el Caribe Oriental pagando en efectivo!*

Mi esposa y yo estamos ahora libres de deudas, salvo por nuestra casa. Dave y sus principios han cambiado realmente mi vida. Dicho sea de paso, tenemos otra vez una televisión de pantalla gigante que compramos al contado.

*Charles (edad 32) y Andra Bledsoe
Administrador de sucursal bancaria; ama de casa*

Así, pues, puede que algún día Sara y Bob puedan pagar en efectivo y llevar a toda la familia de Sara en un crucero por Navidad. Después de la *Transformación total de su dinero*, Bob y Sara podrán pagar en efectivo por un evento como ese sin que se afecte su riqueza. Ellos podrán comprar ese viaje en crucero en memoria de aquel simbólico Día de Acción de Gracias cuando el corazón de Sara tuvo la *Transformación total de su dinero* en su necesidad de buscar la aprobación de su familia. Ese cambio les ha enseñado a Sara y a Bob que si ellos viven como nadie, después podrán vivir como nadie.

Estadísticas sorprendentes

Setenta y cinco por ciento del puntaje de millas nunca se redime.

Pasar la carrera de obstáculos y subir la montaña

Una cosa he aprendido a medida que pierdo peso, me siento entonado y generalmente en mejor forma: las cosas que exigen esfuerzo físico son más fáciles para mí. Las cosas como ascender montañas o vencer obstáculos son realmente factibles ahora, no un sueño como eran cuando tenía sobrepeso y estaba fuera de forma.

VIVIR COMO NADIE PARA DES

Lo mismo es cierto acerca de nuestra jornada de la *Transformación total de su dinero* hacia la buena situación fiscal. ¿Ha comprendido usted que el comienzo de la *Transformación total de su dinero* es casi una carrera de obstáculos? Fracasamos mediante la negación. Atravesamos el agua y ascendimos sobre los mitos de la deuda. Escalamos cuidadosamente la muralla de los mitos del dinero. Estamos laborando a través de la ignorancia. Y aprendimos a no hacer mucho énfasis en nuestra competencia en el camino; hemos dejado permanentemente de competir con los vecinos porque ellos están en la quiebra. La carrera de obstáculos, sin embargo, fue solo parte de nuestra jornada.

Ahora estamos situados al fondo de una montaña con una clara visión de la cima. Estamos en mejores condiciones para escalarla y no hay puntos ciegos. Estamos listos para ascender. La meta está lejos, pero ahora la vemos con claridad. Hay varios senderos distintos y muy claros que tomaremos hasta el tope. Lo bueno de este sendero es que no es terreno virgen; es un sendero muy usado. Es un sendero estrecho, uno que la mayoría de la gente no sigue, pero muchos triunfadores lo han tomado. Decenas de miles han seguido este sendero una vez que lo alcanzaron a través de la carrera de obstáculos.

Mire hacia atrás antes de empezar. La escalada será difícil, pero casi imposible si usted está aún lidiando con algún obstáculo. Si todavía está colgado de los mitos, negativas o cualquier otro obstáculo, en esta escalada usted se sentirá como si tuviera ladrillos sobre la espalda. Un par de kilogramos de negativa podrá no ser fatal, pero mezclándola con tres kilogramos de «Todavía pienso que las tarjetas de crédito son buenas» y una lata o dos de «Ceder a la presión de otros» dará por resultado una carga a sus espaldas que le hará fracasar en su intento por ascender.

> «Hacer lo mismo una y otra vez y esperar un resultado diferente es la definición de la inestabilidad mental».

La mayoría hacemos el primer ascenso usando un sombrero de ignorancia, y si bien este retardará la subida, la ignorancia no le impedirá a nadie la escalada si va mezclada con cierta humildad.

Esta montaña es factible, pero no lo es si aún está preocupado por la carrera de obstáculos. Algunas cosas que le diré que haga no funcionarán y le causarán daño si usted está aún pegado a la negativa, a los mitos, a la ignorancia o a la aprobación.

Decídase antes de ascender si va a seguir al guía. Si no va a hacerle caso a un guía experimentado que ha escalado personalmente esta altura solo y ha regresado a guiar a decenas de miles en este sendero, entonces usted ascenderá a su propio riesgo. Termine de leer el libro aunque no esté de acuerdo conmigo, pero seguir estos pasos mientras trata de conservar los mitos, la ignorancia, la aprobación o la negativa hará su ascenso muy difícil y puede lesionarlo.

¿Por qué no ascender? El único otro sendero es seguir a todas las personas normales que se han ido a la quiebra. Ese no es un sendero; esa es una bien trillada carretera interestatal. La mayoría de las personas dan vueltas y vueltas, ocasionalmente vislumbrando la montaña que escalaremos, pero cuando ven cuán difícil es el camino de obstáculos para llegar al fondo, esas almas tristes desisten antes de comenzar.

Los doce peldaños tienen razón de ser. Ellos dicen: «Hacer lo mismo una y otra vez y esperar un resultado diferente es la definición de la inestabilidad mental». Lo que usted falsamente ha creído sobre lo cual ha actuado o no, es lo que lo ha traído a donde está hoy con su dinero. Si desea estar en un lugar diferente, debe creer y actuar en forma distinta. Si deseo tener un tamaño de cintura inferior a ciento treinta y dos centímetros, debo comer y hacer ejercicio en forma diferente. El cambio puede ser doloroso, pero el resultado bien lo merece.

He estado al tope de la montaña de la *Transformación total de su dinero* y he conducido a incontables personas allí. Le digo que ¡VALE LA PENA EL ESFUERZO! ¡De modo que abróchese los zapatos de la decisión, y dígales adiós a los amigos «normales», y subamos!

6

Ahorre mil dólares rápidamente:
Camine antes de correr

En mi primer libro, *Tranquilidad financiera,* hay un capítulo titulado «Pasitos de bebé», cuya premisa es que podemos hacer cualquier cosa financieramente si lo hacemos dando un paso a la vez. He desarrollado pasos de bebé durante años de consejería uno a uno, en discusiones con pequeños grupos, con personas de la vida real en la Universidad Tranquilidad Financiera, y respondiendo a preguntas en nuestro programa radial. Decenas de miles han seguido este sistema ya probado para lograr la *Transformación total de su dinero.* El término «pasos de bebé» viene de la comedia *What about Bob?* [¿Y qué con Bob?] Protagonizada por Bill Murray.

Bill desarrolla el papel de un tipo loco que enloquece a su psiquiatra. El terapeuta escribió un libro titulado *Baby Steps* [Pasos de bebé]. La frase: «Usted puede llegar a donde quiera si va paso a paso» es el argumento de la película. Nosotros utilizaremos el paso de bebé para caminar a través de la *Transformación total de su dinero.* ¿Por qué surten efecto los pasos de bebé? ¡Qué bueno que lo pregunta!

Comerse un elefante le da energía

El único modo de comerse un elefante es mordida a mordida. Encuentre algo que hacer y hágalo con vigor hasta completarlo; entonces y solo entonces dé el segundo paso. Si trata de hacerlo todo a la vez, fracasará. Si se despertó esta mañana y comprende la necesidad de perder 45 kilos, fortalecer su sistema cardiovascular y tonificar sus músculos, ¿qué va a hacer? Si el primer día de su nuevo plan deja de comer, corre cinco kilómetros y levanta todo el peso que pueda con cada grupo de músculos, sufrirá un colapso.

Si no lo sufre el primer día, espere cuarenta y ocho horas para que el grupo de músculos se tranque, el corazón palpite alocadamente y usted estará atracándose de alimento poco después. Cuando me lancé a la conquista de un cuerpo mejor y una mejor salud hace algunos años, mi sabio entrenador no trató de matarme el primer día.

> «Usted puede llegar a donde quiera si va paso a paso».

Ni aun en la segunda semana estábamos tratando de llegar a un extremo, porque él sabía que yo tenía que tonificar un poco algunos músculos antes que pudiera hacer ejercicios fuertes. Caminamos antes de correr. Además, si hubiera tratado de hacerlo todo a la vez, hubiera estado sobrecargado y frustrado con mi incapacidad para hacerlo.

El poder del enfoque es lo que hace que nuestros pasos de bebé den resultado. Cuando usted trata de hacerlo todo a la vez, el progreso puede hacerse muy lento. Cuando pone 3% en su 401k, 50 dólares extra en el pago de su hipoteca, y 5 dólares extra en su tarjeta de crédito, usted diluye sus esfuerzos. Debido a que ataca varias áreas al mismo tiempo, no *termina* nada de lo que empezó por un largo tiempo. Eso lo hace sentirse como que no está logrando nada, lo cual es muy peligroso. Cree que nada se está haciendo, pronto perderá energías para la tarea de administrar el dinero. El poder del enfoque es lo que resulta. Las cosas suceden. Usted elimina algunos artefactos de su lista. La vida le dice «bien hecho» en la forma de un progreso real y visible.

El poder de la prioridad también hace que los pasos de bebé traigan resultados. Cada uno de esos pasos es parte del probado plan para estar en las buenas condiciones financieras que le prometí. Esos pasos se complementan entre sí, por tanto, si se llevan a cabo desordenadamente, no sirven. Piense en una persona que pesa más de 150 kilos adiestrándose para la carrera maratón y comenzando ese entrenamiento con una rápida carrera de quince kilómetros. El resultado de no haberse preparado podría ser la total frustración cuando menos, y un ataque al corazón cuando más. Así, pues, ejecute los pasos de bebé ordenadamente. Camine alrededor de la cuadra y pierda algún peso antes de emprender la carrera de quince kilómetros.

Para comenzar los pasos de bebé, nos ocuparemos de un importante paso con la exclusión de otros. ¡Paciencia! Escalaremos toda la montaña, pero no hasta tener primero un sólido campamento en la base. Usted estará tentado a acortar el proceso porque está más preocupado por determinada área a la que va su dinero, pero no haga eso. Estos pasos son el plan comprobado hacia una buena condición financiera, y están en el orden adecuado para cada persona. Por ejemplo, si tiene cincuenta y cinco años y no tiene retiro, usted puede querer saltar al cuarto paso (invierta 15% de sus ingresos en el retiro), porque siente temor de no poder retirarse con dignidad. La paradoja es que si acortamos el proceso, es más probable que no se retire con dignidad. Podría ocurrir un fracaso cuando usted hace efectivo su plan de retiro recién formado para cubrir la inevitable emergencia. Si tiene hijos que van a entrar en la universidad, puede ser presa de pánico respecto del ahorro para esos fines, lo cual queda cubierto en el quinto paso de bebé, pero no lo haga sin orden. Yo abordaré los problemas que tendrá en cada etapa si hace las cosas sin orden, porque he visto la mayor parte de ellos. Enfóquese exclusivamente en el paso de bebé en que está aunque parezca que va en detrimento de otras áreas del dinero. Todo saldrá bien si no se enfoca en su retiro por unos cuantos meses, siempre que usted pueda elevar de un golpe el retiro hasta la estratosfera cuando llegue allí.

Usted, S.A.

Este capítulo trata del primer paso de bebé, pero antes de entrar en el ahorro rápido de 1,000 dólares, necesitamos mirar ciertas herramientas básicas necesarias para triunfar y algunas cosas en progreso que debe hacer sobre la marcha. La temible letra P entra en escena aquí. Usted debe hacer un presupuesto, un presupuesto por escrito, cada mes. Este es un libro sobre un proceso que lo capacitará para triunfar con su dinero, un proceso que otros han completado felizmente, y le aseguro que casi ninguno de los miles de triunfadores que he visto, lo ha logrado sin un presupuesto por escrito.

Tenía cerca de 30,000 dólares en deudas, estaba recientemente divorciado y desde hacía cuatro años me balanceaba al borde de la bancarrota.

Pero ahora soy más prudente, me he vuelto a casar y estoy ¡LIBRE DE DEUDAS!

Eso no fue fácil. Primero, quise hacerlo por mi propia cuenta. Dejé de usar mis tarjetas de crédito y dejé de aumentar mis deudas, pero no sabía cómo hacer un presupuesto. Me quedaba sin dinero antes del fin de mes. Estaba tan avergonzado de no haber podido pagar todas mis cuentas que llegué a encontrarme físicamente enfermo. Eso afectó mi nuevo matrimonio, mi empleo y toda mi vida. Entonces comencé el plan de la Transformación total de su dinero. Una de las cosas más importantes que aprendí fue a crear un plan de «flujo de efectivo», que quiere decir gastar cada centavo de lo que usted hace en el papel antes de que comience el mes. Usted sabe exactamente cuánto tiene que gastar en alimento, gasolina, ropa y diversiones. Además, sabe cuánto puede permitirse tirar. Me agrada el hecho de que el libro dice que *todo el mundo necesita algún dinero para tirar, de modo que incluya eso en el presupuesto. Yo pongo el dinero para cada categoría en sobres y sé que eso es todo lo que puedo gastar.*

Mi esposo y yo la pasamos sin muchas cosas que deseábamos y no hemos tomado muchas vacaciones en los últimos años, pero estamos ahora libres de deudas y emocionados con nuestro futuro.

Scott (edad 38) y Pam (edad 41) Raney
Carpintero, enfermera

En el capítulo 4 sobre mitos del dinero, se discutió la importancia de un presupuesto por escrito. Si trabajara para una compañía llamada USTED, S.A., y su empleo en ella fuera administrar dinero, ¿lo despediría la firma USTED, S.A. por la forma en que administra ahora su dinero? Usted tiene que decirle al dinero qué hacer o este se irá. Un presupuesto escrito para el mes es su objetivo en cuanto al dinero. Las personas que triunfan en cualquier terreno se han puesto metas. Las metas son los objetivos hacia los que usted apunta. Zig Ziglar ha dicho: «Si apunta hacia la nada, nunca fallará». El dinero no se comportará bien a menos que lo domestique. P.T. Barnum dijo: «El dinero es un excelente esclavo y un amo horrible». Usted no podría construir una casa sin plano. ¿Por qué gasta sus ingresos de toda la vida de más de dos millones de dólares sin un plan? Jesús dijo: «¿Quién de vosotros, queriendo edificar una torre, no se sienta primero y calcula los gastos, a ver si tiene lo que necesita para acabarla?» (Lucas 14.28).

> Tiene que decirle al dinero qué hacer, o este se irá.

Estaba enfrentando 60,000 dólares en crédito por encima de mi hipoteca. ¡Esta deuda se acumuló mayormente durante los últimos cinco años debido a que tenemos dos hijas que fueron a la universidad con un año de diferencia y después dos bodas con año y medio de diferencia! Incurrimos en una deuda de casi 150,000 dólares. Mi esposa sufrió dos operaciones de la espalda durante los últimos ocho años, y no quería que tuviera que trabajar de nuevo. Dependíamos únicamente de mis ingresos, y esta deuda sobre mi cabeza cada día era como un yunque colgando de mi cuello.

¡Hacíamos pequeños pagos sobre casi todo, pero no podíamos continuar en esa forma! ¡Cuando consideré seriamente el cuadro de mis deudas, comprendí que si continuaba haciendo pagos mínimos, me tomaría otros cuarenta y cinco años pagarlo todo!

Evidentemente, eso era inaceptable y no era un legado que deseaba dejar. Elaboré un presupuesto como se sugería en la Transformación total de su dinero y comencé la jornada hacia la libertad. ¡En cuestión de ocho meses habíamos pagado más de 37,000 dólares de las deudas y estábamos en vías de pagar completamente las tarjetas y las deudas del consumidor el año entrante! ¡Nos quedan 46,000 dólares de hipoteca que serán pagados en menos de dos años! Puesto que soy analítico, creé una hoja de cálculo en mi computadora para seguir la marcha del progreso así como generar nuestro presupuesto mensual. Es increíblemente emocionante observar el progreso cada mes a medida que trabajamos en pro de la libertad financiera. El plan nos ha

dado esperanzas no solo para hoy sino para nuestro futu-
ro. Sé que cuando estemos libres de deudas a la edad de
cuarenta y nueve años, podremos usar el dinero que ahora
pagamos a alguien y ponerlo a trabajar para nosotros. No
habrá tarjetas, no habrá deudas, no habrá noches en vela
preocupados por el futuro, sino paz sabiendo que pronto
estaremos libres de deuda.

Paul (edad 48) y Jane (edad 46) Anzaldi
Ingeniero de sistemas, dueña de restaurante

Brian Tracy, conferencista motivador, ha dicho: «¿Qué se necesita para triunfar en gran escala? ¿Un tremendo talento que nos dé
Dios? ¿Riqueza heredada? ¿Diez años de educación de postgrado?
¿Conexiones? Afortunadamente para la mayoría, lo que se necesita es
algo muy sencillo y accesible: metas claras y por escrito». Según Brian
Tracy, un estudio de los graduados de Harvard demostró que después
de dos años, el 3% que tenía metas escritas logró más financieramente
¡que el otro 97% combinado!

Este no es un libro de texto acerca de dinero; es un libro sobre pasos
que hay que dar y cómo darlos. Este no es un capítulo sobre cómo
hacer un presupuesto; sin embargo, todo nuestro sistema de modelos
de presupuesto del programa Tranquilidad Financiera aparece al final
del libro. Las instrucciones están en cada página, pero permítame darle un par de directrices para comenzar en materia de presupuesto.

Organice un nuevo presupuesto cada
mes. No trate de tener un presupuesto perfecto para el mes perfecto porque nunca
tenemos eso. Gaste cada dólar en el papel
antes que comience el mes. Dé a cada
dólar de sus entradas un nombre antes que comience el mes, lo que se
llama un presupuesto con base cero. Ingreso menos egreso equivale a

> Ingreso menos egreso
> equivale a cero
> cada mes.

cero cada mes. Fíjese en el ingreso de este mes y en las cuentas, ahorros y débitos de este mes, y empáréjelos hasta que le haya dado a cada dólar de ingreso un nombre cuando egresa. Si tiene un ingreso irregular debido a comisiones, trabajo por cuenta propia o bonos, use la Hoja 8 del sistema para crear un plan de gastos priorizados, pero debe aun hacer un presupuesto por escrito antes de comenzar cada mes.

He tenido una experiencia impresionante con la *Transformación total de su dinero* en mi vida. Soy una abuela soltera, y crío a tres de mis cuatro nietos. Antes de comenzar el plan, pasé una época terrible tratando de entender en qué gastaba mi dinero. Siempre hacía hincapié en mis cuentas y nunca parecía tener suficiente para todo lo que necesitaba pagar. Me acababa con los nervios tratando de cubrir todas mis cuentas y disponer aún de dinero para las cosas esenciales.

Con la *Transformación total de su dinero* ahora escribo mi presupuesto antes del primero de mes y planifico en qué va a gastarse mi dinero. En un año más o menos, desde que terminé de aprender el plan, he sido fiel en escribir mi presupuesto cada mes. No puedo decir que nunca cometo errores.

Un par de veces olvidé escribir un pago anual (como chapas de automóvil, seguro), pero siempre pude cubrirlo porque todas mis otras cuentas estaban pagadas hasta hoy. He ahorrado aproximadamente 2,400 dólares para pagar la última de mis deudas (excepto mi casa).

He gozado de gran paz en cuanto a mis finanzas. He podido diezmar de acuerdo con la Biblia. Ahora tengo tiempo para trabajar otros aspectos de mi vida que han quedado en desorden debido a que invertí todo mi tiempo (y preocupaciones y oraciones) en mis finanzas. Creo que continuaré utilizando el sistema de sobres el resto de *mi vida. Siempre le estaré agradecido a Dave Ramsey por hablarme de la Transformación total de su dinero.*

Patty Patterson (edad 49)
Madre soltera y abuela

Póngase de acuerdo en esto

Si está casado, póngase de acuerdo con su cónyuge en el presupuesto. Solamente esta frase exige por sí misma un libro que describa cómo lograrlo, pero la realidad es esta: si no trabajan juntos es imposible triunfar. Una vez que se llega a un acuerdo respecto al presupuesto y está por escrito, haga un compromiso serio de que nunca hará nada con su dinero que no aparezca en el papel. El papel es el jefe del dinero, y usted es el jefe de lo que se escribe en el papel. Pero tiene que ajustarse al presupuesto, o esto no es más que una elaborada teoría.

Si algo surge a mediados de mes que haga necesario un cambio en el presupuesto, llame a una reunión de emergencia del comité de presupuesto. Usted puede cambiar el presupuesto (y lo que va a hacer con el dinero) solo si hace dos cosas: Primera, ambos cónyuges convienen en el cambio. Segunda, usted debe aun balancear su presupuesto.

Si aumenta a 50 dólares lo que gasta en reparaciones de automóvil, debe reducir en 50 dólares lo que gasta en otra cosa, de modo que sus ingresos menos sus egresos sean igual a cero. Este proceso de ajuste a mediados de mes no tiene que ser una operación complicada, pero ambas directrices deben cumplirse. Usted está aún en cero, de modo que no se salga del presupuesto, y tiene además la aprobación de su cónyuge; así que no ha roto el juramento o compromiso inicial.

¡Adriennnne!

Antes de dar el primer paso de bebé tendrá que hacer otra cosa: ponerse al día con sus acreedores. Si está atrasado, lo primero es ponerse al corriente. Si está muy atrasado, cubra primero necesidades como los alimentos básicos, vivienda, electricidad y teléfono, ropa y transporte. Solo cuando esté al corriente con las necesidades podrá ponerse al día con las tarjetas de crédito y los préstamos estudiantiles. Si necesita más ayuda con este nivel de crisis financiera, revise en nuestra página web cómo establecer contacto con nuestros asesores certificados u ordene el libro *Tranquilidad financiera*.

Enfocarse intensamente es un requisito para triunfar. No puedo recalcar lo suficiente que las personas que han tenido una *Transformación total de su dinero*, citados en este libro y en otros por todos Estados Unidos, están hartos de estar hartos. Se dijeron: «¡Basta ya!» y se lanzaron como un cohete a cambiar sus vidas. No hay ejercicio intelectual con que se pueda conquistar académicamente la riqueza, usted tiene que dispararse. Ponga la música de *Rocky* como trasfondo y escuche el grito de Rocky: «¡Adriennnne!» ¡Arriba, campeón! No hay energía en la lógica; esto es modificación de la conducta y de la motivación, ¡y da resultado!

ARiTMÉTiCA TORCiDA

¿Piensa gastar 100 dólares al mes en un seguro de vida? Podría pagar 7 al mes por una póliza a término e invertir los 93 que le sobran. Pero compre una póliza de valor efectivo si prefiere que otra persona gane intereses en sus inversiones.

Después de ponerse al corriente, de tener un plan escrito y convenido, de haber dejado atrás los obstáculos y enfocarse con intensidad, estará listo para seguir las prioridades correctas. ¡Allá vamos!

Primer paso de bebé: Ahorre 1,000 dólares en efectivo como fondo inicial de emergencia

Va a llover. Necesita un fondo para el día lluvioso. Necesita un paraguas. La revista *Money* dice que 78% de nosotros tendrá un suceso negativo dentro de un período de diez años. El trabajo está limitado, hay recortes y hay reorganización, o sencillamente hay cesantía.

Hay un embarazo inesperado. «No íbamos a tener hijos, sin embargo, viene otro más». El automóvil explota. La transmisión se rompe. Entierra a un ser amado. Los hijos crecidos se mudan al hogar nuevamente. Cosas de la vida, de modo que esté listo. Esto no es una sorpresa. Necesita un fondo de emergencia, un fondo al estilo pasado de moda de la abuela, para el día lluvioso. Algunas veces la gente me dice que debo ser más positivo. Bueno, *soy* positivo, va a llover, de modo que necesita un fondo para el día de lluvia.

Ahora, evidentemente, 1,000 dólares no cubren todas esas cosas importantes, pero cubrirán las cosas pequeñas hasta que el fondo de emergencia tenga la cantidad necesaria.

> ¡Ellos estaban enfermos y cansados de estar enfermos y cansados! Y dijeron «¡Basta ya!»

Financieramente, íbamos sin rumbo y con rapidez. Bueno, realmente, íbamos hacia atrás y con rapidez. No era cuestión de sueldo, ya que ambos teníamos buenos empleos. Era cuestión del gasto. Yo era demasiado bueno en eso. Nos acercábamos a la mitad de la vida, y la crisis era que no teníamos nada que lo demostrara, nada excepto una segunda hipoteca, un desordenado pago del automóvil, y cerca de 20,000 dólares en deudas por tarjetas de crédito.

Cometimos casi todos los errores financieros que pudimos. ¡Aun llegué a abrir un negocio con tarjetas de crédito! Habíamos probado casi todas las fórmulas que había en el mercado «para salir de deudas rápidamente». ¡Habíamos ordenado en programas comerciales de medianoche varios formularios para obtener «ingresos extra»! ¡Qué manera de pagar un impuesto estúpido! Entonces ocurrió esto: Mi cuñado, de entre todas las personas, nos indicó el plan de Dave Ramsey. Yo estaba absolutamente desalentado. ¡Entendía lo que Dave estaba diciendo! Pam estaba traumatizada y era de comprender, completamente incrédula. Comenzamos a practicar el plan y pude aun ayudar a otros a que lo practicaran.

¡Teníamos nuestro fondo de emergencia de 1,000 dólares en solo tres semanas! Era la primera vez que teníamos 1,000 dólares en el banco por más de diez minutos. Pam sabía que hablaba en serio esta vez, y que eso era bueno para ambos. Primero, que hablaba en serio, y segundo, que ella podía realmente creerme.

Al cabo de siete semanas en el plan, estábamos navegando hacia puerto seguro. Habíamos pagado dos tarjetas de crédito, eliminado el resto y nos habituamos a enfocar las cosas intensamente. Todo marchaba a las mil maravillas.

Entonces la compañía de Pam redujo el personal. Perdimos dos terceras partes de los ingresos en un día ¡VAYA! No nos aterrorizamos. Gracias a Dios por el fondo de emergencia. Nos apegamos al plan y nos alentamos el uno al otro. Hicimos trabajos diversos para crear ingresos extras. Trabajamos con el plan, y funcionó. No estamos aún libres de deudas, pero andamos con paz financiera. Realmente, así marchamos. Nuestra relación es mejor que nunca. Recorrimos medio país para que yo pudiera comenzar un nuevo empleo, y nuestros ingresos vuelven a ser lo que eran cuando Pam perdió su trabajo. En cosa de tres o cuatro meses (recibo pagos por comisión) estaremos libres de deudas.

> Ken (edad 43) y Pam (edad 44) Munday
> Pastor asociado, ejecutiva de cuentas

Este fondo no es para comprar cosas ni para vacaciones; es para emergencias únicamente. No hagamos trampa, ¿Sabe usted quién es Murphy? Murphy es aquel tipo con leyes como «si esto puede salir mal, mal saldrá». Por años he trabajado con personas que sintieron que Murphy era miembro de su familia. Han pasado tanto tiempo en problemas que piensan que es un pariente cercano.

Cosa interesante, cuando ocurre una *Transformación total de su dinero*, Murphy desaparece. Una *Transformación total de su dinero* no es garantía de una vida libre de problemas, pero he observado que el problema, Murphy, no es bienvenido en los hogares que tienen un fondo de emergencia. ¡Ahorrar dinero para emergencias repele a Murphy! Estar en quiebra todo el tiempo parece atraer a Murphy para que asiente allí su residencia. La mayoría de los estadounidenses usan tarjetas de crédito para cubrir todas las «emergencias» de la vida. Algunas de esas llamadas emergencias son acontecimientos como las Navidades. Las Navidades no son una emergencia, ni surgen por sorpresa. Siempre son en diciembre, no se mueven de ahí y, por lo tanto, no son una emergencia. Su automóvil necesitará reparación y sus hijos nuevas ropas. Estas no son emergencias; son gastos que están incluidos en el presupuesto. Si usted no hace un presupuesto para ellas, lucirán como emergencias. Los estadounidenses usan las tarjetas de crédito para cubrir verdaderas emergencias también. Las cosas que antes discutimos como despidos del empleo son verdaderas emergencias y justifican un fondo de emergencia. Una venta con rebaja de un sofá de cuero no es una emergencia.

Sea la emergencia real o solo una mala planificación, el ciclo de dependencia de la tarjeta de crédito tiene que romperse.

> La Navidad no es una emergencia.

Un bien planificado presupuesto para cosas anticipadas y un fondo de emergencia para lo verdaderamente inesperado puede poner fin a la dependencia de las tarjetas de crédito.

El primer paso de bebé importante para la *Transformación total de su dinero* es iniciar un fondo de emergencia. ¡Un pequeño comienzo es ahorrar 1,000 dólares en efectivo RÁPIDO! Si tiene un ingreso de menos de 20,000 dólares por año, use 500 dólares para su fondo inicial. ¡Aquellos que ganan más de 20,000 deberían reunir pronto 1,000 dólares! Detenga todo lo demás y concéntrese.

Como odio tanto las deudas, la gente a menudo me pregunta por qué no comienzo con la deuda. Solía hacerlo cuando empecé a enseñar y asesorar, pero descubrí que la gente paraba completamente la *Transformación total de su dinero* a causa de las emergencias: se sentían culpables de tener que suspender la reducción de las deudas para sobrevivir. Es como suspender todo su programa de mejoramiento físico porque se lastima las rodillas cuando corre: cualquier excusa sirve. El alternador del automóvil se rompía, y los 300 dólares de reparaciones arruinaban todo el plan porque la compra tenía que hacerse con tarjeta de crédito debido a que no había fondos de emergencia. Si se endeuda después de prometer no hacerlo, pierde el impulso para seguir adelante. Es como comer siete libras de helado los viernes luego de perder dos libras esa semana.

Se siente enfermo, fracasado. Así que comience con un pequeño fondo para cubrir las cosas pequeñas antes de comenzar a pagar la deuda. Es como beber un ligero batido de proteínas para fortalecer su cuerpo a fin de poder trabajar, lo cual le permite perder peso. El fondo inicial impedirá que los pequeños Murphys se conviertan en deudas nuevas mientras limpia las viejas. Si ocurre una verdadera emergencia tiene que tratarla con su fondo de emergencia. ¡No más préstamos! Usted tiene que romper el ciclo.

Tuerza y exprima el presupuesto. Trabaje horas extras, venda algo, pero obtenga rápidamente sus 1,000 dólares. La mayoría logra ese paso en menos de un mes. Si le parece que va a tomar más tiempo, haga algo radical. Entregue pizzas a domicilio, trabaje tiempo parcial o venda algo. Vuélvase loco. Está demasiado cerca del punto en que puede caer en un gran despeñadero de dinero. Recuerde que si los vecinos (todos los que están en quiebra) creen que usted está bien, es que está mal encaminado. Si creen que usted está loco, probablemente esté en el buen camino.

Escóndalos

Cuando tenga los 1,000 dólares, escóndalos. Usted no puede tener el dinero a la mano, porque lo gastará. Si sus 1,000 dólares del primer paso de bebé están en una gaveta de ropa interior, el hombre de la pizza lo tomará. No, el hombre de la pizza no está en la gaveta de su ropa interior, pero usted comprará por impulso cualquier cosa si el dinero está a la mano. Puede depositarlo en una cuenta de ahorros en el banco, pero no debe utilizarlo como protección para sobregiros.

No combine la cuenta de ahorros con su cuenta corriente para protegerse del sobregiro, porque su fondo de emergencia lo gastará por impulso. Tuve que aprender a protegerme de mí mismo. No ponemos el dinero en el banco para ganar dinero, sino más bien para dificultar su obtención. Puesto que 1,000 dólares al 4% ganan solo 40 dólares al año, usted no se va a hacer rico aquí, solo encontrará un sitio seguro donde estacionar el dinero.

Sea creativo. María, que asistió a una de nuestras clases, fue al Wal-Mart de su barrio y compró un marco barato de 24 cm por 30 cm, enmarcó diez billetes de 100 dólares, y en el espacio dentro del marco escribió: «En caso de emergencia, rompa el cristal». Entonces colgó el fondo de emergencia en la pared detrás de los abrigos en el ropero.

Ella sabía que el ladrón promedio no buscaría allí y que sería mucho problema para ella sacarlo del ropero y del marco, de modo que no lo usaría a menos que hubiera una emergencia. Ya sea que una sencilla cuenta de ahorros o un marco en su ropero, obtenga sus 1,000 dólares rápido.

Manténgalo en activo líquido

¿Qué tal si ya tiene más de 1,000 dólares? Ah, eso fue fácil, ¿verdad? Si ya tiene más de 1,000 dólares en algo que no sea planes de jubilación, retírelo. Si están en un certificado de depósito sujeto a multa, pague la multa por retiro del depósito anticipadamente y saque el dinero. Si está en fondos mutuos, retírelo. Si está en bonos de ahorro, retírelo. Si está en cuenta corriente, retírelo. Si está en acciones o bonos, retírelo. Su fondo de emergencia, limitado a 1,000 dólares en activo líquido, efectivo disponible, es lo único aceptable. Si le ha tomado cariño al fondo de emergencia, es probable que pida prestado para evitar sacarlo en efectivo. Los detalles vendrán más tarde en la *Transformación total de su dinero* sobre qué hacer con su fondo de emergencia completo.

Todo el dinero que tenga encima y más allá de los 1,000 dólares en cualquier cosa excepto en planes de retiro o jubilación, será usado en el próximo paso, así que esté listo. Usted no tendrá ese dinero para usarlo si el alternador de su auto se rompe.

¿Qué sucede si está en el segundo paso de bebé en el próximo capítulo, y usa 300 dólares de su fondo de emergencia para arreglar el alternador? Si esto ocurre, suspenda el segundo paso y regrese al primero hasta reaprovisionar el fondo de 1,000 dólares. Una vez que el fondo de emergencia sea reaprovisionado, usted puede regresar al segundo paso. De otra suerte, irá acabando gradualmente con este pequeño amortiguador y volverá a los viejos hábitos de pedir prestado para cubrir verdaderas emergencias. Sé que algunos piensan que este paso es muy simplista. Para algunos es un paso instantáneo y para otros es la primera vez que han tenido suficiente control sobre su dinero para ahorrarlo.

Para algunos lectores, este es un paso fácil. Para otros, este es el paso que será la base espiritual y emocional para la *Transformación total de su dinero*. Tal fue el caso de Lilly. Una madre soltera con dos hijos, que había estado divorciada por ocho años; la lucha había sido su estilo de vida por algún tiempo. Lilly había contraído deudas para sobrevivir, no deudas de persona malcriada. La habían engañado con un préstamo de altísimo interés para un

Mito vs. **Realidad**

Mito: La tarjeta de débito tiene más riesgos que la de crédito.

Realidad: ¡NO!

automóvil, dinero por adelantado en base al sueldo y muchas deudas por tarjetas de crédito. Recibía un salario neto de solo 1,200 dólares mensuales con dos bebitos que alimentar y numerosos prestamistas codiciosos. Ahorrar le parecía un cuento de hadas, ya que había perdido hacía tiempo la esperanza de algún día poder hacerlo. Cuando la encontré ya había comenzado la *Transformación total de su dinero*. Después de oírme enseñar los pasos de bebé en una presentación en vivo, me fue a ver semanas después durante la presentación de un libro para entregarme un informe no solicitado.

Mientras hacía fila entre los que iban a comprar el libro, levanté mi vista y vi una ancha sonrisa. Me preguntó si podía darme un gran abrazo para decirme gracias. ¿Cómo podía yo rechazar aquello? Al observarla, noté que corrían lágrimas por sus mejillas mientras me decía jubilosa acerca de su lucha con el presupuesto, el primero que hacía.

Me contó de sus años de luchas. Entonces se rió y todos en la fila (igualmente comprometidos) dieron vivas cuando dijo que ahora tenía 500 dólares en efectivo ahorrados. Estos son los primeros 500 dólares en su vida adulta destinados para su fondo de emergencia. Esta era la primera vez que tenía dinero entre ella y Murphy. Su amiga Amy, que estaba allí ese día, me dijo que Lilly era una persona diferente, y agregó: «Aun su rostro ha cambiado, ahora tiene paz». No se confunda, no fueron los 500 dólares los que hicieron eso. Lo que causó la liberación de Lilly fue su recién encontrada esperanza. Ella tiene la esperanza que nunca antes tuvo. Tiene esperanza porque sentía que tenía poder y el control sobre el dinero. El dinero fue un enemigo durante toda su vida, y ahora que ella lo ha domesticado, va a ser su nuevo compañero por toda la vida.

¿Y qué con usted? Ahora es el momento de decidir. ¿Es esto teoría o realidad? ¿Soy un bobalicón excéntrico o he descubierto algo que surte efecto? Siga leyendo y decidiremos juntos.

7

El «Plan bola de nieve»: Pierda peso rápidamente, de verdad

La *Transformación total de su dinero* depende del uso de sus más poderosos instrumentos. Creo con todo mi ser que su más poderoso instrumento para crear riqueza es su ingreso. Las ideas, las estrategias, las metas, la visión, el enfoque y aun el pensamiento creativo son muy importantes, pero hasta que usted no tenga dominio y pleno uso de sus ingresos para crear riqueza, no la creará ni la mantendrá. Algunos puede que hereden dinero o ganen el premio mayor, pero eso es suerte loca, no un plan probado para una buena situación financiera. Para crear riqueza, USTED tendrá que reconquistar el control de su ingreso.

Identifique al enemigo

La realidad es que es fácil llegar a ser rico cuando uno no tiene pagos que hacer. Usted estará harto de oír esto, pero la clave para ganar cualquier batalla es identificar al enemigo. Soy tan apasionado con la idea de que se vea libre de deudas porque he visto a muchas personas conquistar enormes logros para llegar a millonarios en un corto plazo después de liberarse de pagos. Si no tiene que hacer pagos por un automóvil, por un préstamo estudiantil, tarjetas de crédito hasta la coronilla, deudas médicas o aun una hipoteca, podría llegar a ser rico muy rápidamente. Comprendo que eso puede parecer un punto lejano para algunos. Usted puede sentirse un tipo de 150 kilos que mira a Míster Universo y se sacude la cabeza pensando que nunca podrá ser así. Permítame asegurarle que he caminado con muchos hombres de 150 kilos hacia una buena situación financiera, de modo que siga conmigo.

La matemática es reveladora. El estadounidense típico con un ingreso anual de 40,000 dólares tendrá normalmente un pago de 850 dólares por su casa y un pago de automóvil de 350 dólares, con otro pago adicional de 180 dólares por un segundo automóvil. Además, un pago de 165 dólares por un préstamo estudiantil, y un promedio de deudas de 12,000 dólares por tarjetas de crédito, que suman cerca de 185 dólares en pagos mensuales.

También, este típico grupo familiar tendrá otras deudas misceláneas por cosas como muebles, estéreos, o préstamos personales por los cuales paga unos 120 dólares adicionales. Todos esos pagos suman 1,850 dólares por mes. ¡Si esta familia fuese a invertir eso en lugar de remitirlo a los acreedores, sería millonaria en fondos mutuos en solo quince años! (Después de quince años la cosa es realmente emocionante. Tendrán 2 millones de dólares en cinco años más, 3 millones en tres años más, 4 millones en dos años y medio más y 5 millones en dos años más. De modo que tendrán 5 millones de dólares después de veintiocho años). Tenga presente que esto es con un ingreso promedio, que quiere decir que muchos de ustedes hacen más que eso! Si piensa que no tiene tantos pagos es que su matemática no funciona, que erró el tiro. Si hace 40,000 dólares y tiene menos pagos que cubrir, tiene cómo empezar, puesto que ya tiene más control de sus ingresos que la mayoría de la gente.

> La clave para ganar cualquier batalla es identificar al enemigo.

Con un ingreso neto de 2,850 dólares, ¿podría usted invertir 1,850 si no tuviera pagos? Todo lo que tiene que pagar es electricidad, teléfono, alimentos, ropa, seguros y otros gastos misceláneos. Eso sería apretado, pero se puede hacer. Si hace eso por solo quince años, tendrá una experiencia que llegará al pináculo. Lo explicaré más tarde.

Muchos de los que leen esto están convencidos de que podrían llegar a ser ricos si pudieran salirse de las deudas. El problema ahora es que usted se está sintiendo más y más atrapado por las deudas.

¡Le tengo grandes noticias! Tengo un método infalible, pero muy difícil, para salir de deudas. La mayoría de la gente no lo haría porque son del promedio, pero no usted. Usted ha calculado ya que si vive como nadie, después podrá vivir como nadie. Está harto de estar harto, de modo que está dispuesto a pagar el precio de la grandeza. Este es el más difícil de los pasos de bebé para la *Transformación total de su dinero*. Es muy difícil, pero vale la pena.

Este paso exige el mayor esfuerzo, el mayor sacrificio y es donde todos sus amigos y familiares en quiebra harán mofa de usted (o se le unirán). Este paso exige que se afeite la cabeza y tome Kool-Aid. Estoy bromeando, pero no mucho.

La intensidad de su enfoque tiene que salir de la escala. Recuerde que Albert Einstein dijo «que los grandes espíritus siempre encuentran violenta oposición de las mentes mediocres». Si realmente piensa que crear riqueza ya no es un sueño sino una realidad cuando no tiene pagos que hacer, debe estar dispuesto a actuar con valentía y sacrificar cosas para no tener pagos. ¡Es hora de liquidar DEUDAS!

> «Los grandes espíritus siempre encuentran violenta oposición de las mentes mediocres».

Segundo paso de bebé
Comience el «Plan Bola de nieve»

La manera en que saldamos la deuda se llama Plan Bola de nieve. Los formularios aparecen en las páginas siguientes, así como junto a los formularios del presupuesto al final de este libro, y forma parte del programa electrónico presupuestal de la Tranquilidad Financiera. El proceso del plan es fácil de entender pero exige toneladas de esfuerzo. Recuerdo lo que decía mi pastor: «No es complicado, pero es difícil». Hemos discutido que las finanzas personales constituyen 80%

de comportamiento y 20% de conocimiento. El plan está concebido en esta forma porque estamos más interesados en la modificación del comportamiento que en corregir las matemáticas. (Verá en breve lo que quiero decir.)

Como genuino mentecato, siempre acostumbraba a comenzar cuadrando la matemática. He aprendido que estas hay que hacerlas bien, pero algunas veces la motivación es más importante que las matemáticas. Esta es una de esas veces. El método del plan bola de nieve exige que usted haga una lista de sus deudas desde la más pequeña hasta la más grande. Enumere todas sus deudas salvo la de la casa; de eso trataremos en otro paso.

Enumere *todas* sus deudas, inclusive préstamos de mamá y papá o deudas médicas que tienen cero interés. No importa si hay interés o no. No importa si algunas tienen 24% de interés y otras 4%. ¡Enumere las deudas más pequeñas hasta las más grandes! Si usted fuera tan fabuloso con las matemáticas, no tendría deudas, de modo que pruebe esta fórmula mía. La única vez que se liquida una deuda grande primero que una pequeña es cuando surja una emergencia tal como una deuda de impuestos y que ya hayan venido en busca suya, o una situación donde haya un juicio hipotecario si usted no paga. De otra suerte, no discuta; limítese a enumerar las deudas, desde las más pequeñas hasta las más grandes.

La razón por la que enumeramos desde la más pequeña hasta la más grande es para obtener alguna victoria rápida. Esta es la parte de «modificación del comportamiento por encima de las matemáticas» a que me refería. Hágale frente a esto, si usted está a dieta y pierde peso la primera semana, seguirá en la dieta.

ARITMÉTICA TORCIDA

El eterno pago de un auto

La mayoría de las personas tienen de por vida una mensualidad de unos 378 dólares al mes por un auto. Esta misma cantidad, invertida desde los 25 años hasta la jubilación se convertiría en más de 4 millones al cumplir esta persona los 65 años. ¡Saque la cuenta!

LA BOLA DE NIEVE DE LA DEUDA

Enumere sus deudas en orden con la de menor saldo primero. No se preocupe de la tasa de interés a menos que dos deudas tengan el mismo saldo, y entonces ponga la de mayor interés primero. Cuando se elimina primero la deuda menor uno lo siente enseguida, y eso entusiasma para seguir con el plan.

Rehaga esta hoja cada vez que liquide una deuda, para que vea cómo se va acercando a la libertad. Guarde las hojas anteriores para que empapele las paredes del baño en la nueva casa libre de deudas. El «nuevo pago» se saca sumando a la cuenta en que se está trabajando todos los pagos a las cuentas enumeradas encima, para tener pagos cada vez mayores que lo ayudarán a salir de la cuenta muy pronto. «Pagos que quedan» es el número de pagos que quedan al bajar la bola de nieve a esa cuenta. «Pagos acumulativos» es el número de pagos que quedan, incluyendo la bola de nieve, para pagar esa cuenta. En otras palabras, es el total de «Pagos que quedan».

¡CUENTA REGRESIVA HACIA LA LIBERTAD!

Fecha:_____

Cuenta	Saldo total	Pago mínimo	Nuevo pago	Pagos que quedan	Pagos acumulativos

LA BOLA DE NIEVE DE LA DEUDA

Cuenta	Saldo total	Pago mínimo	Nuevo pago	Pagos que quedan	Pagos acumulativos

Si está a dieta y gana peso o pasa seis semanas sin progreso visible, suspenderá la dieta. Cuando adiestro a los vendedores, trato de que hagan una o dos ventas rápidas, porque esto los emociona. Cuando usted comienza el plan bola de nieve y en los primeros días liquida un par de deudas pequeñas, créame, esto le aviva el fuego. No importa si tiene una maestría en Psicología: necesita victorias rápidas para estimularse, lo cual es superimportante.

Mi esposa, Jeri, y yo venimos de matrimonios muy pobremente administrados, tanto financiera como emocionalmente. Sintonizar el Show de Dave Ramsey fue lo mejor que pudimos haber hecho. Elaboramos un plan de gastos mensuales, mejor conocido como «presupuesto». Mi esposa llamó al programa y anunció en vivo la cancelación de nuestras restantes cuatro tarjetas de crédito. Las liquidamos al fin del año.

¡Estamos actualmente en el segundo paso de bebé del plan de la Transformación total de su dinero, el plan bola de nieve! Tenemos nuestra casa. Un préstamo con una sola firma y nuestro automóvil por pagarse. El automóvil será pagado en otros seis meses, lo que nos dará finalmente la libertad que proporciona el haber pagado el automóvil, un sentimiento que nunca pensamos que tendríamos. Sin incluir nuestra casa, tenemos cerca de 38,000 dólares de deudas, pero el año pasado hemos pagado o vendido cerca de 35,000 dólares en objetos. Es un sentimiento maravilloso haber hecho tal cosa y poder ver la luz al final del túnel.

Historial de las tarjetas de crédito

TARJETA	NÚMERO	DIRECCIÓN	TELÉFONO	FECHA EN QUE SE CERRÓ	CONFIRMACIÓN ESCRITA SOLICITADA	CONFIRMACIÓN ESCRITA RECIBIDA
Mastercard	5555 5555 5555 5555	111 Deuda Blvd. New York, NY	201 758-2222	8/14/2001	7/14/2001	8/28/2001

Ya no recibimos de los acreedores más llamadas por teléfono, lo que es una forma de libertad en sí mismo. Nuestras vidas están mucho más libres de estrés. Vivimos con arreglo a nuestros recursos o por debajo de ellos y nos sentimos muy felices y contentos ahora.

Tenemos el objetivo de tenerlo pagado todo, inclusive la casa, en casi tres o cuatro años, y entonces comenzaremos a buscar una casa más grande para nuestra familia. Además de cambiar nuestra vida financiera, la motivación de la Transformación total de su dinero nos estimuló a cambiar nuestra vida física. ¡Mi esposa y yo comenzamos un prepuesto de alimentación hace cerca de un año, y desde entonces hemos perdido un total combinado de aproximadamente 75 kilos! No podemos expresar en palabras la diferencia que sentimos en nuestras vidas tanto financiera como físicamente. No creo que hubiésemos jamás podido hacer eso si no hubiéramos comenzado el plan de la Transformación total de su dinero. Siempre estaremos agradecidos a Dave Ramsey por su ayuda y motivación. ¡El plan bola de nieve da resultado!

Kevin (edad 34) y Jeri (edad 24) Stuart
Administrador adjunto de servicios; mamá,
ama de casa, recepcionista

Una dama llevó su formulario del plan bola de nieve a una tienda local de fotocopias y la hizo ampliar a gran tamaño. Entonces puso su enorme Plan Bola de Nieve sobre el refrigerador. Cada vez que pagaba una deuda, trazaba una gran línea roja sobre la deuda cancelada para siempre. Me dijo que cada vez que caminaba por la cocina y miraba el refrigerador, gritaba: ¡Ahora, sí que estamos saliendo de deudas!» Si esto le suena raro, no está aún interpretándolo. Esta dama tiene un doctorado en filosofía. Ella no es de clase baja ni es tonta. Es tan sofisticada e inteligente que lo captó. Comprendió que la *Transformación total de su dinero* era acerca de un cambio en su comportamiento, y que el cambio de comportamiento se destaca mejor cuando se obtiene cualquier victoria rápida (aunque sea pequeña).

Cuando usted termina de pagar una continua cuenta médica de 52 dólares o aquella cuenta de 122 dólares por teléfono celular de hace ocho meses, su vida no ha cambiado mucho matemáticamente *todavía*.

Sin embargo, ha comenzado un proceso que da resultado —y ha visto que lo da— y se mantendrá haciendo esto porque se sentirá emocionado por el hecho de que da resultado.

Después de enumerar las deudas pequeñas hasta las grandes, haga el pago mínimo para mantenerse al corriente de todas las deudas salvo la más pequeña. Cada dólar que pueda encontrar en cualquier punto de su presupuesto debe ir a la deuda más pequeña hasta que se pague. Una vez que la más pequeña está pagada, el pago de esa deuda, más cualquier otro dinero extra «encontrado», se agrega a la siguiente deuda más pequeña. (Confíe en mí: una vez que usted se ponga en marcha, encontrará dinero.)

Entonces, cuando la deuda número dos esté pagada, tome el dinero que usaba para pagar la número uno y la número dos, además de cualquier dinero encontrado, para la número tres. Cuando la tres esté pagada, ataque la cuatro, y así sucesivamente. Manténgase pagando el mínimo en todos los débitos salvo el más pequeño hasta que lo pague. Cada vez que usted liquida uno, la suma con que usted paga el próximo aumenta. Todo el dinero de las viejas deudas y todo el dinero que usted pueda encontrar en cualquier parte van dirigidos a la deuda más pequeña hasta pagarla.

¡Ataque! Cada vez que la bola de nieve rueda, recoge más nieve y se hace mayor, hasta que llega el momento que usted llega al fondo, y tiene una avalancha. La mayoría de las personas llegan al final de la lista y encuentran que entonces pueden pagar más de 1,000 dólares por mes por un préstamo para un automóvil o un crédito estudiantil. Desde ese momento, no demorará mucho en salir del problema y quedar libre de deudas salvo la de la casa. Este es el segundo paso de bebé. Utilice el plan bola de nieve para quedar libre de deudas excepto la de la casa.

Hace dieciocho meses llegué a sentirme seriamente culpable de nuestras deudas. Sabía que no había solución fácil, y que tomaría tiempo salir de ellas. Oraba diariamente y buscaba por todas partes solución.

Entonces un día escuché el Show de Dave Ramsey por la radio. Dave le hablaba al público sobre la Transformación total de su dinero, salir de deudas, no soluciones rápidas, no intrigas, no botones mágicos, nada salvo trabajo rudo, concentración, y lo que él llamó «intensidad de gacela».

Llamada tras llamada, todos sonaban como nosotros, unos peores y otros mejores, pero todos parecidos. Cuando oí a Dave hablar de Proverbios 22.7: «El que toma prestado es siervo del que presta», casi me salgo del camino. Nos concentramos intensamente en nuestra deuda y comenzamos el plan bola de nieve mencionado en la Transformación total de su dinero. Limpiamos nuestro almacén, nuestros armarios y mi oficina, y empezamos a realizar ventas hogareñas y a consignación. ¡Teníamos aproximadamente 35,000 dólares en deudas, pero estábamos saliendo de ellas!

Todavía estamos en el segundo paso de bebé, pero nuestro matrimonio es cien veces más sólido. Nuestra relación con el dinero es mejor, y las cosas van muy bien. Una noche, no mucho después que comenzamos con el plan bola de *nieve, estábamos en una tienda y la pareja enfrente de noso-tros evidentemente tenía problemas. Sus tarjetas de crédito habían llegado al tope y la tienda no aceptaba sus cheques.*

Moví la cabeza apenado porque no teníamos dinero para ayudarles. Por primera vez podemos ver la luz al final del túnel, y no es la luz de un tren que viene. Desde aquel maravilloso día en que decidimos seguir el plan de la Transformación total de su dinero, hemos pagado cerca de 13,000 dólares de deu-das. Nuestro plan es salir de deudas salvo la de la casa en dos años al máximo. ¡El plan bola de nieve surte efecto! ¡Usted adquiere nueva altura cada vez que liquida un préstamo!

*David (edad 28) y Chantelle (edad 27) Rose
Tasador de reclamaciones de seguros; mamá, ama de casa*

Elementos para hacerla funcionar

Cuando comencé por primera vez a enseñar esto hace más de quince años, no comprendía cuáles eran los elementos del éxito ni todas las aclaraciones que eran necesarias. Los principales elementos para hacer que funcionara el plan bola de nieve es usar un presupuesto, ponerse al corriente antes de empezar, pagar de lo más pequeño a lo más gran-de (sin trampas), sacrificio y concentración. Un total convencimiento, intensidad en el enfoque, es posiblemente lo más importante.

Esto significa decírselo usted mismo y subrayarlo: «¡Con la exclu-sión de casi todo lo demás, estoy saliendo de deudas!» Si toma un vidrio de aumento de los antiguos y lo pone cerca de unos periódicos arrugados, nada ocurrirá. Si usted hace penetrar los rayos del sol a través del vidrio de aumento pero lo mueve, nada ocurrirá. Si lo man-tiene firme y enfoca los rayos del sol totalmente sobre los periódicos arrugados, comenzarán a ocurrir cosas. El enfocarlo intensamente hará que usted huela algo quemado y pronto verá el fuego.

Si cree que esto del plan bola de nieve es atractivo y que pudiera probarlo, no le resultaría. Para triunfar se exige total convencimiento e intensidad en el enfoque. Dirigirse al objetivo y nada más es la única manera de triunfar. Tiene que saber adónde va, y por definición saber adónde no va, o nunca llegará allí. Yo vuelo mucho y nunca tomo un avión y me pregunto: *¿Hacia dónde va este avión?* Sé adónde quiero ir, y si me dirijo a Nueva York, me bajo del avión que va a Detroit.

Cuando bajo del avión, no tomo el primer taxi que veo y digo: «Demos unas vueltas por ahí porque no tengo un plan».

No, le digo al taxista el hotel y la calle adonde quiero ir. Entonces le pregunto qué tiempo demorará en llegar y cuánto será el pasaje. Mi punto es que no damos vueltas sin objetivos en ningún aspecto de nuestra vida, pero parece que pensamos que con el dinero sí da resultado. Usted no puede estar listo, disparar y *entonces* apuntar con el dinero, y no puede tratar de hacer seis cosas al mismo tiempo. Está tratando de salir de deudas. Punto. Tendrá que concentrarse con gran intensidad para hacerlo.

Proverbios 6.1, 5, dice: «Hijo mío, si salieres fiador por tu amigo [ser fiador es como tener una deuda]... escápate como ave de la mano del que arma lazo y como gacela de la mano del cazador». Recuerdo que leí un día ese versículo en mi estudio diario de la Biblia y pensé en la bella metáfora de un animalito para salir de una deuda.

Más tarde esa semana, mientras navegaba por la Internet, encontré el canal de Discovery y observé que estaban filmando gacelas. Las gacelas estaban mirando alrededor. Por supuesto, usted sabe que el canal de Discovery no existe solo para gacelas. La siguiente imagen era del señor Guepardo (tipo de leopardo pequeño) que rondaba a hurtadillas por la manigua en busca de comida en todos los sitios. De pronto, una de las gacelas percibió el olorcillo del señor Guepardo y se percató de su plan. Las otras gacelas advirtieron la alarma y pronto se pusieron tensas. No podían ver aún

> «¡Con la exclusión de casi todo lo demás, estoy saliendo de deudas!»

la bestia que las acechaba, y ante el temor de correr hacia ella, se paralizaron hasta que esta pusiera en marcha su plan de acción.

Al comprender que había sido descubierto, el señor Guepardo decidió hacer lo mejor que podía y saltó de los matorrales. Todas las gacelas gritaron: «¡Guepardo!» Bueno, en realidad no, pero corrieron como locas en catorce diferentes direcciones. El Canal Discovery aquel día recordó a los espectadores que el guepardo es el mamífero más rápido en terreno seco. Y que puede acelerar de cero a 70 kilómetros por hora en cuatro saltos. El programa también demostró que debido a que la gacela supera al guepardo en maniobras aunque no en velocidad, el guepardo se cansa rápidamente. Por cierto, el guepardo solo consigue carne de gacela para almuerzo en una de diecinueve veces que las persigue. El principal cazador de la gacela es el mamífero más veloz sobre terreno seco; pero la gacela sale victoriosa casi siempre. Igualmente, la manera de salirse de las deudas es superar en maniobras al enemigo y *huye que te agarra*.

En nuestra oficina, los consejeros pueden predecir quién saldrá de deudas basado en la intensidad de gacela que tengan. Si están mirando la raya roja en el refrigerador y gritando, van por buen camino. Pero si están buscando una fórmula de hacerse rico rápidamente o alguna teoría intelectual en lugar de sacrificio,

> La manera de salirse de las deudas es superar en maniobras al enemigo y *huye que te agarra*.

trabajo duro y concentración total, le damos realmente una calificación baja como gacela y una baja posibilidad de llegar a estar libre de deudas.

Lo primero que quiero decir es: ¡QUÉ CLASE DE AÑO! Supe de Dave Ramsey por primera vez el año pasado. Le hablé a mi esposa del programa de radio y pronto nos volvimos sus fanáticos.

Un mes después comenzamos el plan de Dave de la Transformación total de su dinero. Trabajamos en el presupuesto y enumeramos cuantas deudas teníamos. Debíamos 21,700 dólares en dos autos y dos tarjetas de crédito. Eso no incluía nuestra casa. Comprendimos que era el momento de hacer algo. Como diría Dave, íbamos a atacar con la «intensidad de la gacela». Las dos tarjetas de crédito y un vehículo quedaron rápidamente liquidados, y nos quedaron cerca de 14,000 dólares de nuestro vehículo familiar. Vendimos las misceláneas, tuvimos ventas de patio, comíamos en casa, llevábamos nuestro almuerzo al trabajo, etc. El presupuesto realmente ayudó. Nos hizo pensar en lo que compraríamos cuando tuviéramos efectivo en nuestras manos.

En una de las lecciones de la Transformación total de su dinero, Dave habla de encontrarse en una posición financiera en la que usted puede reírse de su patrono si queda fuera del empleo y preguntarle cuánto es la indemnización por cesantía.

Bueno, esto me ocurrió a mí. Me tocaron en el hombro y me condujeron al cuarto de conferencias. Mientras caminaba por el pasillo, me sentí disgustado, pero solo por un minuto. A mi mente vino lo que hicimos a través del año y todas las cosas que habíamos hecho financieramente. De pronto sentí una paz que me invadía y comprendí que Dios tenía esto planeado y nos había preparado. Conseguí un empleo tres semanas después con mejor sueldo y un horario mejor, y terminamos de pagar el automóvil con mi cheque de despido. ¡Estamos LIBRES DE DEUDAS excepto por nuestra casa! Las cosas que solían molestarnos, como las licencias de los automóviles, las navidades y llenar el tanque de gas propano en el invierno, no nos preocupan más. Ponemos el efectivo aparte cada mes, y los pagos de una vez al año ya no representan una lucha. Mirando lo que hemos logrado, *no hay como tener nuestro presupuesto. ¡Nunca hubiéramos logrado aplicar el plan bola de nieve sin «intensidad de la gacela»! Quiero agradecer a Dave su maravilloso y transformador plan, y lo recomendaré a todo el mundo.*

Harlon (edad 33) y Lisa (edad 34) Tyree
Técnico en electrónica; analista de control de programa

Un paso evidente para aplicar el plan bola de nieve es dejar de pedir prestado. De otra suerte, solo estará cambiando de nombres de acreedores en su lista de débitos. Así, pues, debe trazar una línea en la arena y decir: «Nunca más pediré prestado». Tan pronto como haga esta declaración vendrá una prueba. Créame. La transmisión de su automóvil se dañará. Su hijo necesitará ortodoncia. Es como si Dios quisiera ver si tienen realmente intensidad de gacelas.

En este momento, están listos para una «plastectomía», cirugía plástica para eliminar sus tarjetas de crédito. Un cambio permanente en su concepto del débito es su única oportunidad. No importa lo que pase, tiene que buscar la oportunidad o resolver el problema sin deudas. Tiene que hacerlo. Si usted cree que puede eliminar las deudas sin una firme resolución de dejar de pedir prestado, está equivocado. Usted no puede salir del hoyo excavando más.

Cómo hacer rodar la bola de nieve

Algunas veces su plan bola de nieve no rodará. Cuando algunas personas hacen su presupuesto, apenas hay suficiente para hacer el mínimo de los pagos y nada extra para pagar las deudas más pequeñas. No hay impulso para hacer rodar la bola de nieve. Permítaseme ofrecer otra imagen para ayudarle a entender mejor este problema y la solución. El padre de mi bisabuelo tenía negocio de madera en las montañas de Kentucky y West Virginia. En aquellos tiempos, después de cortar los árboles ponían los troncos en el río para que flotaran hasta el aserradero. Los troncos se acumulaban en un recodo del río y ocurría un atasco de maderas. Eso continuaba en tanto que el área atascada detuviera el progreso de otros troncos.

Algunas veces los madereros podían romper el atasco empujando los troncos. Otras veces tenían que ponerse firmes antes que ocurriera un verdadero problema. Cuando la cosa va mal, se rompe el atasco de maderas tirando dinamita en medio de los troncos que estén bloqueando la marcha. Como es de imaginar, esto crea un efecto dramático. Cuando estalla la dinamita, los troncos y los pedazos de ellos vuelan por el aire. Luego del duro trabajo de cortarlos, algunos de los troncos se pierden totalmente. Tienen que perderse algunos para que el resto llegue al mercado. Ese es el sacrificio que exigía la situación. Algunas veces eso es lo que usted tiene que hacer con el estancamiento del presupuesto. Tiene que dinamitarlo. Tiene que ponerse radical para que el dinero fluya nuevamente.

Una manera de hacer esto es vender algo. Puede vender muchas de las cosas pequeñas en una venta de garaje, vender por la Internet un objeto poco usado, o un gran objeto precioso mediante los anuncios clasificados. Conviértase en una gacela intensa y venda tantas cosas que los niños lleguen a creer que los venderán a ellos también. Venda esas cosas que haga que sus amigos en quiebra piensen que usted ha perdido el juicio. Si su presupuesto se estanca y su plan bola de nieve no rueda, tendrá que ponerse radical.

Observando cómo los héroes en todo el país salen de deudas con la intensidad de una gacela, créame, los he visto vender cosas. Una dama vendió 350 peces de colores de su estanque a dólar por pececito. Hay hombres que han vendido sus motocicletas Harleys, sus botes, su colección de cuchillos o sus tarjetas de béisbol. He visto a damas vender cosas valiosas como reliquias no familiares (guarde los bienes heredados, porque esos

---

Dave declara...

Recuerde, el hecho de que uno de ustedes está manejando la chequera no significa que esta persona toma todas las decisiones económicas.

---

no los puede recuperar) o un automóvil que pensaban que era necesario para vivir sobre el planeta. No recomiendo que venda su casa a menos que tenga pagos por encima de 45% de su entrada neta mensual.

Usualmente, la casa no es el problema. Yo recomiendo a la mayoría de las personas que vendan el automóvil sobre el que deben más. Una buena regla práctica en productos (excepto la casa) es esta: Si no puede estar libre de deudas (no contando la casa) en dieciocho o veinte meses, véndalo. Si tiene un auto o un bote que no puede pagar en dieciocho o veinte meses, véndalo.

Es solo un automóvil; ¡dinamite el enredo! Yo también me acostumbré a amar a mi automóvil, pero descubrí que mantener una gran deuda mientras se procura salir de ellas era como echar una carrera con plomadas en los tobillos. Haga la *Transformación total de su dinero* de modo que más adelante pueda manejar cualquier cosa que quiera y pagarla en efectivo. Cuando se trata de liberarse de deudas, tendrá que hacer la decisión de vivir diferente de los demás; pero recuerde que más tarde podrá vivir, o manejar un automóvil, mejor que los demás.

> Es solo un automóvil; ¡dinamite el atasco!

Mi esposo, Scott, y yo habíamos estado casados durante veinte años, y aunque teníamos un gran matrimonio, la seguridad financiera no era uno de nuestros beneficios. Ambos subimos la escalera del éxito y teníamos un ingreso muy bueno, sin embargo, vivíamos aún de sueldo en sueldo y habíamos acumulado deudas por 120,000 dólares. Scott no

estaba ansioso de seguir el plan de la *Transformación total de su dinero*, porque sabía que íbamos a enfrentarnos con una decisión que cambiaría nuestro estilo de vida. ¡Cuando decidimos entrar en este plan, habíamos reducido nuestra deuda por algo más de 15,000 dólares y habíamos cancelado once tarjetas de crédito en solo trece semanas!

Estábamos trabajando con un estricto presupuesto pero en ese tiempo no habíamos puesto en marcha el plan bola de nieve. Scott y yo sabíamos que necesitábamos ir poco a poco porque el Señor nos estaba llamando a que saliéramos de deudas y entráramos de lleno en el ministerio. Habíamos acumulado mucho a través de los años, así que comenzamos a organizar ventas de patio. Estas incluían la venta de nuestro Crucero Trojan Express de 10 metros, nuestro trailer campestre de 7 metros, nuestro Thunderbird rojo convertible de 1966, nuestro Kia Sportage, y muchos otros juguetes acumulados durante los años. Dios estaba obrando en cuanto a este proceso porque el orgullo y el gozo de Scott era su T-Bird y renunciar a eso era renunciar a mucho.

Desde que comenzamos la *Transformación total de su dinero* hemos pagado más de 65,000 dólares de nuestra deuda de 120,000, y continuamos con nuestro plan bola de nieve (que está ahora funcionando) para quedar completamente libres de deudas en menos de dos años. No tenemos hipoteca en la casa, así que una vez que hayamos pagado los 55,000 dólares restantes (que incluye una última tarjeta de crédito, un préstamo bancario y dos carros), estaremos totalmente LIBRES DE DEUDAS.

Nuestros hijos nos han dado un gran respaldo a través de este proceso y nos han acompañado en el desarrollo de un diferente estilo de vida. Hemos hecho un compromiso, como familia, de quedar libres de deudas, y esto exige el apoyo de cada miembro para realizarlo. Hemos cambiado *verdaderamente nuestro árbol familiar y lo hemos hecho antes de que sea demasiado tarde para que alcance a nuestros hijos. Quisiera dar gracias a Dave Ramsey por su mensaje de esperanza. Nuestro matrimonio y nuestra familia se han fortalecido con los cambios que hemos adoptado.*

Donna MacPherson (edad 42)
Administradora de un ancianato

El número de personas a las que hablo acerca de esto que no dinamitan su atasco para hacer que el dinero fluya es algo que me entristece. Ellos pueden ver que los troncos nunca llegarán al mercado y que nunca tendrán riqueza, pero no conciben que haciendo volar unos cuantos de ellos, el resto seguirá el curso del río. Traducción: «Yo amo mi cochino automóvil más que la idea de llegar a ser suficientemente rico para abandonar los autos». No cometa ese error.

> ## Estadísticas sorprendentes
>
> Sesenta por ciento de las personas no pagan por completo sus tarjetas de crédito a fin de mes.

Hay otro método de romper el estanco de sus maderas que los leñadores no tenían. Más agua habría empujado los troncos por esa esquina también si ellos hubieran podido inundar el río. Tal vez esté estirando demasiado esta metáfora, pero tener mayores ingresos también despejaría el estancamiento, e impulsaría la bola de nieve. Si su presupuesto es tan estricto que impide rodar la bola de nieve, tiene que hacer algo para aumentar sus ingresos. Vender objetos que aún se deben reduce el gasto, y vender otros objetos aumenta temporalmente nuestro ingreso. Igualmente, trabajar horas extra puede incrementar el ingreso a fin de acelerar el pago de las deudas.

No me gusta la idea de trabajar cien horas por semana, pero algunas veces las situaciones extremas exigen soluciones extremas. Temporalmente, solo por un período de tiempo, el trabajo extra o sobretiempo puede ser su solución. Me reuní con Randy mientras firmaba libros en una ciudad importante. Randy llevaba dos meses de estar libre de deudas. Él tiene veintiséis años y ha pagado 78,000 dólares en deudas en veintiún meses. Vendió un automóvil y trabaja diez horas diarias, siete días a la semana. Randy no es médico ni abogado, sino plomero. Algunos abogados podrán argüir que los plomeros ganan más que ellos, y en algunos casos puede que tengan razón. La compañía unipersonal de Randy ha prosperado.

Ya había trabajado esa mañana antes de venir con su esposa y su pequeña niña a la librería. Su esposa sonrió al mirar a su esposo con profundo respeto y me dijo que no lo había visto mucho este último año, pero que pronto valdría la pena. ¿Puede imaginarse la presión que ese joven matrimonio debe haber sufrido con una deuda de 78,000 dólares? Ahora están casi liberados.

Randy se puso radical. Utilizó el ingreso para romper el estancamiento de los troncos. Me prometió que iba a tomarlo con calma tan pronto la deuda estuviese pagada, de modo que pudiera pasar más tiempo con su esposa y su hijita. Ahora podrán viajar como familia y hacer cosas que su deuda nunca les permitió.

Compré una pizza anoche, y cuando el empleado que estaba detrás del mostrador comenzó a caminar hacia su automóvil con un montón de pizzas para llevar a domicilio, me vio y se detuvo. Sonriendo me dijo: «¡Hola, Dave, estoy aquí gracias a usted! Solo tres meses más y estoy libre de deudas». Este no era un adolescente

Mito vs. Realidad	
Mito:	Me declararé en bancarrota y comenzaré de nuevo; me parece tan fácil.
Realidad:	La bancarrota es un cambio violento, un evento para cambiar la vida que causa daños permanentes.

de diecisiete años; era un padre, un tipo de treinta y cinco años que deseaba ser libre. Hay un joven soltero que trabaja en mi equipo.

El tiene la intensidad de la gacela y está próximo a estar libre de deudas. Trabaja aquí hasta las 5:30 p.m. cada día, y sonríe cuando sale para trabajar en UPS por otras cuatro o cinco horas cada noche.

¿Por qué todas estas personas sonríen? Trabajan duro durante increíbles horas extras, así que, ¿por qué sonríen? Sonríen porque han captado la visión, la visión de vivir como nadie, para después poder vivir como nadie.

¿Y qué de ahorrar para el retiro mientras la bola de nieve rueda?

Matt me preguntó en el programa de radio sobre otras personas que tienen problemas con el segundo paso de bebé. Quería saber si debía suspender sus contribuciones 401k para hacer que su plan bola de nieve se moviera. No quería dejar de contribuir, especialmente el primer 3% debido a que su compañía iguala ese aporte 100%. Yo soy torpe en matemáticas, y sé que ese 100% con que igualan su contribución es agradable, pero he visto algo mucho mejor: concentrarse intensamente. Si usted va a ser una gacela intensa y va a hacer todo lo que está en su poder para estar libre de deudas rápidamente, suspenda su contribución al plan de retiro, aun si su compañía los iguala. El poder de concentración y las rápidas victorias son más importantes a la larga para la *Transformación total de su dinero* que el dinero que le va a poner la empresa. Esto lo digo solo para las personas que han probado todas las posibilidades y están listas para «lo que sea» a fin de llegar a estar libres de deudas rápidamente.

Si usted es radicalmente como una gacela intensa, la velocidad de su liberación de la deuda lo capacitará para regresar a ese 401k con el aporte de la otra parte en solo cuestión de meses. Imagínese cuánto es capaz de contribuir sin tener que hacer pagos. La persona promedio que tira la dinamita y es una gacela intensa estará libre de deudas salvo por su casa en dieciocho meses. Unos necesitan más tiempo y otros menos, según la deuda, los ingresos y los ahorros en el momento que empiezan la *Transformación total de su dinero*. Si por alguna razón está estancado en un hoyo muy profundo, puede continuar haciendo algunos ahorros para el retiro. Su poca voluntad para ponerlo en práctica usted mismo NO es lo que llamamos un hoyo extremadamente hondo. Un hoyo extremadamente profundo no es la situación de Phil.

Phil gana 120,000 dólares por año y tiene una deuda de 70,000 dólares, de la cual 32,000 son por su automóvil. Al venderlo y cortar el estilo de vida, Phil deberá estar libre de deudas en nueve meses, sin excusas ni rezagos. Un hoyo extremadamente profundo es la situación de Tammy, que tiene 74,000 dólares en préstamos estudiantiles, con otros 15,000 dólares en deudas por tarjetas de crédito. Es madre soltera con tres hijos y tiene un ingreso de 24,000 dólares por año.

Va a tomarle unos cuantos años trabajar con su plan bola de nieve. Quizás invente alguna manera de salir del paso pero su situación es una de las muy raras excepciones; ella debe seguir contribuyendo al 401k con el aporte de la otra parte.

Cuando tenga que usar su fondo de emergencia

El equipo de aire acondicionado de Penny dejó de funcionar en pleno verano. Las reparaciones costaron 650 dólares, que ella sacó del fondo de emergencia. «Gracias a que allí habían 1,000 dólares», dijo con un suspiro. Ahora, ¿qué debe hacer? El plan bola de nieve se detiene o regresa al primer paso de bebé (ahorre 1,000 dólares). Penny necesita colocar el plan bola de nieve temporalmente en suspenso.

Ella continuará haciendo pagos mínimos y regresando al primer paso hasta que recobre los 1,000 dólares en su fondo de emergencia. Si no lo hace pronto, no tendrá nada en los ahorros, y cuando el alternador del automóvil se rompa, reabrirá alguna cuenta con las tarjetas de crédito. Lo mismo es útil para usted. Si usa el fondo de emergencia, regrese al primer paso de bebé hasta que haya rehabilitado su fondo inicial de emergencia, y entonces reanude su plan bola de nieve, segundo paso de bebé.

Segundas hipotecas, deuda de negocio e hipotecas de propiedad para alquilar

Debido a los préstamos para la consolidación de la deuda y otros errores, muchas personas han tomado un préstamo sobre el valor neto de la casa o una segunda hipoteca grande. ¿Qué debe hacerse con el préstamo? ¿Se pone en el plan bola de nieve o simplemente se le llama hipoteca y no se menciona en este paso? Esta se pagará; es solo cuestión de en cuál paso. Por regla general, si su segunda hipoteca es mayor de 50% de su ingreso anual bruto, usted no debe ponerla en el plan bola de nieve. Trataremos sobre esto más tarde.

Si usted gana 40,000 dólares al año y tiene una segunda hipoteca de 15,000 dólares, debe ponerla en el plan bola de nieve. Vamos a tratar eso ahora. Pero si tiene una segunda hipoteca de 35,000 dólares y gana 40,000 dólares, la colocará en otro paso. Entre paréntesis, usted debería considerar el refinanciamiento de su primera y segunda hipotecas juntas si puede bajar en ambas las tasas de interés. Entonces ponga el total en una hipoteca a quince años, o a los restantes años de su actual primera hipoteca, cualquiera que sea menor (por ejemplo, si a usted le quedan doce años en su primera hipoteca a 9%, refinancie la primera y la segunda juntas en una nueva primera hipoteca a 6% por doce años o menos).

Muchos dueños de pequeños negocios tienen deudas y desean saber cómo manejarlas en el plan bola de nieve. La mayoría de las deudas de pequeños negocios están garantizadas personalmente, lo que significa que son realmente deudas personales. Si usted tiene un préstamo para un pequeño negocio de 15,000 dólares en el banco o ha pedido prestado con sus tarjetas de crédito para un negocio, esa es una deuda personal. Trate la deuda de un pequeño negocio como cualquier otra clase de deuda. Enumérelas con todas sus otras deudas, de la más pequeña a la más grande, en la «deuda bola de nieve». Si la deuda de su negocio es mayor que la mitad de su ingreso anual bruto, o la mitad de la hipoteca de su casa, posponga su liquidación hasta más tarde. Las deudas pequeñas y de tamaño mediano son las que queremos pagar en este paso.

La única otra gran deuda para demorar son las hipotecas sobre propiedades para alquilar. Deje de comprar más propiedades para alquilar, pero mantenga esa deuda hasta más tarde. Después que haya pagado su hipoteca de la casa en un paso de bebé posterior, usted debería aplicar el plan bola de nieve a sus hipotecas de propiedades para alquilar.

Enumere las deudas de propiedades para alquilar, de menor a mayor, y concentre todo su enfoque en la más pequeña hasta pagarla. Entonces trabaje con el resto. Si usted posee varias, o solo una propiedad para alquilar, debería considerar la venta de algunas o todas para obtener el dinero con qué pagar las que retiene, o pagar otras deudas enumeradas en el plan bola de nieve. Tener una deuda de 40,000 dólares en tarjetas de crédito y una propiedad rentable con 40,000 dólares de capital neto, no tiene sentido. Usted no pediría prestado 40,000 dólares con tarjetas de crédito para comprar una propiedad para alquilar. Entonces, ¿por qué va a mantener la situación descrita aquí, que tiene el mismo efecto?

Lo que no sea hipoteca sobre la casa, segundas hipotecas mayores, préstamos para negocios e hipotecas sobre propiedades para alquilar son las únicas cosas que no se liquidan en el segundo paso de bebé (comienzo del plan deuda bola de nieve). Con intensidad de gacela, gran concentración, sacrificio extremo, venta de cosas y trabajos extra, liquidamos todas las deudas. Otra vez, si usted está determinado a luchar, normalmente esto ocurrirá dentro de dieciocho a veinte meses. Algunos saldrán de las deudas más pronto, y otros se demorarán un poco más. Si su plan bola de nieve está programado para rodar más, no tema, puede que no le tome tanto tiempo como la matemática parece indicar.

> Dios tiende a derramar bendiciones sobre la gente que va en la dirección que Él desea que vayan.

Muchas personas hallan un modo de acortar el plazo con verdadera intensidad, y Dios tiende a derramar bendiciones sobre la gente que va en la dirección que Él desea que vayan. Es como si caminara o corriera a un paso rápido y de repente aparece debajo de usted una acera móvil que lo lleva más rápido de lo que sus esfuerzos podrían.

El plan bola de nieve es posiblemente el paso más importante en la *Transformación total de su dinero* por dos razones. Primera, libera su más poderoso instrumento para crear riqueza, sus ingresos, durante este paso. Segunda, enfrenta con toda responsabilidad la cultura estadounidense declarando la guerra a la deuda. Al liquidar sus deudas, usted hace una declaración sobre su postura en cuanto a ellas. Al liquidar su deuda, demuestra que la *Transformación total de su dinero* de su corazón ha ocurrido, con lo que ha preparado el camino para una *Transformación total de su dinero* de su riqueza actual.

8

Complete el fondo de emergencia: Eche a Murphy a puntapiés

Cierre los ojos y piense en lo que será cuando alcance este paso de bebé. La mayoría de los que participan como gacelas intensas en una *Transformación total de su dinero* llegarán a los comienzos del tercer paso de bebé en cerca de dieciocho o veinte meses. Cuando alcance este paso, tendrá 1,000 dólares en efectivo y ninguna deuda excepto la hipoteca de su casa. Ha empujado con tal intensidad de concentración que la bola está ahora rodando y usted tiene el impulso a su favor. Repito, cierre los ojos y respire fuerte. Piense en cómo se sentirá cuando se vea libre de deudas salvo la hipoteca de la casa y con 1,000 dólares en efectivo. ¿Lo vi sonreír?

Usted está comenzando a ver el poder de hallarse en control de su mayor instrumento creador de riqueza, su ingreso. Ahora que no tiene que hacer pagos, salvo el de su casa, el tercer paso de bebé debe darse rápidamente.

Tercer paso de bebé: Complete el fondo de emergencia

Un fondo de emergencia totalmente abastecido cubre de tres a seis meses de gastos. ¿Qué le costaría vivir de tres a seis meses si pierde su fuente de ingresos? Los planificadores y los consejeros financieros

VIVIR COMO NADIE PARA D

como yo han usado este método práctico por años y les ha servido bien a mis participantes en la *Transformación total de su dinero*. Usted comienza el fondo con 1,000 dólares, pero uno plenamente abastecido usualmente oscilará entre 5,000 y 25,000 dólares. La familia típica que puede arreglárselas con 3,000 dólares por mes podría tener un fondo de emergencia de 10,000 dólares como mínimo. ¿Cómo sería sentirse no teniendo que hacer pagos salvo el de la casa y 10,000 dólares en ahorros para cuando llueva?

¿Recuerda lo que dijimos sobre las emergencias un par de capítulos atrás? Va a llover; necesita una sombrilla. No se olvide, la revista *Money* dice que 78% de nosotros tendrá un importante acontecimiento inesperado dentro de los próximos diez años. Cuando lo grande ocurra, como el desempleo o la explosión del motor del automóvil, usted no puede depender de las tarjetas de crédito. Si usa las deudas para cubrir emergencias, ha vuelto atrás de nuevo. Una bien concebida *Transformación total de su dinero* lo librará de deudas para siempre. Un fuerte cimiento en su casa financiera incluye la gran cuenta de ahorros, que será usada solo en emergencias.

> Va a llover; necesita una sombrilla.

Cuando mi esposo y yo comenzamos la Transformación total de su dinero, teníamos un ingreso neto de 73,000 dólares. El único problema era que teníamos 28,000 dólares en deudas. ¡Nuestras deudas eran las usuales: tarjetas de crédito, préstamos estudiantiles, segundas hipotecas y dos hijos en escuelas privadas que nos costaban 6,000 dólares por año, mayormente pagados con tarjetas de crédito! Poco después que comenzamos el plan, mi esposo perdió su empleo como vicepresidente de finanzas de una pequeña compañía. Aun cuando habíamos solo empezado el plan tres semanas atrás, ya teníamos establecido un fondo de emergencia.

¡ESA FUE NUESTRA SALVACIÓN! Con la inspiración del plan de la Transformación total de su dinero pudimos hacer trabajos variados aquí y allí hasta abastecer nuestro fondo de emergencia. Actualmente hemos reducido nuestra deuda a 24,600 dólares y tenemos un plan establecido que nos permitirá pagar todo salvo la casa dentro de un año.

Mi esposo acaba de entrar en un nuevo empleo con mejor sueldo que antes, pero ahora sabemos vivir por debajo de nuestros recursos y continuar presupuestando CADA dólar. Antes solo pensábamos: Tenemos mucho dinero, así que gastémoslo. ¡Ya no más! Nosotros hemos estado libres de deudas varias veces antes, pero incurrimos en ellas de nuevo porque no teníamos la sabiduría, el conocimiento y la disciplina que necesitábamos para mantenernos sin deudas. Dave Ramsey ha sido como un consejero personal y socio responsable para nosotros.

Glenn (edad 39) y Stephanie (edad 40) Jackson
Jefe de finanzas; músico profesional

Voy a tocar sobre este tambor otra vez porque es vital si su transformación va a ser permanente. El peor tiempo para pedir prestado es cuando los momentos son malos. Si hay una recesión y pierde su empleo (léase, «no ingresos») usted no quiere tener un montón de deudas. En una reciente encuesta de Gallup, 78% de los estadounidenses interrogados dijeron que pedirían prestado con una tarjeta de crédito si llega el día de lluvia y que esto no sería difícil. Estoy de acuerdo en que no sería difícil porque las tarjetas de crédito se emiten para los perros y las personas muertas cada año, pero eso no quiere decir que sería sabio. Lo que sería difícil es hacer los pagos y aun saldar la deuda si usted no encuentra un empleo de nuevo. Una encuesta en la revista *Parenting* dice que 49% de los estadounidenses podrían cubrir menos de los gastos de un mes si perdieran sus ingresos. La mitad de esta cultura casi no tiene amortiguador entre ellos y la vida. ¡Aquí viene Murphy! ¿Recuerda cómo discutimos que los problemas parecían ser (y creo que realmente son) menos frecuentes cuando tiene abastecido plenamente su fondo de emergencia? No se olvide que el fondo de emergencia realmente actúa como un repelente de Murphy.

¿En qué consiste una emergencia? Una emergencia es algo que usted no tiene manera de saber que va a ocurrir, algo que tiene un gran impacto en usted y su familia si no la puede cubrir. Una emergencia es el pago de un deducible en el seguro médico, en la casa o en el automóvil después de un accidente, la pérdida de un empleo o el recorte de sueldo, cuentas médicas que resultan de un accidente o de un problema médico imprevisto, o la rotura de la transmisión o el motor de un automóvil que necesita para el trabajo. Todas esas son emergencias.

Algo que está en venta que usted «necesita» no es una emergencia. Arreglar el bote, a menos que viva en él, no es una emergencia. «Deseo comenzar un negocio» no es una emergencia. «Deseo comprar un automóvil o un sofá de cuero, o ir a Cancún» no es una emergencia. Los vestidos para el baile de fin de curso y la matrícula universitaria no son emergencias. Tenga cuidado de no racionalizar el uso de su fondo de emergencia en cuanto a algo para lo que usted debería ahorrar y comprar. Por otra parte, no haga pagos de cuentas médicas después de un accidente si su fondo de emergencia está bien abastecido. Si se ha tomado el trabajo de crear un fondo de emergencia, asegúrese de que está bien consciente de qué es y qué no es una emergencia.

Antes de usar el fondo de emergencia, apártese de la situación y tranquilícese. Sharon y yo nunca usaríamos el fondo de emergencia sin primero discutirlo y llegar a un acuerdo. Tampoco lo usaríamos sin haberlo pensado la noche antes y haber orado sobre el asunto. Nuestro acuerdo, nuestra oración y nuestro período de calma nos ayudan a

> Tenga cuidado de no racionalizar el uso del fondo de emergencia en cuanto a algo para lo que usted debe ahorrar y comprar.

determinar si la decisión es una racionalización, una reacción o una verdadera emergencia.

Se debe tener fácil acceso al fondo de emergencia

Guarde su fondo de emergencia en algo que sea líquido. «Líquido» es un término monetario que significa fácil de obtener sin penalidades. Si tiene dudas para usar el fondo a causa de las penalidades que incurrirá en tomarlo, lo tiene en un sitio equivocado. Yo utilizo fondos mutuos para inversiones a largo plazo, pero nunca pondría allí mi fondo de emergencia. Si el motor de mi automóvil se rompiera, estaría tentado a pedir prestado para arreglarlo en vez de usar efectivo de mi fondo mutuo, porque el mercado ha bajado (siempre deseamos esperar que suba). Esto quiere decir que tengo el fondo de emergencia en un lugar errado. Los fondos mutuos son buenas inversiones a largo plazo, pero debido a las fluctuaciones del mercado probablemente tenga una emergencia cuando el mercado está cayendo, otra invitación a Murphy. ¡Así que mantenga su fondo de emergencia líquido!

Por la misma razón, no use certificados de depósito (CD) para su fondo de emergencia, porque lo más probable es que le apliquen una penalidad por extraer fondos prematuramente. La excepción a esto es si puede obtener alguna clase de CD de fácil extracción que permita sacar fondos durante el período convenido sin penalidades. Esa rápida extracción pone el dinero a la disposición de usted sin penalidad y haría de ese CD un buen fondo de emergencia. Entienda, usted no desea «invertir» el fondo de emergencia, sino tenerlo en algún lugar seguro y de fácil acceso.

Si ya tiene el dinero del fondo de emergencia en algún lugar que no debe estar, use su cabeza si alguna verdadera emergencia le toca.

Christine, una abuela de sesenta y nueve años, me dijo que pedía prestado para arreglar su transmisión porque no deseaba pagar una penalidad por sacar dinero del CD. El préstamo era la «sabia» sugerencia del banquero, y Christine confiaba en él. El único problema es que, aun con penalidad, Christine saldría mejor si hace efectivo su

CD. El costo de la reparación del auto era de 3,000 dólares. Su CD ganaba 5% y la penalidad por hacerlo efectivo antes de tiempo era la mitad del interés. Así, pues, su banquero le prestó 3,000 dólares a 9% de interés de modo que ella no perdiera 2.5% en penalidades.

Esto no me parece muy sabio. Honestamente, no me luce muy ético tampoco. Las palabras son poderosas; nadie quiere que le «penalicen». Cuando las emociones predominan, la gente hace como Christine, que confió en lugar de pensar, y tomó una mala decisión.

Le sugerí una cuenta en Money Market sin penalidades y plenos privilegios de escribir cheques para su fondo de emergencia. Tenemos un gran fondo de emergencia para nuestra casa en una compañía de fondos mutuos en una cuenta de Money Market. Dondequiera que usted participe de fondos mutuos, busque en la web hasta encontrar las cuentas de Money Market que pagan igual interés por CD de un año. No he encontrado cuentas bancarias de Money Market que sean competitivas. El FDIC no asegura las cuentas de fondos mutuos de Money Market, pero mantengo las mías allí de todos modos, porque nunca he visto fallar a ninguna.

Estadísticas sorprendentes

Setenta y ocho por ciento de los estadounidenses dijeron que tomarían prestado dinero en tarjetas de crédito si se presenta una emergencia.

Recuerde que el interés que se gana no es el asunto principal. Lo principal es que el dinero esté disponible para cubrir emergencias. Su riqueza no va a crearse en esta cuenta; eso ocurrirá después, en otros lugares. Esta cuenta es más como seguro contra los días lluviosos que para invertir.

Algunas veces, aun antes de explicar todo esto, las personas preguntan por bonos de ahorro, bonos u otras inversiones de «bajo riesgo». Están confundidos. Repito, este fondo de emergencia no es para crear riqueza. Usted recibirá otra clase de ganancia por inversiones de esta cuenta, pero el propósito de este dinero no es hacerlo a usted rico. La misión del fondo de emergencia es protegerlo contra las tormentas, darle paz y evitar que el próximo problema se convierta en una deuda.

¿Qué cantidad?

¿De cuánto dinero debe estar dotado su fondo de emergencia? Dijimos ya que debe ser suficiente para cubrir de tres a seis meses de gastos, pero ¿debería conformarse con tres o seis meses? Si piensa en cuál es el propósito de este fondo, podrá determinar qué es lo que le conviene. El propósito del fondo es absorber el riesgo, de modo que mientras más riesgosa sea su situación, mayor será el fondo de emergencia que usted debe tener. Por ejemplo, si gana comisiones regularmente o trabaja por cuenta propia, debe usar la regla de seis meses. Si es soltero o casado con un solo ingreso, debe usar la regla de seis meses porque una pérdida de empleo en su situación es una disminución de 100% de su ingreso. Si la situación de su empleo es inestable o existen problemas médicos crónicos en la familia, también debe inclinarse hacia la regla de seis meses.

ARitMéticA toRcidA

Entre las personas que ganan menos de 35,000 dólares al año, 40% dijo que la mejor manera para tener 500,000 dólares a la edad del retiro es ganarse la lotería. La probabilidad de uno ganarse la lotería es 1 en 15 millones. Es diez veces más probable que le caiga un rayo.

D escubrí la *Transformación total de su dinero* hace un poco más de dos años. En esa época tenía más de 53,000 dólares en deudas. ¡Hoy mi deuda equivale a 0 dólares! Mis ahorros hace dos años consistían en una cuenta IRA de unos 15,000 dólares y unos cuantos miles de dólares en una cuenta regular de ahorros. ¡Los ahorros para el próximo año entrarán en cantidades de seis guarismos! Tomó un tiempo para que me «penetrara» el mensaje de la *Transformación total de su dinero*, pero me encontré haciendo pequeños cambios cada vez que escuchaba el *Show de Dave Ramsey*.

Cuando asumí el nuevo empleo, tuve que hacer el acostumbrado ritual de «nuevo empleo» de comprar un automóvil nuevo, etc. En ese momento tenía un préstamo estudiantil de 20,000 dólares, deudas por tarjetas de crédito de cerca de 6,000 y varios préstamos de cerca de 4,000. Los 6,000 dólares en tarjetas de crédito eran «recurrentes», lo que quiere decir que pagaría hasta un punto, entonces volvería a cargar hasta un saldo de 5,000 dólares, 6,000 o 7,000. Este proceso ha ocurrido desde la universidad.

En realidad, la última vez que recuerdo estar libre de deudas fue cuando comencé en la universidad hace trece años. ¡Pero todo eso ha cambiado ahora! Además de pagar todas mis deudas, he podido ahorrar una gran suma de dinero sobre bases regulares. Mi objetivo es pagar en efectivo una casa cuando decida dejar la vida nómada de viajero como consultor.

Los cambios crecientes que hice después de descubrir la Transformación total de su dinero comenzaron con un recorte y salirme del carrusel de las tarjetas de crédito. Ese fue un paso monumental y un importante alivio.

El siguiente cambio después de comenzar mis ahorros fue pagar el saldo de las tarjetas de crédito y los préstamos misceláneos, y acrecentar mi fondo de emergencia. Lo siguiente, después de un período de meses, el préstamo estudiantil que tenía por diez años quedó totalmente pagado, y recientemente extendí un cheque por 6,000 dólares para pagar mi automóvil. ¡Estoy totalmente LIBRE DE DEUDAS y tengo el equivalente de seis meses de ingreso en mi fondo de emergencia!

Ford W. Chambliss (edad 37)
Consultor de programación electrónica

Si tiene un empleo «fijo, seguro» donde ha estado con esa compañía o agencia del gobierno por quince años y todos están saludables, podría inclinarse hacia la norma de tres meses. Un corredor de bienes debería tener un fondo de emergencia para seis meses y un empleado postal saludable que haya estado en su empleo por años y planea quedarse, podría mantener un fondo para tres meses. Adapte su fondo de emergencia a su situación y a cómo su cónyuge lidia con la idea del riesgo. Muchas veces los hombres y las mujeres bregan con este asunto de modo diferente. Este fondo es para la protección y la paz, de modo que el cónyuge que desea que este fondo sea mayor, triunfa.

Nosotros usamos de tres a seis meses de gastos en lugar de tres a seis meses de ingreso, porque el fondo es para cubrir gastos, no para reemplazar ingresos. Si usted se enferma o pierde el empleo, necesita mantener las luces encendidas y alimento en la mesa hasta que las cosas cambien, pero podría dejar de invertir, y definitivamente suspenderá el gasto rápido de dinero presupuestado hasta que la lluvia cese. Por supuesto, cuando usted acaba de empezar la *Transformación total de su dinero*, sus gastos podrían igualar a sus ingresos.

Más tarde, cuando esté libre de deudas, tenga los seguros adecuados y tenga grandes inversiones, podrá sobrevivir con mucho menos de sus ingresos.

Use todo el efectivo disponible

En el segundo paso de bebé le instruí que usara todos los ahorros e inversiones ajenos al retiro para pagar su deuda. Limpie todo y libérese de deudas, salvo la casa. Utilice todos los ahorros e inversiones que no tienen recargos por sacarlos, como los planes de jubilación. Si utiliza los ahorros que tenía en el segundo paso de bebé (comience el plan bola de nieve),

Dave declara...

Para ganar más dinero, hay que planear ganar más dinero. El problema de algunas personas es lo que ganan, no lo que gastan.

usted liquidó aun el fondo de emergencia del primer paso de bebé (ahorre 1,000 dólares). Este es el momento de reconstruir su fondo de emergencia para reemplazar cualquier dinero que pueda haber usado para pagar la deuda. Muchas veces me he encontrado con alguien que, por ejemplo, tiene 6,000 dólares en ahorros en un banco ganando 2% de interés, y una deuda de 11,000 dólares en tarjetas de crédito. La mera idea de usar 5,000 dólares de aquel ahorro para pagar parcialmente las tarjetas de crédito es muy fuerte. Esos 6,000 dólares de su fondo de emergencia es su manto de seguridad, y crece el temor cuando alguien como yo menciona que debe usar ese dinero para la deuda tipo bola de nieve. Es correcto que sienta temor y se pregunte si debe gastar los 5,000 dólares en pagar la deuda.

Debe usar ese dinero ÚNICAMENTE si usted y su familia están dentro de la *Transformación total de su dinero*. La intensidad de gacela, el presupuesto, la venta de autos que son un lastre y el compromiso total con el plan son la única manera de que tenga sentido usar esos ahorros.

Usted necesita que todas las partes estén a bordo

Sherry llamó a nuestro programa radial para decirnos que su esposo deseaba usar 9,000 de sus 10,000 dólares del fondo de emergencia en el segundo paso de bebé, pero que quería mantener su deuda de 21,000 del camión (con una entrada neta de 43,000 dólares). Sherry estaba enojada conmigo por sugerirle algo tan absurdo. Por supuesto, yo no hice esa sugerencia. Creo que sería un paso mal dado si ellos utilizaran 9,000 dólares en esa situación. La razón por la que estoy en contra del uso de los ahorros como se sugiere es que el esposo no está a bordo. Él quiere seguir siendo parte de ese plan y mantener el cochino camión. Hay dos razones para no usar el fondo de emergencia en el caso de Sherry. Primera, el esposo no ha tenido la *Transformación total de su dinero* en su corazón, y nunca saldrán de deudas bajo ninguna estrategia mientras no la tenga. Segunda, saque la cuenta. Sobre un ingreso de 43,000 dólares estarán en deuda y tendrán solo un superpequeño fondo de emergencia por años si mantienen el camión. Eso sería como si mi esposa me dijera que perdiera peso y horneara galletitas de chocolate todas las noches. Estaría diciendo una cosa y haciendo otra.

No sugiero que usted liquide sus ahorros si cada uno no está dentro de la *Transformación total de su dinero*. Tampoco sugiero que liquide sus ahorros si está planeando estar en el segundo paso de bebé (Comience con el plan bola de nieve) por cinco años. Desde luego, pocos de ustedes estarán en el segundo paso mucho tiempo si actúan como gacela intensa y siguen este plan al pie de la letra. Si su familia queda expuesta a los elementos, con solo 1,000 dólares entre usted y la vida por dieciocho o veinte meses, está bien. En tal caso, debería usar sus ahorros para quedar libre de deudas o acelerar la bola de nieve.

Sé que aun si cada uno está a bordo, actúan con intensidad de gacela y existe un plan, mi sugerencia todavía asusta a algunos. Bien. ¿No creen que una de las cosas que produce la intensidad de la gacela sea el miedo? Por un breve lapso, mientras trabaja en su plan bola de nieve y reconstruye su fondo de emergencia en el tercer paso, utilice ese temor como una motivación para mantenerse concentrado y mantener a todos en movimiento.

Las buenas noticias en la historia de Sherry son que su esposo la oyó por la radio conmigo y surgió una chispa en su mente. Él vendió «su» camión, ella usó «sus» ahorros y en catorce meses estaban libres de deudas; en dieciocho meses estaban libres de deudas con un fondo de emergencia repleto. Sherry me envió un correo electrónico sobre una parte divertida de su odisea. Me decía que después de estar libre de deudas y reconstruyendo su precioso fondo de emergencia con la misma intensidad de gacela que utilizaron para pagar la deuda, uno de sus hijos adolescentes les pidió que le compraran una computadora. Antes que Sherry pudiera decirle que no, su esposo agarró al muchacho, amorosamente, por la cabeza y comenzó a gritarle, en broma, que no podía haber compras en la casa mientras no se completase el fondo de emergencia. Eso hizo a Sherry sonreír porque le decía que no solo estaba recuperándose pronto el fondo de emergencia, sino que su esposo había recibido el mensaje de cuán importante era ese fondo para ella. Ella estaba dispuesta a tener una *Transformación total de su dinero* solo si era total... para ambos.

El género y las emergencias

Las personas de ambos sexos ven el fondo de emergencia en forma diferente. En general, los hombres son más inclinados al trabajo y las damas se basan más en la seguridad. A los hombres les gusta saber qué «hace» usted, así que algunos no entendemos la idea del dinero inmovilizado para tener seguridad. La mayoría de las mujeres que conozco se sonríen cuando comenzamos a hablar de tener 10,000 dólares entre ellas y la lluvia. Muchas dicen que el fondo de emergencia y el seguro de vida son las mejores partes de la *Transformación total de su dinero* de su familia.

Señores, vamos a conversar. En esto Dios dotó a las mujeres mejor que a nosotros. Su naturaleza las mueve a gravitar hacia el fondo de emergencia. En algún lugar dentro de la mujer típica existe una «glándula de seguridad», y cuando el estrés financiero entra en escena, la glándula se contrae. Esta glándula espasmódica afectará a su esposa en formas que usted no puede siempre predecir.

Una glándula espasmódica de seguridad puede afectar sus emociones, su concentración y aun su vida amorosa. Aparentemente, la glándula de seguridad está adherida a su rostro. ¿Puede ver el estrés financiero en su rostro? Créanme, señores. Una de las mejores inversiones que ustedes harán será en un fondo de emergencia.

Un fondo de emergencia debidamente abastecido y un esposo en el medio de una transformación total de su dinero relajarán la glándula de seguridad de la mujer y hará su vida mucho mejor. Como dice mi amigo Jeff Allen, comediante: «Mujer feliz, vida feliz». En fin, que si todavía no tienen un fondo de emergencia, háganse de uno. Ya les dije que Sharon y yo lo perdimos todo, estuvimos en quiebra, arruinados y en el fondo, de modo que puede imaginarse que este tema es un poco delicado en mi casa. Nuestra quiebra financiera fue totalmente por culpa mía. Mi enredado negocio de bienes raíces era lo que Sharon observaba antes de tomar el camino conmigo.

Una de las heridas en nuestras relaciones fue el asunto de la seguridad. Sus emociones pueden reavivar el temor de mirar a un bebé recién nacido y a un niño pequeño y no saber cómo íbamos a mantener vivo el fuego. Ese es un lugar delicado en su psiquis, y con razón. Nosotros ni siquiera usábamos el fondo de emergencia para emergencias. Parte del ungüento en esa herida es que nuestro fondo de emergencia tiene otro fondo de emergencias. Si camino cerca de la gaveta donde guardo la chequera del Money Market del fondo de emergencia, la glándula de seguridad de Sharon se contrae.

Siendo el hombre fuerte bien entrenado en inversiones, podía ciertamente encontrar lugares para depositar ese dinero y ganar más.

¿Será así? Recuérdese, las finanzas personales son personales. He llegado a comprender que la paz que le trajo a Sharon el fondo de emergencia exagerado es un gran dividendo de nuestras inversiones. Señores, este puede ser un maravilloso regalo para su esposa.

El fondo de emergencia puede convertir las crisis en inconveniencias

A medida que haga presupuestos a través de los años y la *Transformación total de su dinero* cambie completamente sus hábitos monetarios, usted usará su fondo de emergencia menos y menos. Nosotros no hemos tocado el nuestro por más de diez años. Cuando comenzamos por primera vez todo era emergencia. Pero a medida que uno va saliendo del fondo y la *Transformación total de su dinero* comienza a tener efecto, hay pocas cosas que no pueda cubrir en su presupuesto mensual. Al principio, sin embargo, estará como estábamos nosotros: todo será una emergencia. Para mostrarle lo que quiero decir, vea estas dos diferentes narraciones de personas en dos distintas posiciones en los pasos de bebé.

Kim tiene veintitrés años, es soltera, independiente y tiene un empleo de 27,000 dólares al año. Comenzó la *Transformación total de su dinero* la semana pasada. Estaba atrasada en sus tarjetas de crédito, sin presupuesto, y a duras penas podía pagar su alquiler porque sus gastos estaban fuera de control. Dejó que le cancelaran el seguro del automóvil porque «no podía pagarlo». La pasada semana hizo su primer presupuesto y dos días después sufrió un accidente de automóvil. Como este no fue grave, el daño al otro automóvil fue solo de 550 dólares. Kim me miraba a través de lágrimas llenas de pánico, porque esos 550 dólares podrían igualmente haber sido 55,000 dólares.

Ella no había comenzado aún el primer paso de bebé. Trataba de estar al corriente, y ahora tenía un obstáculo más que despejar antes de empezar. Esta era una gran emergencia. Hace siete años, George y Sally estaban en el mismo lugar. Se hallaban en quiebra con nuevos bebés y la carrera de George pasando por serias dificultades. George y Sally lucharon y escarbaron por una *Transformación total de su dinero*. Hoy ambos están libres de deudas, inclusive su casa de 85,000 dólares. Tienen un fondo de emergencia de 12,000 dólares, retiro en Roth IRA y aun la universidad de los hijos está financiada. George ha crecido personalmente, su carrera ha florecido y ahora gana 75,000 dólares al año, mientras Sally está en casa con los niños. La semana pasada, una pieza de basura se salió de la camioneta de George y le pegó a un automóvil detrás de él en una carretera interestatal. El daño fue de cerca de 550 dólares.

Creo que ustedes pueden ver que George y Sally probablemente ajustarán el presupuesto de un mes y pagarán las reparaciones mientras que Kim lidiará con su accidente por meses. El asunto es que a medida que usted adquiere mejoría, es más difícil sacudir su mundo. Cuando el accidente ocurrió, el ritmo del corazón de George no se alteró, pero Kim necesitó un emparedado de Valium para calmarse.

Esas historias verdaderas ilustran el hecho de que a medida que usted progresa en la *Transformación total de su dinero*, cambia la definición de una emergencia que merece cubrirse con el fondo de emergencia. A medida que tiene mejor seguro médico, mejor seguro por incapacidad, más espacio en su presupuesto y mejores autos, tendrá menos cosas que califiquen como emergencias con cargo al fondo de emergencias.

Lo que solía ser un gran acontecimiento que alteraba el ritmo de su vida se convertirá en una inconveniencia. Cuando esté libre de deudas e invierta audazmente en llegar a ser rico, tomar unos cuantos meses sin invertir podrá darle para ponerle un motor nuevo a su automóvil.

Cuando digo que el fondo de emergencia es un repelente contra Murphy, esto es solo parcialmente correcto. La realidad es que Murphy no visita mucho, pero cuando lo hace apenas notamos su presencia.

Cuando Sharon y yo estábamos en quiebra, nuestro sistema de aire acondicionado se rompió, y la reparación costó 580 dólares. Eso fue una situación que nos puso los cabellos de punta. El mes pasado instalé un nuevo calentador de agua de 570 dólares porque el viejo comenzaba a filtrarse, apenas noté el gasto. Me pregunto si el alivio al estrés que proporciona la *Transformación total de su dinero* nos permitirá vivir más.

Permítaseme ser bien explícito

Hay algunas aclaraciones respecto del tercer paso de bebé. Joe me preguntaba recientemente si debía suspender su bola de nieve —segundo paso— para terminar su fondo de emergencia. Joe y su esposa tendrán gemelos dentro de seis meses. La planta donde trabaja Brad estará cerrada por cuatro meses y él perderá su empleo. Mike recibió un cheque de 25,000 dólares por despido la semana pasada cuando su compañía lo dejó fuera. ¿Deberán estas personas seguir bajando la deuda o completar el fondo de emergencia? Los tres deberán suspender temporalmente la bola de nieve y concentrarse en el fondo de emergencia, porque podemos ver a lo lejos nubes de tormenta que son reales. Una vez que pase la tormenta, pueden reanudar los planes como antes.

> Lo que solía ser un gran acontecimiento que alteraba el ritmo de su vida, se convertirá en una inconveniencia.

VIVIR COMO NADIE PARA D

Reanudar el plan para Joe significa que una vez que los bebés hayan nacido saludablemente, estén en casa, y que todo esté bien, él volverá a poner los 1,000 dólares en su fondo de emergencia usando el resto del ahorro para pagar el plan bola de nieve. Reanudar para Brad significaría que una vez que encuentre su nuevo empleo, hará lo mismo. Mike debe mantener su fondo de emergencia de 25,000 dólares hasta volver a tener empleo. Mientras más pronto pueda obtener trabajo, más pronto su despido lucirá como un bono y tendrá un profundo impacto sobre el plan bola de nieve.

Algunas veces la gente piensa que no necesita un fondo de emergencia porque sus ingresos están garantizados. Richard es militar retirado y recibe más de 2,000 dólares por mes, con lo que puede vivir si pierde su empleo. Él no creía que necesitaba un fondo de emergencia porque pensaba que todas las emergencias estaban relacionadas con el empleo. Pero sufrió un accidente de automóvil el mismo mes que quedó desempleado. Sus 2,000 dólares siguieron llegando, pero ahora encaraba una deuda por el automóvil. Aun cuando su ingreso está garantizado, podría necesitar ayuda para un familiar enfermo, para reemplazar su sistema de calefacción en medio del invierno u obtener una nueva transmisión. Las grandes emergencias fuera de presupuesto que no están relacionadas con el empleo surgen y requieren del fondo de emergencia.

Si usted no es dueño de casa

Sigo diciendo que usted está libre de deudas salvo por la casa en este momento y ahorrando para terminar el fondo de emergencia. ¿Qué tal si aún no tiene casa? ¿Cuándo ahorrará usted para el pago de entrada? Voy a tratar de convencer a tantos como me sea posible sobre el plan de 100% de entrada, pero sé que algunos de ustedes tomarán la hipoteca de quince años con tasa de interés fija que dije anteriormente que es buena.

A mí me encantan los bienes raíces, pero no compre una casa hasta que no termine este paso. Una casa es una bendición, pero si pasa a ser propietario con deudas y sin fondo de emergencia, Murphy establecerá residencia en el cuarto vacío. Creo en las ventajas financieras y emocionales de la propiedad de una casa, pero he conocido muchas parejas jóvenes agobiadas porque corrieron a comprar algo sin estar listos.

Ahorrar para un pago de entrada o compra al contado de una casa debería ocurrir una vez liberado de la deuda en el segundo paso y luego de finalizar el fondo de emergencia en el tercer paso. Eso hace ahorrar para un pago de entrada en el tercer paso de bebé (b). Usted debe ahorrar para la casa si está desesperado antes de pasar al próximo paso. Muchas personas se preocupan por tener una casa pero, por favor, que eso sea una bendición más que una maldición. Será una maldición si compra algo mientras está en quiebra. Hay toda clase de gente que está ansiosa de colaborar con usted de modo que lo logre mucho más pronto, pero la definición de «Financiación creativa» está «demasiado en quiebra para comprar una casa».

Próximo paso: Creación de riqueza en serio

Bueno, usted lo ha logrado. Ahora está libre de deudas salvo la hipoteca de la casa, y tiene ahorros para cubrir gastos de tres a seis meses.

Mito vs. Realidad	
Mito:	El recaudador fue tan atento; yo le caigo bien.
Realidad:	Los recaudadores no son amigos suyos.

Llegar al final de este paso le toma de veinticuatro a treinta meses a una familia típica, si es del tipo gacela intensa. De dos a dos años y medio, desde el momento en que comienza la *Transformación total de su dinero*, se puede sentar en la mesa de la cocina sin pagos, salvo el de la casa, y con unos 10,000 dólares en una cuenta de Money Market. Cierre los ojos una vez más y deje que sus emociones y su espíritu visiten ese lugar. Caramba, lo veo sonriendo ahora.

Mis padres se divorciaron cuando yo tenía nueve años de edad; por consiguiente, mi madre tuvo que trabajar para cuidar de mí y mis tres hermanas. Yo ayudaba en las mañanas a mis hermanas a prepararse para la escuela. Cuando mi papá y mi mamá estaban casados, yo pensaba que andábamos muy bien hasta que nos embargaron los automóviles y los muebles. A la edad de dieciséis años decidí ver a mi padre otra vez y me trasladé a su estado.

Cuando tenía dieciocho años, mi padre decidió mudarse, pero yo había encontrado la mujer de mis sueños y no me iba a mudar por ninguna razón. A mi padre lo mataron a la edad de treinta y nueve años después de tener una discusión con su hermano por cuestión de dinero. Mi tío lo mató de un disparo.

A la edad de dieciocho años ya estaba totalmente por mi cuenta. Tenía dos empleos al mismo tiempo, cuando no tres.

Después de mis relaciones de tres años con mi novia de secundaria, nos casamos. Pensábamos que viviríamos el estilo de vida que mis padres habían vivido y acumulamos tarjetas de crédito y caímos en pagos de automóviles. Ustedes saben cómo es eso. Después de diez años de vivir entre deudas, comencé a escuchar el *Show de Dave Ramsey* y le dije a mi esposa: «Creo que podemos tener una vida mejor de la que tenemos ahora». Así, pues, nos embarcamos en una jornada de quince meses para salir de deudas. En ese período liquidamos más de 25,000 dólares en tarjetas de crédito, puse un techo nuevo a la casa, instalé dos nuevas transmisiones en nuestros dos automóviles y compré *muchos otros objetos pequeños todo dentro de un ingreso neto de menos de 70,000 dólares.*

Casi un año después de estar libres de deudas, salvo la de nuestra casa, he logrado mi bien abastecido fondo de emergencia y ahora soy un «Consejero Financiero Certificado» de Dave Ramsey, y ayudo a otros a transformar su familia. Como nota marginal, este año pasado me nombraron administrador de negocios en mi iglesia y después de cinco meses nuestra iglesia está LIBRE DE DEUDAS. Esperamos construir un nuevo templo en el otoño.

Russell Sisk (edad 32)
Representante de clientes

Soy muy exigente y apasionado en seguir estos principios y pasos precisamente porque he visto a personas como las que aparecen en estas páginas triunfar con la aplicación de la *Transformación total de su dinero*. He escuchado muchas excusas, muchas razones y lamentos, y muchas racionalizaciones de personas que dicen que son diferentes y poseen una fórmula mejor, pero créame, no es así. Lo mejor que tienen los principios es que hacen la vida fácil. He oído decir que cuando alguien basa su vida en principios, 99% de las decisiones ya están tomadas.

> Lo mejor que tienen los principios es que hacen la vida fácil.

Una vez que hayamos cubierto estos pasos básicos y que hayamos echado los cimientos, habrá llegado el momento de crear alguna riqueza. Recuerde, por eso comenzamos la *Transformación total de su dinero*. Deseábamos no solo estar libre de deudas, sino llegar a tener riqueza suficiente para dar, retirarnos con dignidad, dejar una herencia y gozar de alguna diversión costosa. Manténgase sintonizado para que disfrute de una gran diversión.

9

Maximice sus inversiones para la jubilación: Esté en buena salud financiera de por vida

Tengo un amigo de cuarenta años que tiene una figura escultural. Es delgado con buena musculatura, pero no es un fanático de la salud natural. Vigila lo que come y ejercita un par de veces por semana. Tengo otro amigo de treinta años que hace dieta con fanatismo, corre cada día, levanta pesas tres veces por semana, pero tiene un sobrepeso de casi veinte kilos. El segundo amigo comenzó su jornada salutífera hace dos años y está perdiendo peso y mejorando su físico. El primero, hombre musculoso, mantiene lo que logró tras duro ejercicio años atrás, pero no ha seguido haciéndolo con tanto vigor hoy.

La *Transformación total de su dinero* es lo mismo. La intensidad de gacela es necesaria para dar los pasos hacia la riqueza, pero un mantenimiento sencillo conservará sus músculos monetarios. Recuerde: mi amigo musculoso nunca come tres platos de alimento de una sentada. Es consciente de que puede perder su esbeltez, pero puede lucir bien y sentirse bien con mucho menos esfuerzo, dando por sentado que recuerda los principios que le facilitaron desarrollar su magnífico cuerpo.

La intensidad de gacela le ha permitido perder cien kilos de deuda y tener listo su «cardiofondo» de emergencia. Esta base le permitirá llegar a estar bien financieramente entonando sus músculos.

Usted ha atacado su deuda; y esta ha desaparecido. Con dinero extra después de eliminar su deuda, atacó su fondo de emergencia; y está abastecido. Se encuentra ahora en un momento crucial. ¿Qué hace usted con el dinero extra que volcó en el fondo de emergencia y en pagos de deuda? ¡Este no es el momento de darse a usted mismo un aumento!

> Un mantenimiento sencillo conservará sus músculos monetarios.

Usted tiene un plan y está triunfando. ¡Manténgalo! Está a dos cuartos en un juego a cuatro. Es hora de comenzar con el fin en mente. Es tiempo de invertir.

Lo que no es la jubilación

Invertir para el retiro o jubilación en el contexto de una *Transformación total de su dinero* no significa necesariamente que renuncie a su empleo. Si aborrece el rumbo de su carrera, cámbiela. Usted debe hacer algo con su vida que encienda su fuego interior y le permita usar sus dones. El retiro en Estados Unidos ha venido a significar lo siguiente: «Ahorrar lo suficiente de modo que pueda dejar el empleo que tengo». Este es un mal plan de vida.

Harold Fisher tiene cien años. Trabaja cinco días a la semana en la firma de arquitectos que fundó. Fisher no trabaja porque necesite dinero, muy lejos de ello. Trabaja porque encuentra deleite en lo que hace. Es un diseñador de templos. Su dicho favorito es: «La gente que se jubila temprano, muere temprano». «Si me retiro, ¿qué haré?», se pregunta. Harold Fisher está financieramente seguro y está capacitado para hacer lo que quiere, y eso define el *retiro* según la *Transformación total de su dinero*.

Cuando hablo de retiro pienso en seguridad. Seguridad significa selección. (Por eso es que pienso que retiro significa que el trabajo es una opción.) Usted puede escoger escribir un libro, diseñar templos o emplear tiempo con sus nietos. Necesita llegar al punto en que su dinero trabaje con más rigor que usted. Un plan de retiro de la *Transformación total de su dinero* significa invertir con el objetivo de la seguridad. Usted posee ya la capacidad de renunciar a su empleo, y si no le gusta el trabajo, debe considerar hacerlo. Si no hoy, desarrolle un plan quinquenal para hacer la transición y llegar a ser aquello para lo cual Dios lo diseñó; sin embargo, no espere hasta que llegue a los sesenta y cinco para hacer lo que le gusta.

Ahora bien, la parte del dinero es importante. Usted quiere alcanzar sus años dorados con dignidad financiera. Esto solo ocurrirá con un plan. El periódico *USA Today* informó recientemente que 56% de los estadounidenses no se preparan invirtiendo sistemáticamente para la edad del retiro. No solo no hemos hecho nada a ese respecto con dignidad, sino que hemos perdido la esperanza de que sea posible. La Federación del Consumidor de Estados Unidos encontró que de las personas que ganan menos de 35,000 dólares al año, 40% dijo que la mejor manera para tener 500,000 dólares en la edad de retiro es ganar la lotería. ¡Caray! ¡Estas personas necesitan una *Transformación total de su dinero* en grande! Si usted desea otro vistazo de la torcida visión de la realidad que tenemos, considere que la revista *Wealth Builder* [Forjador de riqueza] realizó una encuesta y encontró que 80% de los estadounidenses cree que su nivel de vida se elevará en su retiro. ¡Hablar de vivir en una fantasía!

> Si aborrece el rumbo de su carrera, cámbiela.

M*i esposa Becki y yo vivimos los primeros trece años de nuestra vida de casados con tarjetas de crédito, letras de automóviles y un ocasional préstamo sobre el valor de la casa. Éramos estadounidenses «normales». Fuimos a Hawai y cometimos uno de los*

mayores actos de estupidez cuando compramos unas vacaciones de tiempo compartido con una tarjeta de crédito.

Finalmente «despertamos» poco después que regresamos del viaje. Nos encontramos con una deuda de 35,000 dólares, sin incluir la hipoteca de la casa que todavía tenía un saldo pendiente de cerca de 180,000 dólares. No teníamos un fondo de emergencia al cual referirnos. Si hubiera perdido mi empleo, hubiéramos tenido que vender la casa casi inmediatamente a fin de sobrevivir. Además, no estábamos ahorrando NADA para el retiro. NO era una manera agradable de vivir.

Había oído acerca de la Transformación total de su dinero por medio de un amigo. Decidí que necesitábamos seguir el plan y salirnos del terrible embrollo. Tomó un poco más de dos años liquidar la deuda de 35,000 dólares, ¡pero lo logramos!

Ahora tenemos 11,000 dólares en un fondo de emergencia y lo más importante, estamos depositando 15% de nuestros ingresos en un 401k y en Roth IRA, de modo que estamos preparados para el retiro.

¿La realidad final? Estamos ahora mucho más cómodos y hemos encontrado algo de esa paz que había estado ausente en nuestras vidas. ¡Nuestras gracias a la Transformación total de su dinero de Dave Ramsey por ponernos en marcha y proporcionarnos un plan que nos colocó aquí! ¡Ahora nos jubilaremos con dignidad financiera!

> Steve Fogle (edad 45)
> Contralor de construcción

La realidad es mucho más fría. *USA Today* informa que de cien personas de 65 años de edad, noventa y siete de ellas no pueden emitir un cheque por 600 dólares, cincuenta y cuatro están aún trabajando, y tres están financieramente seguras. La bancarrota entre esos de 65 años y mayores ha aumentado a 164% en los últimos ocho años. ¡Viejos nos vamos a poner! Usted debe invertir ahora si quiere pasar sus años dorados con dignidad. Invertir a largo plazo con la meta de la seguridad no es una teoría para considerarla cada cierto número de años; es una necesidad respecto de la cual debe actuar ya. Debe llenar los papeles para sus fondos mutuos.

Debe colocar dinero en eso. Según las estadísticas, el nivel de negación que la persona promedio tiene sobre este tema es alarmante.

Cuarto paso de bebé:
Invierta 15% de sus ingresos en el retiro

Los que de ustedes hayan estado preocupados por el retiro ahora se sentirán aliviados porque finalmente llegamos a ese paso. Los que han estado viviendo en negación se preguntarán cuál es la razón de tanto ruido. El cuarto paso de bebé es ocasión para pensar seriamente en forjar riqueza. Recuerde que cuando llega a este paso no tiene que hacer ningún pago salvo el de su casa, y tiene asegurado de tres a seis meses para gastos en su cuenta de ahorros que suma miles de dólares. Con solo un pago debería ser fácil hacer inversiones fuertes. Aun con ingresos por debajo del promedio puede asegurar que sus años dorados los pasará con dignidad. Previo a este paso, usted ha dejado de invertir o nunca ha comenzado a hacerlo, y ahora tiene realmente que echarle carbón al fuego.

La intensidad de gacela en los pasos previos le ha permitido

ARiTMÉTiCA TORCiDA

Una pérdida financiera de doble ancho

Si compra un hogar móvil de doble ancho por 25,000 dólares deberá en cinco años 22,000 dólares en una casa móvil valorada en 8,000. Financieramente es como vivir en su nuevo automóvil. No tengo a menos vivir en una casa móvil (he vivido en lugares peores), pero son horribles como inversión.

concentrarse en incrementar sus ahorros. Las decenas de miles de personas que hemos conocido me han ayudado a desarrollar la regla de 15%. Es simple: invertir anualmente 15% del ingreso bruto, antes de la deducción de impuestos, con miras al retiro. ¿Por qué no más? Usted necesita dejar algo de sus ingresos para dar los dos pasos siguientes, ahorros para gastos universitarios y pagar pronto su casa. ¿Por qué no menos? Algunas personas desean invertir menos o nada, de modo que puedan pagar los gastos de estudios de un hijo o terminar de pagar la casa con gran rapidez. No recomiendo eso porque los grados universitarios de esos hijos no lo alimentarán en su retiro. No recomiendo que se pague la casa primero porque he asesorado a muchas personas de 65 años con una casa pagada y sin dinero. Esas personas terminaron vendiendo la casa de la familia o hipotecándola para poder comer. Mal plan. Usted necesita hacer alguna inversión para el retiro en esta etapa antes de ahorrar para gastos de universidad y liquidar la hipoteca. Además, comenzando ahora, la magia del interés compuesto trabajará para usted.

Cuando calcule su 15%, no incluya el aporte igualitario de la compañía en su plan. Invierta 15% de su ingreso bruto. Si su compañía iguala con algo o con parte de su contribución, considérelo algo extra. Recuerde, esto es un más o menos, así que si reduce engañosamente a 12%, o aumenta a 17%, no es un grave problema, pero comprenda los peligros de desviarse mucho de 15%.

Si no invierte lo suficiente, un día estará comprando aquel clásico libro de cocina: *72 formas de preparar comida para perros*. Si invierte más de lo indicado, mantendrá la hipoteca de su casa por demasiado tiempo, lo cual retendrá el poder de crear riqueza de la *Transformación total de su dinero*.

De igual manera, no use sus beneficios potenciales del Seguro Social en sus cálculos. Yo no cuento con un gobierno inepto en cuanto a mi dignidad en mi retiro, y usted no debe hacerlo tampoco. Una reciente encuesta señala

> Es su responsabilidad cuidar de usted y de los suyos.

que la mayoría de las personas con menos de treinta años de edad creen más en discos voladores que en que recibirán una moneda de diez centavos de la Inseguridad Social. Me inclino a creerlo. No estoy tomando una posición política (aunque no estoy exento de ello), pero las matemáticas de ese sistema auguran desastre.

No soy el pollito del cuento que pronostica que el cielo va a caerse; libros enteros se han escrito sobre el embrollo de la Seguridad Social. Entienda, es su responsabilidad cuidar de usted y de los suyos, de modo que parte de la *Transformación total de su dinero* es invertir ahora para que pueda hacerlo. Si el Seguro Social no existe cuando usted se retire, estará feliz de haber oído mi consejo.

Si por algún milagro el Seguro Social está vigente cuando se retire, eso querrá decir que me equivoqué. En ese caso, tendrá algún dinero extra de qué disponer. Estoy seguro que me perdonará por eso.

Su instrumento son los fondos mutuos

Ahora que ha alcanzado este paso, necesita aprender sobre los fondos mutuos. El mercado de valores ha alcanzado un promedio de casi 12% en recompensas por inversiones a través de su historia. Los fondos mutuos que recomiendo para inversiones a largo plazo en Estados Unidos son los llamados Growth-stock [acciones de crecimiento]. Son inversiones pobres a corto plazo porque suben y bajan en valor, pero son excelentes a largo plazo cuando se deja el dinero más de cinco años. Ibbotson Research dice que 97% de los períodos de cinco años y 100% de los períodos de diez años en la historia del mercado de valores han hecho dinero. *La Transformación total de su dinero* no es un libro de texto sobre inversiones, de modo que si necesita más información detallada, revise nuestros clásicos, Universidad Tranquilidad Financiera, o mi primer libro, *Tranquilidad financiera*. Los fondos de mi retiro personal y de la universidad de mis hijos están invertidos de la manera que enseño en la *Transformación total de su dinero*.

Aquí hay una versión de Reader's Digest de mi enfoque. Yo escojo fondos mutuos que hayan tenido un buen historial de ganancias por más de cinco años, preferiblemente por más de diez. No miro su historial de uno o tres años, porque pienso a largo plazo.

Repartí mis inversiones para el retiro a partes iguales en cuatro tipos de fondos. Los fondos Growth e Income reciben 25% de mis inversiones. (Ellos son llamados algunas veces fondos Large Cap o Blue Chips [apodo dado a las acciones pertenecientes a una empresa establecida que tiene valor fijo alto que da ganancias].)

Los fondos Growth tienen 25% de mis inversiones. (Ellos son algunas veces llamados fondos Mid Cap o Equity Fund; un fondo S&P Index también califica.) Los fondos International reciben 25% de mis inversiones. (Son algunas veces llamados fondos Foreign u Overseas.) Los fondos Aggressive Growth reciben el último 25% de mis inversiones. (Son llamados algunas veces Small Cap o Emerging Market Funds.) Para una amplia discusión sobre lo que son los fondos mutuos y por qué uso esta mezcla, vaya a nuestro sitio web en daveramsey.com y visite MyTMMO.

Quince por ciento de su ingreso invertido deberá aprovecharse de todas las iguales y ventajas de impuestos a su disposición. Repito, nuestro propósito aquí no es enseñar las diferencias detalladas en cada plan de retiro (vea mis otros materiales para eso), pero permítaseme darles algunas directrices sobre en qué invertir primero. Siempre comience donde usted tenga una iguala. Cuando su compañía le dé dinero gratis, tómelo. Si su 401k iguala el primer 3%, el 3% que usted invierta será el primer 3% de su 15% invertido. Si usted no tiene iguala, o aun después de haber invertido por medio de la contraparte, debe a continuación abastecer su cuenta Roth IRA. La cuenta Roth

IRA le permitirá invertir 3,000, 4,000 o 5,000 dólares por año, por persona, dependiendo en qué año usted lea este libro. Hay algunas limitaciones en cuanto a ingreso y situación, pero la mayoría de las personas pueden invertir en una Roth IRA. Esta cuenta crece LIBRE de impuestos. Si invierte 3,000 dólares por año desde la edad de 35 a 65 años, y sus fondos mutuos promedian 12%, usted tendrá 873,000 dólares LIBRES de impuestos a los sesenta y cinco años de edad. Ha invertido solamente 90,000 dólares (30 años x 3,000 dólares); el resto es crecimiento, y usted no paga impuestos. La Roth IRA es un instrumento muy importante virtualmente para la *Transformación total de su dinero* de cualquiera.

Comience con cualquier equivalente a su aporte que le ofrezca la compañía para la cual trabaja, y entonces abastezca el fondo Roth IRA. Esté seguro que el total que está depositando en esa cuenta 15% del ingreso bruto de su familia. Si no, vuelva al 401k, 403b, 457, o SEPP (para el que trabaja por cuenta propia), e invierta suficiente para que el total invertido sea 15% de su ingreso bruto anual.

Ejemplo

Ingreso familiar $47,000

Esposo $27,000

Esposa $20,000

El 401k del esposo es igual a 3%

3% de 27,000 dólares ($810) va al 401k

Dos cuentas Roth IRA le siguen, con un total de 6,000 dólares

La meta es 15% de 47,000 dólares, que son 7,050 dólares

Usted tiene 6,810 dólares ingresando. Así que ahora suba el 401k del esposo a 4%, lo que hará un total invertido de 7,080

PLAN MENSUAL PARA EL RETIRO

Para poder retirarse con alguna base sólida, tiene que proyectarse hacia una meta. Muchos usan el método de PREPAREN-APUNTEN-FUEGO para planear su retiro. Su tarea es determinar cuánto al mes debe ahorrar a 12% de interés para retirarse a los 65 años con la cantidad que necesita.

Si usted está ahorrando a 12%, y la inflación está en 4%, usted sobrepasa la inflación en 8%. Si usted invierte sus ahorros para el retiro a 12% y quiere equilibrar la inflación, debe vivir con 8%.

Primer Paso:

Entrada anual (hoy) con la que quiere retirarse: **$30,000**

dividida entre .08

Necesita ahorrar: **$375,000**

Segundo Paso

Para acumular eso, usted ahorrará a 12%, lo que le dejará 8% después de la inflación. Nosotros trataremos de ahorrar esa cantidad a base de 8%.

$375,000	X	.000436	=	$163.50
Cantidad necesaria		Factor		Ahorro mensual necesario

Factores a 8% (seleccione el que corresponda a su edad)

EDAD	AÑOS PARA AHORRAR	FACTOR
25	40	.000286
30	35	.000436
35	30	.000671
40	25	.001051
45	20	.001698
50	15	.002890
55	10	.005466
60	5	.013610

Nota: Asegúrese de probar uno o dos ejemplos si espera 5 o 10 años para comenzar.

PLAN MENSUAL PARA EL RETIRO

Para poder jubilarse con alguna base sólida, tiene que proyectarse hacia una meta. Muchos usan el método de PREPAREN, APUNTEN, FUEGO, para planear su retiro. Su tarea es determinar cuánto al mes debe ahorrar a 12% de interés para retirarse a los 65 años con la cantidad que necesita.

Si está ahorrando a 12%, y la inflación está en 4%, usted sobrepasa la inflación en 8%. Si invierte sus ahorros para el retiro a 12% y quiere equilibrar la inflación, debe vivir con 8%.

Entrada anual (hoy) con la que quiere retirarse: _____

dividida entre .08

Necesita ahorrar:

Para acumular eso, usted ahorrará a 12%, lo que le dejará 8% después de la inflación. Nosotros trataremos de ahorrar esa cantidad a base de 8%.

_____ X _____ = _____

Cantidad necesaria   Factor   Ahorro mensual necesario

Factores a 8% (seleccione el que corresponda a su edad)

EDAD	AÑOS PARA AHORRAR	FACTOR
25	40	.000286
30	35	.000436
35	30	.000671
40	25	.001051
45	20	.001698
50	15	.002890
55	10	.005466
60	5	.013610

Nota: Asegúrese de probar uno o dos ejemplos si espera 5 o 10 años para comenzar.

OPCIONES DE RETIRO

Los cambios bajo el Acta de Crecimiento Económico y Alivio Tributario de 2001 afecta algunos planes de retiro. Los límites para la reducción de salario son como sigue:

AÑO	401k/403B /SAR-SEP	SIMPLE	457
2001	$10,500	$6,500	$8,500
2002	$11,000	$7,000	$11,000
2003	$12,000	$8,000	$12,000
2004	$13,000	$9,000	$13,000
2005	$14,000	$10,000	$14,000
2006	$15,000	$10,000	$15,000
del 2007 en adelante, totalmente escalonado	Ajustado a la inflación	Ajustado a la inflación	Ajustado a la inflación

También hay nuevas deducciones de salario para contribuciones aceleradas para personas que cumplen 50 años durante el año.

AÑO	401k/403B/SAR-SEP	IRA SIMPLE
2002	$1,000	$500
2003	$2,000	$1,000
2004	$3,000	$1,500
2005	$4,000	$2,000
2006	$5,000	$2,500
2007 y después	Ajustado a la inflación	Ajustado a la inflación

También, el Acta de Crecimiento Económico y Alivio Tributario de 2001 ofrece una nueva contribución anual al IRA y contribuciones aceleradas para personas de 50 años o mayores.

AÑO	CONTRIBUCIÓN MÁXIMA AL IRA	ACELERACIÓN ADICIONAL
2002-2004	$3,000	$500
2005-2007	$4,000	500 ($1,000 IN 2006-2007)
2008	$5,000	$1,000
DESPUÉS DE 2008	AJUSTADO PARA LA INFLACIÓN EN INCREMENTOS DE $500	$1,000

¿Qué necesita para retirarse?

¿Cuánto necesita usted para retirarse con dignidad y seguridad? ¿Cuánto demorará para llegar allá? Vea en las páginas siguientes algunos borradores que le ayudarán a calcular varios de estos números reales. Usted estará seguro y dejará una apreciable herencia cuando pueda vivir con 8% de sus ahorros al año. Si usted hace 12% sobre su dinero promedio y la inflación le roba 4%, 8% es un número ideal. Si hace 12% y solo extrae 8%, usted incrementa el nido en 4% al año. Ese 4% mantiene su nido, y como consecuencia su ingreso, por sobre la inflación hasta que llegue la muerte. Usted tiene un aumento por el costo de vida de su nido cada año. Si puede vivir con dignidad con 40,000 dólares, necesita un nido de solo 500,000 dólares. Yo le recomendaría que tenga el mayor nido posible porque hay realmente algunas cosas agradables y no ambiciosas que hacer con esto más tarde, como regalarlo.

Si al hacer el borrador de sus cálculos, teme que no logre su meta de ahorro de 15%, tenga en cuenta que este es solamente el cuarto paso de bebé. Los pasos posteriores le permitirán acelerar su inversión mientras aliente vida.

¿Soñaría usted conmigo por un momento? Sueñe que una pareja de veintisiete años con un ingreso de promedio a menos del promedio, se compromete con la *Transformación total de su dinero*. Ellos actúan como gacela intensa y en tres años, a la edad de treinta, están en el cuarto paso. Ellos invierten 15% de sus ingresos en cuatro tipos de fondos mutuos de crecimiento con cinco a diez años de historial reconocido. El promedio de ingreso neto en Estados Unidos es de 40,816 dólares por año, según la Oficina del Censo. Joe y Suzy promedio invertirían 6,000 dólares (15%) al año o 500 dólares por mes. Si usted hace 40,000 dólares al año y no tiene pagos excepto el de la hipoteca de la casa y vive con un presupuesto, ¿puede invertir 500 dólares por mes? Sígame aquí. Si Joe y Suzy invierten 500 dólares por mes sin una contraparte (lo que aportarían en su trabajo) en Roth IRA desde la edad de 30 a la edad de 70 años, ¡tendrán 5,882,386 dólares LIBRES de impuestos!

Eso es casi 6 millones de dólares. ¿Qué tal si estoy equivocado a medias? ¿Qué tal si usted termina con solo 3 millones de dólares? ¿Qué tal si estoy equivocado seis veces? ¡De seguro supera a las noventa y siete de entre las cien personas de 65 años que no pueden emitir un cheque por 600 dólares!

Le diría a usted que Joe y Suzy están bien por debajo del promedio. ¿Por qué? En nuestro ejemplo ellos comenzaron con el ingreso neto promedio en Estados Unidos, y en cuarenta años de trabajo nunca recibieron un aumento. Ellos ahorraron 15% del ingreso y nunca lo incrementaron en un dólar. No hay excusa para retirarse sin dignidad financiera en Estados Unidos hoy. La mayoría de ustedes habrán pasado por sus manos más de 2 millones de dólares en sus años de trabajo, de modo que hagan algo por retener un poco de ese dinero.

Mito vs. **Realidad**

Mito:	Si yo hago un testamento, podría morir.
Realidad:	Usted va a morirse, así que hágalo con un testamento.

Gayle me preguntó un día si era demasiado tarde para comenzar a ahorrar. Ella no tenía veintisiete años como Joe y Suzy. Tenía cincuenta y siete años de edad, pero con su actitud usted habría pensado que esta dama tenía ciento siete años. Harold Fisher tiene una mejor perspectiva a la edad de cien años que Gayle a la de cincuenta y siete. La vida le había tratado con algunos golpes y le había destrozado su esperanza. Una *Transformación total de su dinero* no es un espectáculo de magia. Usted comienza donde está, y da los pasos.

Estos pasos dan buenos resultados si tiene veintisiete o cincuenta y siete años, y no cambian. Gayle podría comenzar a los sesenta años el paso de la inversión para el retiro que Joe y Suzy comienzan a los treinta. Gayle no actúa con sabiduría si llega a los sesenta sin un fondo de emergencia y con deudas por tarjetas de crédito y pagos de automóvil. Ella, como todos nosotros, no puede ahorrar cuando tiene deudas y no tiene paraguas para cuando llueva. ¿Habría sido mejor para Gayle comenzar cuando tenía veintisiete o aun cuarenta y siete años? Evidentemente. Pero una vez que deje de tenerse lástima, necesita comenzar con el primer paso de bebé y seguir la *Transformación total de su dinero* paso a paso para colocarse en la mejor posición posible.

Nunca es demasiado tarde para empezar. George Burns ganó su primer Óscar a los ochenta años. Golda Meir fue Primer Ministro de Israel a los setenta y uno años. Miguel Ángel pintó el techo interior de la Capilla Sixtina inclinándose sobre sus espaldas en un andamio a los setenta y uno años. El coronel Sanders nunca frió un pollo por dinero hasta que tuvo sesenta y cinco años, y Kentucky Fried Chicken es una marca mundial.

Albert Schweitzer estaba practicando cirugía en África a los ochenta y nueve años. Nunca es demasiado tarde para empezar. El pasado ha pasado. Comience donde está, porque esa es su única opción. Sin embargo, una nota para todos ustedes menores de cuarenta años: Todos los que somos mayores de cuarenta estamos dándoles un grito colectivo: ¡INVIERTA AHORA!

El cuarto paso de bebé es: «Hágase rico rápidamente». La inversión que usted hace sistemática y constantemente lo hará rico con el tiempo. Si juega con esto saltando de aquí para allá, siempre hallando algo más importante que la inversión, está condenado a ser uno de esos 54 sesentones entre 100 que todavía trabajan porque tienen que trabajar. Sistemáticamente, la inversión constante es la tortuga que vence a la liebre en la carrera.

Cuando usted se mantiene firme, la inversión se multiplica y explota. Lo siguiente, escrito por Timothy Gallway siempre me recuerda este concepto:

> Cuando plantamos una semilla de rosa en la tierra, advertimos que es pequeña, pero no la criticamos como algo «sin raíces y sin tronco». La tratamos como una semilla, y le damos el agua y la nutrición que necesita una semilla.

> Nunca es demasiado tarde para empezar.

Cuando brota de la tierra por primera vez, no la condenamos por inmadura y subdesarrollada; no criticamos los capullos por no estar abiertos cuando aparecen. Nos quedamos maravillados ante el proceso que ocurre, y damos a la planta el cuidado que necesita en cada etapa de su desarrollo. La rosa es rosa desde el momento en que es una semilla hasta el momento en que muere. Dentro de ella, en todo momento, está su potencial completo. Parece estar constantemente en el proceso de cambio. Sin embargo, en cada estado, en cada momento, está perfectamente bien como es. Una flor no es mejor cuando está florecida que cuando no es más que un capullo; en cada etapa es la misma cosa… una flor en el proceso de alcanzar su potencial.

La historia de la rosa se aplica al potencial humano y a que no se defina por lo que hacemos, sino más bien por lo que somos. La *Transformación total de su dinero* y el estado de sus inversiones son similares. Impulse con intensidad de gacela hacia el florecimiento, pero sepa que siempre que estén los pasos progresivos, está ganando. Es cierto, no se nos define por la riqueza; sin embargo, la *Transformación total de su dinero* afectará su riqueza, así como sus emociones, sus relaciones y su condición espiritual. Este es un proceso «total».

Nuestra jornada comenzó hace tres años, y hasta la fecha hemos tenido un giro positivo de un poco más de 140,000 dólares en nuestra situación financiera. ¡Estamos ganando! Esto se logró por concentración, trabajo duro, comunicación entre cónyuges y sacrificio. La Transformación total de su dinero incide en todos los aspectos de nuestra vida. Permítame decirle como prefacio a nuestros logros que somos gente trabajadora normal. Hemos alcanzado los siguientes objetivos sin vender ninguna posesión de más de 2,000 dólares y sin recibir ningún dinero o herencia inesperados. Aquí está lo que hemos logrado debido al plan:

- Pagamos nuestra deuda de 33,000 dólares en tarjetas de crédito
- Establecimos un fondo de emergencia de 14,000 dólares
- Salimos de nuestro automóvil demasiado caro y pagamos 19,000 dólares en efectivo por un Jeep Grand Cherokee usado dos años
- Compramos un seguro de vida a término de 1 millón de dólares
- Hicimos mejoras de 15,000 dólares en nuestra casa, y todo en efectivo
- Hemos depositado 50,000 dólares y nuestro 401k y TSA siguen creciendo.

Han sido cuatro años extensos, pero no hemos terminado; ¡continuamos ahorrando en nuestro 401k; y planeamos atacar nuestra hipoteca!

Esto exigió algunos sacrificios a corto plazo, mi esposo comenzó a trabajar por la noche en Kroger, y yo asumí un cargo extra como tutora en mi escuela. Ha sido un camino largo para nosotros, y sin embargo, todavía somos una unidad familiar más fuerte debido a esto. Creo que somos mejores padres y mejores personas debido a las experiencias que hemos tenido. Mi esposo y yo hablamos acerca de las metas que tenemos para nosotros y para el futuro de nuestros hijos. Gracias por la información sobre la Transformación *total de su dinero que ustedes proporcionan, por las historias que nos hacen mover la cabeza con incredulidad, y por la oportunidad de hallar paz financiera.*

Steve (edad 38) y Kim Llorens (edad 39)
Ejecutivo de contaduría;
Maestra de escuela

Después de completar este paso, usted no tendrá deudas, salvo por la casa, tendrá alrededor de 10,000 dólares en efectivo para emergencias, y estará dando pasos para asegurar que se retirará con dignidad. Creo ver una ancha sonrisa en su rostro. Sé que cuando Sharon y yo alcanzamos este paso las cosas comenzaron a moverse en nuestra vida. Empezamos a reconquistar la confianza que había desaparecido de nosotros al perderlo todo. Ustedes van a triunfar. ¿Puede verlo y sentirlo? Si no, vuelva atrás y lea otra vez la oración. Mejor aun, escríbala donde la vea cada día. «Voy a triunfar». ¡Su vida está cambiando!

Usted va a triunfar. | ¡Esto es divertido! Ahora, vamos a dar otro paso.

10

Fondos para estudios: Asegúrese de que también estén incluidos los hijos

Es el momento de hacer algo acerca del por siempre famoso fondo para los estudios. Muchos de ustedes han estado frotándose las manos mientras caminábamos a través de cuatro pasos de bebé y no han ahorrado ni una moneda de diez centavos para sus pequeños querubines. Algunas personas en nuestra cultura han perdido la cabeza respecto de la educación universitaria. La universidad es importante, tanto que les he explicado a mis hijos que si no van a ella contrataré personas que les hagan cosas desagradables hasta que vayan. Seriamente, una educación sólida para comenzar la vida de adulto y la carrera acrecentará la calidad de ambas. Yo también asistí y me gradué en una universidad; así que calcule.

Entienda el propósito de una educación universitaria antes de establecer un fondo para ella

He impartido consejería a padres que me temo que necesiten años de terapia si no proporcionan a sus hijos la escuela más costosa, sin costo. Estoy seguro que cuando comencemos este paso de bebé necesitaremos examinar nuestro sistema de valores culturales sobre el tema de la universidad. Hemos vendido tan fuertemente y por tanto tiempo a nuestros jóvenes la idea de la universidad que hemos empezado a aceptar algunos mitos sobre los grados universitarios.

Los grados universitarios no aseguran empleos. Los grados universitarios ciertamente no aseguran el éxito. Los grados universitarios no aseguran la riqueza. Solo prueban que alguien ha pasado con éxito una serie de exámenes. Todos conocemos personas educadas en universidades que están en quiebra y desempleados. Están muy desilusionadas porque creían que habían comprado un ticket y sin embargo se les negaba un asiento en el tren del éxito.

Si usted está mandando sus hijos a la universidad porque desea que tengan garantizados un empleo, el éxito o la riqueza, se desilusionará dramáticamente. En algunos casos, la desilusión no espera mucho tiempo porque tan pronto como se gradúan regresan con usted. Oiga esto. La universidad es algo grande, pero no espere demasiado por ese título. ¿Qué tal si fuéramos a reconocer que, en la mayoría de los casos, la universidad puede solo impartir conocimiento?

Si lo reconocemos, veremos que el fracaso y el dolor de cabeza están garantizados si esperamos que un grado universitario por sí mismo traiga tesoros a la vida. Los grados universitarios solo producirán algo para usted si mezcla conocimientos con actitud, carácter, perseverancia, visión, diligencia y niveles extremados de trabajo. Le hemos atribuido una peligrosa responsabilidad a un pequeño pergamino. Le hemos pedido que haga cosas que no puede hacer.

Debido a que hemos convertido un título universitario en cierta clase de fórmula de «genio en una botella» que ayuda mágicamente a triunfar en la vida, llegamos a extremos sumamente estúpidos de adquirir uno. He sido dos veces millonario partiendo de cero antes de tener los cuarenta años, y atribuyo 15% de eso al conocimiento universitario y 0% al diploma. El libro *Emotional Intelligence* [Inteligencia emocional] nos informa de un descubrimiento similar.

En un estudio de personas triunfadoras, el autor descubrió que 15% del éxito podía atribuirse al adiestramiento y la educación, mientras que 85% se atribuyó a la actitud, a la perseverancia, a la diligencia y a la visión. Si admitimos en alta voz que la educación es para conocimiento, que solo es parte de la fórmula del éxito, no tenemos que volvernos locos en perseguir el Cáliz Sagrado de un título.

¿Qué de esas amistades de toda la vida que sus hijos harán en la universidad, que pudieran «ayudarlos» cuando se gradúen? Permítame preguntarle. ¿Ha ganado usted algún dinero extra debido a las amistades que hizo en la universidad?

Frase clave: Los grados universitarios no aseguran la riqueza.

No estoy diciendo que las amistades no importen, o que esos amigos de la universidad no lo ayudarán nunca a usted en su carrera; sin embargo, si el precio por esa clase de amistades es una deuda importante, es un precio demasiado alto. Además, usted puede crear amistades valiosas para el futuro sin que importe a qué escuela asistió.

Necesitamos esta base en cuanto a por qué queremos la universidad para nuestros hijos a fin de establecer metas para la escuela. En otras palabras, si usted no espera tanto del diploma, tal vez no rompa todas las ramas de su árbol familiar colocando a los hijos en algún lugar que francamente no puede costear. Repito, la universidad es importante —muy importante— pero no es la respuesta a todos los problemas de sus hijos. Sería muy atrevido si digo que la universidad no es siquiera una necesidad, es algo que se desea. No es una necesidad, es un lujo. Este lujo es uno de los primeros

Mito vs. Realidad

Mito: Alquilar un automóvil es lo que hace la gente sofisticada. Usted debería alquilar cosas que se deprecian en valor y aprovechar las ventajas del impuesto.

Realidad: Los defensores del consumidor, expertos destacados y un buen calculador confirmarán que alquilar un automóvil es la manera más costosa de operar un vehículo.

en mi lista, pero no antes del retiro, no antes del fondo de emergencia y ciertamente no como una razón para caer en deudas.

Reglas de Dave para la universidad

Haga una investigación sobre el costo de asistir a la universidad. Entérese de cuánto cuesta hoy su antigua universidad. Entérese de cuánto cuesta la más grande escuela estatal de su área. Entérese de cuánto cuesta la universidad privada más pequeña, más íntima. Compárelas. En algunas áreas de estudio y en muy pocas carreras importará de dónde es usted graduado, pero en la mayoría no. El abolengo significa menos y menos hoy en nuestra cultura laboral.

¿Cómo puede justificar incurrir en una deuda de 75,000 dólares para un diploma cuando pudo haber ido a una escuela estatal y pagar de su bolsillo libre de deuda? No puede. Si tiene los 75,000 dólares en efectivo extra o una matrícula gratis y desea ir a esa escuela privada libre de deudas, por supuesto, hágalo. De otra suerte, reconsidérelo.

La primera regla de la universidad (sea para usted o para sus hijos) es: Pague en efectivo. La segunda regla es: Si tiene el efectivo o la matrícula, siga adelante. Hace un par de años me encontré con el decano de la escuela de ciencias comerciales de la universidad donde me gradué. En aquel momento, el promedio de estudiantes se graduaba con una deuda de aproximadamente 15,000 dólares en préstamo estudiantil, después de pasar tres o cuatro años en un apartamento, no en el dormitorio, y de comer fuera del recinto, no del plan de alimentos de la cafetería de la escuela. El estudiante promedio pagaba 5,000 dólares más por año para vivir y comer fuera del recinto que para vivir en el dormitorio y comer la comida de la cafetería.

> Apártese de los préstamos; haga planes para evitar pedir prestado.

El préstamo estudiantil que ellos «tenían que tener» o no podrían ir a la universidad, no era para la universidad en absoluto. Los préstamos estudiantiles, como promedio, cubrían el nivel de vida fuera del recinto, y no había que incurrir en una deuda para graduarse, solo para lucir bien mientras obtenían el grado. Los préstamos estudiantiles son un cáncer. Una vez que ha caído en ellos no puede librarse. Son como un familiar indeseable que viene a pasarse «unos días» y se queda en el cuarto de huéspedes por diez años. Hemos divulgado el mito de que usted no puede ser estudiante sin un préstamo. ¡No es cierto! *USA Today* dice que en 1992 42% de los estudiantes incurrían en préstamos, mientras que en el 2000, 64% de los estudiantes lo tenían. Los préstamos estudiantiles han llegado a ser cosa normal, y lo normal es estar en quiebra. Apártese de los préstamos; haga planes para evitar pedir prestado.

Si ha planeado sus metas de ahorro y no tiene mucho espacio en el presupuesto para la universidad, no caiga en el pánico. El conocimiento es solo parte de la fórmula del éxito. Con lo que usted puede ahorrar, esos preciosos niños pueden probablemente obtener un buen grado si se adaptan a los ajustes de la vida y obtienen un empleo mientras están en la escuela. El trabajo es bueno para ellos. En las pasadas generaciones, los estudiantes vivían con sus familiares, dormían en dormitorios, comían la comida de la cafetería y soportaban otras privaciones para obtener un grado. Aún iban a las escuelas sin abolengo para obtener conocimientos, que es lo que buscaban. Tampoco se hacían ilusiones de que el grado les iba a garantizar empleos o éxitos. Ahora, luego de gastar páginas machacando sobre mentalidades hechas, podemos establecer algunas metas razonables y asequibles para ahorrar con miras a la universidad.

ARITMÉTICA TORCIDA

Si el pago de su hipoteca es 900 dólares y la porción del interés es 830 dólares, ese año pagará alrededor de 10,000 dólares en intereses. ¡Qué deducción más buena! ¿Correcto? De otra manera, pagaría 3,000 dólares en impuestos por esos 10,000 dólares. Pero ¿a quién se le ocurriría cambiar 10,000 dólares por 3,000?

Quinto paso de bebé: Ahorrar para la universidad

Casi todo el mundo piensa que ahorrar para la universidad es importante; sin embargo, apenas pocos ahorran dinero para la educación universitaria de sus hijos. La revista *Money* y *CBS Market Watch*, citan ambos la alarmante estadística de que 39% de los estadounidenses con hijos no ahorran un centavo con miras a la universidad. 4% ha ahorrado menos de 1,000 dólares y 25% ha ahorrado entre 1,000 y 10,000 dólares. ¡Eso quiere decir que 68% no ha ahorrado nada o casi nada! ¿Por qué estamos actuando tan mal? Porque estamos en deuda, no tenemos ahorros de emergencia, no hay presupuesto, etc. Tenemos que andar con pasos de bebé en la *Transformación total de su dinero* antes de tener el dinero que vamos a ahorrar para la universidad. Si ahorra para la universidad y no tiene un fondo de emergencia, sacará del fondo para la universidad a fin de salvar su casa de un juicio hipotecario cuando se quede sin empleo. Si trata de ahorrar para la universidad mientras hace pagos para todo lo que existe bajo el sol, no tendrá dinero alguno para ahorrar. Por otra parte, para el momento en que usted practique los pasos de bebé, tendrá una base sólida y dinero para ahorrar. Si no tiene hijos o sus hijos son grandes y se han ido, sencillamente pase por alto este paso. Para todos los demás, el fondo universitario es una necesidad. Y si usted hace lo que le digo, cuando comience un fondo para la universidad, no terminará saqueándolo.

Nosotros éramos una familia con dos ingresos que sumaban juntos 50,000 dólares. Eso era bastante bueno en los años 80. Íbamos desenvolviéndonos bien, gastando cada centavo que hacíamos.

Esperábamos nuestro primer hijo, y el jefe de mi esposa quería que ella trabajara a tiempo completo. Vendieron la compañía en donde yo trabajaba y quedé sin empleo. ¡Así que para sobrevivir tuve la brillante idea de salir de deudas mediante préstamos! Muy pronto habíamos incurrido en una deuda de 50,000 dólares, con dos pagos de automóvil y solo 30,000 dólares de sueldo. Huelga decir que nuestro matrimonio se vio afectado. Teníamos que dar un paso positivo.

Me dediqué a las ventas y dupliqué mi ingreso. Liquidamos todas las tarjetas de crédito (diez de ellas) y enviamos cartas de cancelación. Finalmente llegamos a la conclusión de que las deudas no conducían a la riqueza. Vendimos nuestros autos, ambos de un año y medio de uso, y compramos al contado en 3,000 dólares un automóvil de cuatro años de uso, que compartimos.

¡Sí, algunas veces esto era un poco inconveniente, pero no tanto como no tener dinero y una tonelada de cuentas! Un poco después, comencé un nuevo empleo y gané más en mi primer año que lo que hacíamos juntos al principio de nuestro matrimonio. ¡Ahora podíamos, realmente, empezar a salir de deudas!

Finalmente nos libramos de la última tarjeta de crédito (sí, aun la de «paga lo que debes» de American Express). Estamos ahora en el quinto paso de bebé. Tenemos 20,000 dólares en ahorros, estamos abasteciendo los fondos universitarios y solo nos quedan once años de los quince de nuestra hipoteca. Pagamos al contado nuestras vacaciones… bellas vacaciones. Además de todo eso, tenemos realmente mucha esperanza y mucha paz, gracias a Dave Ramsey y al plan de la Transformación total de su dinero. ¡Nuestro matrimonio ha crecido a un nuevo nivel! ¡Tendremos dinero para la universidad de nuestro hijo!

Mi esposa realmente cree que hay estabilidad en nuestra familia y puede confiar en que puede tener lo que desea. ¡Elimine su adicción a comprar cosas y también tendrá una vida cambiada!

Derek (edad 42) y Karen (edad 42) Anderson
Jefe ejecutivo de cuentas; madre, ama de casa

ESAs y 529s

La matrícula de la universidad sube más rápido que la inflación normal. La inflación de bienes y servicios arroja un promedio de 4% al año, mientras que la inflación de la matrícula cerca de 7% al año. Cuando usted ahorra para la universidad, tiene que añadir por lo menos 7% anual para mantenerse al nivel de los aumentos.

El seguro de vida para el bebé —como Gerber u otro Whole Life para bebés, que ahorran para la universidad—, es un chiste, cuya rentabilidad arroja un promedio de menos de 2%. Los bonos de ahorro no funcionan tampoco (¡lo siento, abuela!) porque arrojan un promedio de cerca de 5%. La mayoría de los estados ahora ofrecen matrícula de universidad prepagada. Discutimos eso en al capítulo 4 sobre los mitos del dinero, pero recuerde que cuando paga algo por adelantado, usted sencillamente rompe con la inflación en ese caso. Si la matrícula sube 7% al año y paga por adelantado, usted gana 7% en su dinero. Esto no está mal, pero recuerde que un fondo mutuo de crecimiento decente hará como promedio más de 12% cuando se invierte a largo plazo. Por supuesto, hay cosas peores que la matrícula pagada por adelantado. *USA Today* informa que 37% de los pocos que hoy ahorran con vista a la universidad lo hacen en una simple cuenta de ahorros que rinde menos de 3%. Eso no lo va a lograr. Sé que algo es mejor que nada. Pero me gusta otro adagio mejor en este caso: Si algo merece hacerse, vale la pena hacerlo bien. Vamos a dar el quinto paso de bebé como es correcto.

Sugiero establecer un fondo para la universidad o por lo menos el primer paso de la universidad con una cuenta de ahorro educacional (por las siglas de su nombre en inglés: Educational Saving Account [ESA]) abastecida con un fondo mutuo de crecimiento. La cuenta de ahorro educacional, llamada con el apodo de Education IRA [IRA son las siglas Individual Retirement Account], crece libre de impuestos cuando se utiliza para la educación superior. Si usted invierte 2,000 dólares por año desde el nacimiento hasta la edad de 18 años en matrícula pagada por adelantado, eso compraría cerca de 72,000 dólares en matrícula, pero mediante una ESA en fondos mutuos que arrojen un promedio de 12%, usted tendrá 126,000 dólares libres de impuestos. La ESA actualmente le permite invertir 2,000 dólares por año, por hijo, si su entrada neta es inferior a 200,000 dólares por año. Si empieza a invertir temprano, su hijo puede ir virtualmente a cualquiera universidad si ahorra 166.67 dólares por mes (2,000 dólares por año).

Para la mayoría de ustedes, el quinto paso de bebé es manejable si empieza una ESA totalmente abastecida y su hijo es menor de ocho años. Si su hijo es mayor, o usted aspira a universidades caras, escuelas para graduados o programas para doctorados en filosofía que uno paga, tendrá que ahorrar más de lo que permite una ESA. Yo aun empezaría con una ESA si los límites del ingreso no lo dejan fuera. Comience con la ESA porque usted puede invertir dondequiera, en cualquier fondo o cualquier combinación de fondos, y cambiar cuando le parezca. Es la más flexible, y usted tiene mayor control. Para hacer alguna planificación en detalle, verifique los formularios en la página siguiente. Esto le ayudará a calcular cuánto necesita ahorrar para lograr su meta universitaria. Si desea hacer más que una ESA, o su ingreso no se lo permite, tal vez puede mirar el plan 529. Estos son planes del estado, pero la mayoría le permite usar el dinero en cualquier institución de altos estudios, lo que significa que puede ahorrar en un plan 529 de New Hampshire e ir a la universidad en Kansas. Hay varios tipos de planes 529 y usted debe apartarse de la mayoría de ellos. El primer tipo que llegó a ser popular fue el plan «fase de vida». Este tipo de plan le permite al administrador del mismo controlar su dinero y trasladarlo a inversiones más conservadoras a medida que aumenta la edad del niño. Estos rinden poco (cerca de 8%) debido a que son muy conservadores. El siguiente tipo es un plan de «carpeta fija», que establece un porcentaje fijo de su inversión en un grupo de fondos mutuos y lo cierra hasta que necesite el dinero. Usted no puede mover el dinero, de suerte que si cae en algunos fondos de mala calidad, se atasca con ellos. Este tipo puede producir mejor rentabilidad, pero le otorga menos control (así y todo es algo que todavía se puede considerar).

Uno de los problemas con un plan 529 es que debe renunciar a un elemento de control. Los mejores planes 529 disponibles, y mi segunda selección para una ESA, es un plan «flexible». Este tipo de plan le permite cambiar su inversión periódicamente con determinada familia de fondos. Una familia de fondos es un nombre de marca de fondos mutuos. Usted puede escoger virtualmente de cualquier fondo mutuo en el American Funds Group, Vanguard o Fidelity. Usted está atado a una marca, pero puede seleccionar el tipo de fondo, la cantidad en cada uno de ellos, y cambiar si usted lo desea. Este es el único tipo de 529 que recomiendo.

No importa cómo ahorre para la universidad, hágalo. Ahorrar para ese fin le asegura que un legado de deuda no se transmitirá a su descendencia en el árbol familiar. Lamentablemente, la mayoría de las personas que se gradúan de la universidad están metidas en muchas deudas antes de empezar. Si empieza temprano o ahorra audazmente, sus hijos no serán uno de ellos.

Dos pagos de autos, una hipoteca y pagos de tarjetas de crédito nos describían a nosotros antes de la Transformación total de su dinero. Nuestra deuda total era cerca de 22,000 dólares. Estábamos recién casados y ya habíamos escuchado el Show de Dave Ramsey en la radio por cerca de un año. Cuando comenzamos el plan de la Transformación

total de su dinero habíamos estado con un presupuesto por casi nueve meses y habíamos pagado casi 10,000 dólares. Después de estar con el presupuesto un par de meses, sentimos que habíamos recibido un importante aumento de salario. Habíamos practicado toda la filosofía de Dave Ramsey antes de verlo hablando en uno de sus eventos.

¡Pagamos otros 6,000 dólares por deudas después de iniciar oficialmente el plan! Sentimos que estábamos en el «asiento del chofer» por primera vez. En la primavera compramos una casa (hipoteca convencional a quince años) que es cerca de dos veces más grande de la que teníamos. Podía dejar mi empleo y volver a la escuela pagando por el GI Bill, puesto que soy militar retirado. Mi esposa es tan dinámica que ha duplicado su salario en solo cinco años. Yo terminaré la escuela la primavera próxima y ya he comenzado a trabajar en jornada parcial. Ahora podré obtener un buen empleo. Pudimos disfrutar de unas vacaciones pagadas de tres semanas en Italia el pasado mayo, y nuestro fondo de emergencia cuenta con 6,000 dólares.

¡Lo estamos haciendo de lo mejor! Recientemente abrimos una cuenta de ahorro educacional para nuestro nieto. Con el apoyo creado por la Transformación total de su dinero y un poco de práctica en la vida, cualquiera puede cambiar su árbol familiar. Haga su vida más fecunda y menos agobiada. ¡Comience el plan lo más rápido posible!

Wes (edad 40) y Dina (edad 51) Loukota
Ambos programadores creativos

PLAN MENSUAL PARA LOS ESTUDIOS

A fin de tener suficiente para la universidad, tiene que fijar un blanco. Su tarea es determinar cuánto al mes debe estar ahorrando a 12% de interés para tener suficiente para la universidad.

Si estamos ahorrando a 12% y la inflación es de 4%, estamos 8% por encima de la inflación anual.

Primer paso:
En dinero de hoy, cuánto cuesta la universidad de su preferencia:

$_____

X 4 años: $_____

(sugerencia: de $15,000 a $25,000 al año)

Segundo paso:
Para alcanzar esa meta, usted ahorrará a 12%, y le quedará 8% después de la inflación, así que buscaremos el objetivo usando 8%.

_____ X _____ = _____

Ahorro que se necesita   Factor   Hay que ahorrar al mes

Factores a 8% (seleccione el que corresponda a la edad de su hijo)

EDAD	AÑOS PARA AHORRAR	FACTOR
0	18	.002083
2	16	.002583
4	14	.003247
6	12	.004158
8	10	.005466
10	8	.007470
12	6	.010867
14	4	.017746

Nota: Asegúrese de probar uno o dos ejemplos si espera 5 o 10 años para comenzar.

Sea creativo cuando no disponga de mucho tiempo

¿Qué tal si usted dispone solo de dos años y no puede ahorrar mucho porque comenzó tarde la *Transformación total de su dinero*? Primero, vuelva a leer los conceptos al comienzo de este capítulo. Haga planes para que su hijo asista a alguna escuela que sea más barata, que viva en el recinto y que coma en la cafetería. Usted está buscando conocimiento, no alcurnia. Los préstamos estudiantiles no están a su alcance. Debe ser creativo e ingenioso. ¿Han pensado sus hijos en empresas que pudieran buscar a alguien con el grado que desean? Haga que ellos pidan a la empresa que les pague la escuela mientras trabajan para ella. Muchas compañías pagan la matrícula a sus empleados «adultos»; simplemente hágalo en sentido inverso. ¿Dirán que sí todos ellos? Absolutamente que no; en realidad, la mayoría dirá que no, pero esto solo toma un sí, de modo que pregúnteles con frecuencia. Busque compañías que tengan programas de trabajo y estudio a la vez. Muchas compañías ofrecen pagar los estudios y han concertado contratos sobre matrícula con universidades locales para atraer una fuerza de trabajo. UPS, por ejemplo, tiene un programa en muchas ciudades donde puede trabajar veinticuatro horas por semana ordenando cajas de noche, y le pagan su matrícula escolar durante el día. Además, tienden a pagarle muy bien por su trabajo parcial. Este es solo un ejemplo entre muchos. Este tipo de programa es para alguien que desea conocimientos, no ir a la escuela solo para adquirir la «experiencia universitaria» que se traduce en querer estar de fiesta. Si quiere caer en endeudamiento para enseñar a sus hijos a tomar cerveza o para que adquieran abolengo, necesita algo más que una simple *Transformación total de su dinero*.

Estadísticas sorprendentes

Sesenta y ocho por ciento de las personas no han ahorrado nada o casi nada para la educación de sus hijos.

Averigüe lo que el ejército ofrece. El ejército no es para todo el mundo, pero un joven que trabajaba para mí obtuvo una educación universitaria gratis sirviendo cuatro años en el ejército. Sinceramente, odiaba al ejército, pero ese fue su pasaporte para la escuela. Él creció en un hogar subvencionado y se le dijo toda la vida que la universidad no estaba en su futuro. No se podía decir lo contrario.

*M*i madre era la tradi-cional ama de casa, y mi padre fue recogedor de basura toda su vida. Aunque nunca pasó del octavo grado, y mi mamá nunca obtuvo una educación superior, mis padres están bastante cómodos ahora en sus años de retiro. ¿Por qué? Porque no creían en deudas, y mi padre es un gran tacaño que me transmitió esa maravillosa peculiaridad. También hicieron hincapié en ir a la universidad mientras yo crecía, y eso es lo que hice. Durante ese tiempo viví sin rumbo de una relación a otra, fiesteaba y lo pasaba bien (o así me lo creía). Entonces quedé embarazada, y el padre de mi bebé no quiso «responsabilizarse» con la crianza del niño, de modo que lo hice sola.*

Ese fue el momento más bajo de mi vida. Nunca me sentí más sola y avergonzada. Luego de sentir pena por mí misma, busqué diferentes alternativas y sentí un profundo deseo de triunfar. ¿Por qué no debo triunfar solo porque soy madre soltera? Rehusé regresar al subsidio estatal y abandonar el sistema por el resto de mi vida. Decidí volver a la universidad para obtener mi grado de maestría en asesoramiento de la comunidad.

No tenía ninguna beca ni dinero reservado para la universidad, de modo que me uní al programa ROTC de la Fuerza Aérea para realizarlo. Unos cuantos años más tarde, como venido del cielo, un verdadero amigo muy especial me escribió luego que no oía de él después de ocho años, diciéndome que nunca me había olvidado.

Bien, el resto es historia. Joe y yo finalmente nos casamos, llegó a ser un gran padre para mi hijo mayor y dos años después tuvimos otro. Entonces comenzamos el plan de la Transformación total de su dinero de Dave Ramsey. Nos sentamos y completamos un presupuesto. Desde entonces Joe y yo hemos pagado 18,000 dólares en deudas en dieciocho meses. Excepto por nuestra casa, debemos 14,000 dólares más por préstamos estudiantiles y esperamos pagarlos para el próximo año a más tardar. Estamos determinados a ser millonarios, de modo que podamos dar, dar y dar de vuelta por lo que nos han dado. ¡Si usted sueña con ir a la universidad, hay maneras de que eso suceda!

Kelly Pica-Bosco (edad 30)
Primer Teniente de la Fuerza Aérea

Si el servicio militar de tiempo completo no es para usted, investigue en la Guardia Nacional. Ellos le pagarán para ir a un campamento de entrenamiento un verano entre la secundaria y la universidad y después le pagarán lo suficiente por matrícula y libros el resto del tiempo. Por supuesto, usted servirá a su país en la Guardia Nacional.

Acepte un muy rechazado pero bien pagado empleo de vendedor en el verano. Hay incontables historias de jóvenes que venden libros o participan en programas similares para pagar sus estudios. Algunos de esos jóvenes vendedores son como guerrilleros que reciben más educación en las trincheras de verano que en las clases de mercadeo. Un amigo mío hizo 40,000 dólares vendiendo en un verano. Al regreso a clase en el otoño, su profesor de mercadeo le dio una C por la presentación de ventas que hizo en la clase. Mi amigo, poco maduro, le preguntó al profesor cuánto ganaba al año. Luego de alguna insinuación el profesor admitió que ganaba 35,000 dólares por año. Mi amigo salió y, lamentablemente, abandonó la escuela. Pero está bien; su ingreso el año pasado fue de más de 1,200,000 dólares. No cuento la historia para decir que sea bueno ser inmaduro y abandonar la escuela, porque hasta él le diría que le pesa no haber terminado. Les cuento esta historia verdadera porque ilustra que aprendió muy valiosas lecciones sobre mercadeo mientras trataba de pagar sus estudios.

Hay otros beneficios más allá del simple dinero que aguardan al joven que trabaja para pagar todo o parte de sus estudios. Si usted tiene ya los préstamos estudiantiles o no quiere aceptar uno, busque dentro de los programas de áreas faltas de atención. El gobierno pagará por la escuela o cubrirá sus préstamos estudiantiles si va a trabajar en un área que se le da poca atención. Estas áreas son típicamente rurales o dentro de la ciudad. La mayoría de esos programas son sobre derecho y medicina. Si está en enfermería, puede trabajar unos cuantos años en un hospital en una zona pobre de la ciudad con los menos afortunados, y obtener educación gratis, cortesía del gobierno federal.

Dave declara...

Si recibe una buena devolución de impuestos, usted ha dejado que el gobierno use su dinero sin interés por un año.

Probablemente mi método favorito de abastecer de fondos la escuela, en lugar de ahorrar para ello, son las becas no reclamadas. Hay más de 4 mil millones de dólares en dinero de becas no reclamadas cada año. Estas no son becas académicas ni atléticas. Consisten de pequeñas a medianas sumas de dinero aportadas por organizaciones o clubes de la comunidad. El Club Rotario o el Club de Leones, o los Jaycees muchas veces donan 250 o 500 dólares por año como premio a algún joven de mérito. Algunas de estas becas se basan en la raza, en el sexo o en la religión. Por ejemplo, podrían ser concebidas para ayudar a la educación de alguien cuya procedencia sea de los indios americanos.

Las listas de estas becas pueden adquirirse por vía electrónica y aun existen unos cuantos programas por computadora que pueden comprarse. Denise, una oyente de mi programa radial, oyó mi consejo, compró uno de los programas por computadora y siguió el sistema. Ese programa en particular comprendía más de 300,000 becas disponibles. Ella amplió la búsqueda de datos hasta encontrar 1,000 becas a las que aspirar. Pasó todo el verano llenando solicitudes y escribiendo ensayos. Literalmente, llenó solicitudes para 1,000 becas. Le rechazaron 970 pero le aceptaron 30, y esas 30 becas le pagaron 38,000 dólares. Asistió a la escuela gratis, mientras que su vecino, que no hizo gestión alguna, se lamentaba de no disponer de dinero para estudiar, y al fin y al cabo consiguió un préstamo estudiantil.

Si sigue los pasos de bebé, puede enviar sus hijos a la escuela sin deudas. Aun si comienza tarde, la perseverancia y la habilidad pueden lograr que completen sus estudios. Si desea ir a la universidad, puede. La buena noticia es que aquellos de ustedes que tienen una *Transformación total de su dinero* probablemente no solo pagarán por la educación de sus hijos, sino que también —al enseñar a sus hijos a manejar el dinero y con ello llegar a ser ricos— sus nietos podrán asistir a la escuela libres de deudas.

11

Pague la hipoteca de su casa:
Siéntase en muy buenas condiciones

Tengo un buen amigo que corre maratones. Me siento y oigo asombrado las historias de los que ha corrido. Me siento a escuchar con asombro la dedicación, el adiestramiento y el dolor que experimentan los corredores. Pensar en correr 42 kilómetros es duro para uno que considera 4 kilómetros como un verdadero logro cotidiano. Los corredores de maratón figuran entre las personas más saludables del planeta. Al llegar al sexto paso de bebé, usted alcanzará la condición de corredor de maratón en el mundo de la creación de riqueza. Usted ha corrido la buena carrera, pero no ha terminado.

Bruce, mi amigo maratónico, me dice que cerca de los treinta kilómetros (de los 42 de la carrera) los corredores comienzan a resentirse. Empiezan a sentir algunas cosas realmente desagradables en los músculos y en la mente en ese momento. Casi al final de la carrera, el cuerpo no responde. Su cuerpo que ha sido entrenado y acondicionado empieza a decir que basta. Grandes nubes negras de duda entran en aquella mente fuerte y adiestrada para la competencia. Empieza a pensar cosas como *Treinta kilómetros es bastante bueno; muy pocos podrían lograrlo*. Si se descuida, lo «bastante bueno» puede convertirse en el enemigo de «lo mejor». Lo «malo» es rara vez el enemigo de «lo mejor», pero la mediocridad con una dosis de duda puede mantenerlo fuera de la excelencia. Terminar bien puede ser más importante que comenzar bien.

Alcance el anillo de oro

En este punto de la *Transformación total de su dinero*, usted está libre de deudas excepto la de la casa, y tiene ahorrado de tres a seis meses de gastos para emergencias (10,000 dólares, más o menos). En este punto en la *Transformación total de su dinero*, está depositando 15% de sus ingresos en los ahorros para el retiro e invirtiendo para la educación universitaria de sus hijos con firmes objetivos en mente para ambas cosas. Usted es ahora uno del tope de 5 a 10% de los estadounidenses porque tiene alguna riqueza, tiene un plan y todo está bajo control. ¡En este punto de la *Transformación total de su dinero* usted está en grave peligro! Está en peligro de conformarse con «lo bastante bueno». Está en la marca de los treinta kilómetros de una carrera maratón, y ahora que es el momento de alcanzar el verdadero anillo de oro, los dos pasos de bebé finales podrían parecerle fuera de su alcance. Permítame asegurarle que muchos han llegado a este punto. Algunos se han detenido y lo han lamentado; otros se han mantenido como gacela intensa el tiempo suficiente para terminar la carrera. Se han dado cuenta de que solo queda un importante obstáculo por vencer, después del cual pueden caminar con orgullo entre los que están en óptimas condiciones y que se consideran campeones financieros.

> Si se descuida, lo «bastante bueno» puede convertirse en el enemigo de «lo mejor».

Ellos pueden contarse a sí mismos entre la élite que ha terminado la *Transformación total de su dinero*.

Hace como tres años dediqué mi hora de almuerzo a comprar un juego de comedor con mi tarjeta de crédito. En ese momento de mi vida estaba totalmente ignorante del hecho de que estaba comprando cosas que no necesitaba y que no estaban a mi alcance. ¡Mi esposo y yo pagábamos dos autos, un préstamo personal y gastábamos cada centavo que hacíamos cada semana!

En el mismo año encontré en la radio el *Show de Dave Ramsey*. «¿Está usted harto de vivir como la gente "normal"?», preguntaba Dave. Instantáneamente respondí en alta voz: «¡Sí, sí, sí!» Le rogué a mi esposo que asistiera a una de las «presentaciones en vivo» de Dave en nuestra ciudad a fines de ese mes. ¡Qué milagro! Como primer triunfo, mi esposo había llegado emocionalmente al mismo lugar en que yo estaba. Asistimos a ese seminario con deudas, sin ahorros para la universidad y con muy pocos ahorros para el retiro, pero salimos con esperanza, esperanza de que, juntos, podríamos dar la vuelta y triunfar en esto que llaman «finanzas».

¡Bien, de esto hace tres años, y estamos libres de deudas, excepto la hipoteca! ¡Nos tomó solo catorce meses para pagar 26,000 dólares de las deudas! Tenemos un fondo de emergencia plenamente abastecido, el adecuado nivel de seguro de vida, una hipoteca refinanciada a quince años, y un presupuesto con base cero que incluye una larga suma para ahorro universitario.

¡Ahorramos 15% para retiro, y los diezmos que siempre hemos dado incluyen ahora donaciones sustanciales! ¿Podemos poner en palabras el sentimiento de seguridad que tengo con cero deudas y ahorros por añadidura? ¿Podría explicarle a alguien cómo, debido a que nuestra situación financiera era firme, el dinero no fue un problema cuando dijimos «sí» a un sobrino de dieciséis años cuyo padre se había enfermado y necesitaba un nuevo hogar para vivir? Y después, cuando un chico de doce años en nuestra iglesia necesitaba un hogar de adopción, pudimos ayudarlo. Volvamos, pues, al primer día que escuché el Show de Dave Ramsey. Mi esposo y yo teníamos dos hijos, 26,000 dólares en deudas, una pequeña cantidad de seguro de vida con ahorros, una hipoteca a treinta años y ninguna idea de adónde iba nuestro dinero. ¡Mírenos ahora! Somos una familia de seis miembros que al unísono decimos: «¡Gracias, Señor!» y «¡Gracias, Transformación total de su dinero!» ¡Ahora es el momento de liquidar la hipoteca!

Sheila Breeden (edad 39)
Administradora adjunta

Sexto paso de bebé: Liquide la hipoteca de su casa

El obstáculo final antes de doblar la esquina en los últimos kilómetros es llegar a estar completamente libre de deudas. No pagos. ¿Cómo se siente uno sin tener que hacer pagos? Yo había dicho esto antes, y me lo repetiré a mí mismo hasta que usted me oiga; si usted hubiese invertido lo que dedica a pagos mensuales, sería un millonario libre de deudas antes de mucho tiempo. Su principal instrumento para crear riqueza es su ingreso; usted ha leído eso una y otra vez. Ahora tiene que ver las posibilidades que se abren. ¡Usted se ha adiestrado, se ha condicionado y se ha alimentado bien para correr este maratón, de modo que no abandone la carrera en el kilómetro treinta! Cada dólar en su presupuesto que pueda hallar por sobre los gastos de la vida, el retiro y la universidad debe usarse para hacer pagos extras de su casa. Ataque la hipoteca de la casa con intensidad de gacela.

Mi familia tiene una perra fabulosa, una dogo faldera china, una perra como Frank en la película *Men in Black* [Hombres de negro]. Su nombre es Heaven, y cuando le hablamos mueve la cabecita como si se preguntara si hemos perdido la mente. Si oyera la manera en que le hablamos a la perra, podría pensar que de veras estamos locos. Todos hemos visto esa mirada de lado que nos echan cuando hablamos algo sin sentido, cuando hablamos algo extraño, algo contrario a la cultura a la cual estamos acostumbrados. Cuando digo: «Liquida tu hipoteca», alguno de ustedes mirará este libro como si les hubiera dicho que les crezcan alas y vuelen a la luna.

> ¿Cómo se siente uno sin tener que hacer pagos?

Siempre que hablo de liquidar las hipotecas, la gente me echa una mirada especial. Piensan que estoy loco por dos razones. Primera, que la mayoría de las personas han perdido la esperanza, y no creen que haya alguna oportunidad para ellos. Segunda, la mayoría de las personas creen en todos los mitos que se han divulgado sobre las hipotecas. Sí, debemos acabar con unos cuantos mitos más. Hay dos «razones» verdaderamente grandes que mantienen a ciertas personas que parecen inteligentes (como yo durante años) sin liquidar las hipotecas, de modo que empezaremos con esos.

Recuerde: Cuidado con los mitos

Primera gran razón:

Mito: Es conveniente mantener la hipoteca de la casa por la deducción de impuestos.

Realidad: La deducción de impuestos no es ninguna ganga.

Discutimos la matemática de la deducción de impuestos cuando nos referimos al engaño con los autos. Vamos a repasar el tema. Si usted tiene una casa con un pago de alrededor de 900 dólares, y la porción de interés es de 830 dólares por mes, ha pagado cerca de

10,000 dólares en intereses ese año, lo cual crea una deducción del impuesto. Si en lugar de ello, usted tiene una casa libre de deuda, en realidad pierde la deducción del impuesto, por eso el mito dice que mantenga su hipoteca debido a las ventajas tributarias.

Esta situación es una nueva oportunidad para descubrir si su contador puede ayudarlo. Si usted no tiene una deducción de impuesto de 10,000 dólares y se encuentra dentro de la categoría de 30%, tendrá que pagar 3,000 dólares en impuestos sobre esos 10,000 dólares. Según el mito, deberíamos depositar 10,000 dólares en intereses al banco de modo que no tenemos que enviar 3,000 dólares en impuestos al IRS. Personalmente, prefiero vivir libre de deudas y no hacer un intercambio de 10,000 dólares por 3,000. Sin embargo, cualquiera de ustedes que desee pagar 3,000 dólares en impuestos, simplemente avíseme por e-mail y yo personalmente le pagaré 3,000 dólares de sus impuestos tan pronto como su cheque por 10,000 dólares se deposite en mi cuenta de banco. Yo sé sumar.

Segunda gran razón:

Mito: Es conveniente pedir prestado todo lo que pueda sobre mi casa (o continuamente refinanciar para recibir dinero) debido a las magníficas tasas de interés; entonces puedo invertir el dinero.

Realidad: No le queda ganancia cuando el humo desaparece.

Es un poco complicado, pero si me sigue habrá captado intelectualmente por qué tantas personas han caído en un hoyo financiero. El mito que se me enseñó en la academia (no estoy en contra de la educación superior, dicho sea de paso, en tanto estemos aprendiendo la verdad) es usar la deuda de más bajo interés para invertir en inversiones de alta rentabilidad. Lamentablemente, algunos «planificadores financieros» nos han dicho que pidamos prestado a cuenta de sus casas con un interés de alrededor de 8%, para invertir en fondos mutuos de crecimiento con un promedio de 12%, porque usted hará un fácil 4%.

Los fondos mutuos son inversiones alucinantes y, como he dicho, tengo toneladas de dinero invertido en buenos fondos mutuos de crecimiento. Además, el mercado de valores ha mantenido un promedio de 12% desde el principio. Algunos años son excelentes y otros son malos, y nosotros hemos tenido ambos en los últimos diez años, pero el promedio a largo plazo es alrededor de 12%. Por eso compro y recomiendo los fondos mutuos.

El problema con este mito es que las suposiciones empleadas para obtener ese 4% de ganancia en la inversión son equivocadas. Los que sostienen el mito, y yo he sido uno de ellos, son muy ingenuos en la manera de enfocar la inversión. Examinemos un préstamo de 100,000 dólares sobre su casa con fines de inversión. Si usted pide prestado a 8%, pagará 8,000 dólares de interés, y si invirtió los 100,000 dólares que pidió sobre su casa y sacó 12%, obtendría 12,000 dólares en dividendo, y le quedaría neto 4,000 dólares, ¿verdad?

Donde yo vivo, si usted hace 12,000 dólares en una inversión tiene que pagar impuesto. Si usted está dentro de un grupo de 30%, pagará 3,600 dólares en impuestos a la tasa ordinaria de ingreso o 2,400 dólares si invierte a la tasa de ganancia de capital. De modo que no ganará 4,000 dólares neto, sino de 400 a 1,600 dólares. Pero no hemos terminado aún.

Mito vs. Realidad

Mito: Al servir de fiador de un préstamo estoy ayudando a un amigo o familiar.

Realidad: Esté listo a repagar el préstamo; el banco desea un fiador por una razón: no espera que el amigo o el familiar pague.

Si soy dueño de la casa contigua a la suya y no tengo deudas y usted (debido a su consejero de inversiones) pidió prestado 100,000 dólares sobre su casa, ¿quién ha incurrido en más riesgos? Cuando la economía baja, cuando hay guerra o rumores de guerra, cuando se enferma o tiene un accidente de automóvil o lo dejan sin trabajo, incurrirá en un gran problema con una hipoteca de 100,000 dólares que yo nunca tendré. Así, pues, la deuda hace que el riesgo aumente.

Puesto que la deuda aumenta el riesgo, debemos considerar matemáticamente el factor de una reducción en las ganancias si somos inversionistas sofisticados. Si puede hacer 12% en un fondo mutuo, y trato de hacerlo al invertir en una apuesta o en una ruleta, que le producirá una recompensa de 500%, usted enseguida diría que los dos no pueden compararse. ¿Por qué? Por el riesgo. El sentido común le dice que no compare fondos mutuos con una ruleta sin ajustar la recompensa para el riesgo. El sentido común le dice que descuente 500% de la parte superior de la ruleta debido al riesgo. Luego de descontar la ruleta por el riesgo, usted preferirá el fondo mutuo. Buena selección.

Realmente esto se hace en el ámbito universitario también. Existe una medida estadística del riesgo llamada beta. Una gran beta quiere decir un gran riesgo. A los financieros a nivel de graduados se les enseñan fórmulas matemáticas para hacer que las inversiones riesgosas comparen manzanas con manzanas de inversiones más seguras después del ajuste por riesgo. Nosotros nunca aplicamos esta fórmula a una casa libre de deudas contra una casa hipotecada y con inversiones, lo cual es muy ingenuo. La fórmula técnica es excelente para ponerlo a dormir, pero entienda que no puede comparar el riesgo con el no riesgo a menos que haga ajustes. En fin, que después del ajuste por impuestos y riesgo, usted no hace dinero esa formulita. Al cabo de una vida haciendo hipotecas e inversiones, la persona libre de deudas saldrá airosa. Quizás no sea este año, quizás no sea el siguiente, pero en conjunto, la vida le enseñará sobre el

Dave declara...

Cuando a su esposo le den el aumento que espera, no ajuste su estilo de vida al aumento. ¡Ahorre más! ¡Invierta más!

riesgo, y el que está libre de deudas le gusta lo que aprende mejor que aquellos que tratan de hacer este «fácil» 4%. Cuando usted liquida el pago de su casa y no tiene más pagos, pruebe algo. Siéntese en su portal ya pagado y quítese sus zapatos ya pagados. Ahora póngase de pie y camine en su patio ya pagado. ¡Se siente diferente! Claro que sí.

Mito: Tome una hipoteca a treinta años y prométase pagarla como si fuera por quince años, de modo que si algo va mal, tenga espacio para moverse.

Realidad: Algo andará mal.

De una cosa estoy seguro en la *Transformación total de su dinero*, y es que tenía que dejar de decirme a mí mismo que yo tenía disciplina innata y un fabuloso dominio propio natural. Eso es mentira. Tengo que poner en práctica sistemas y programas que me hagan actuar correctamente. Decir: «Prefiero morir antes que faltar a mi promesa, y sé que haré pagos extras en mi hipoteca porque soy el único ser humano en el planeta que tiene esa clase de disciplina», es engañarse usted mismo. Una gran parte de lo que se necesita para ser fuerte financieramente es que sepa dónde está su punto débil y tome medidas para asegurar que no será víctima de su debilidad. Y TODOS somos débiles. Hijos enfermos, transmisiones dañadas, vestidos de graduación, cuentas de electricidad altas y vacunación de los perros surgen de pronto y usted no hace los pagos extras.

> Sepa dónde está su punto débil y tome medidas para asegurar que no será víctima de su debilidad.

Entonces continúa la mentira diciendo: «Bueno, el próximo mes lo pagaré». ¡Madure! El FDIC (siglas en inglés de la Corporación Federal de Seguro de Depósitos) dice que 97.3% de las personas no hacen sistemáticamente pagos extras en sus hipotecas.

Doscientos cincuenta dólares más por mes, y usted ahorrará casi 100,000 dólares y quince años de esclavitud. Lo interesante que he observado es que las hipotecas a quince años siempre se pagan en quince años. Repito, parte de una *Transformación total de su dinero* es poner en su lugar sistemas que impulsen pasos inteligentes, que es lo que son las hipotecas a quince años. Las hipotecas a treinta años son para personas que disfrutan tanto la esclavitud, que desean extenderla por quince años más y pagar miles de dólares más por el privilegio. Si usted tiene que obtener una hipoteca, hágase la idea de que solo existen hipotecas a quince años.

Plazos más cortos		
Precio de compra	$130,000	
Pago de entrada	$20,000	
Suma de la hipoteca	$110,000	
A 7% la tasa de interés		
30 años	$732	$263,520
15 años	$988	$177,840
Diferencia	$256	$ 85,680

Si usted tiene una buena tasa de interés, no es necesario refinanciar para pagar una hipoteca en quince años o antes. Sencillamente haga pagos como si fuera una hipoteca a quince años y su hipoteca se pagará en quince años. Si quiere liquidar cualquier hipoteca en doce años o en cualquier número de años que desee, visite mi página web o tome una calculadora y calcule el pago adecuado en su tasa de interés sobre su saldo de una hipoteca a doce años (o el número que usted desee). Una vez que tenga esa suma del pago, pague la diferencia entre ese pago de principal e interés y su pago corriente de principal e interés, y liquidará el pago de su casa en doce años.

La época mejor para refinanciar es cuando puede ahorrar en intereses. Use los formularios de las páginas siguientes para determinar si debe refinanciar. Cuando refinancie, pagar los puntos o los derechos iniciales no redunda en su mejor interés. ¡Los puntos o los derechos iniciales son intereses prepagados! Cuando usted paga puntos obtiene una tasa de porcentaje anual (APR) más baja, porque ha pagado ya algo del interés. Cuando calculo el dinero que ahorran los puntos y uso eso para pagar lo que costaron, toma un promedio de diez años para recobrar el dinero. Mortgage Bankers Association dice que la vida promedio de una hipoteca es cerca de 5.6 años, así que como promedio usted no ahorra suficiente para recobrar su dinero antes de pagar su préstamo mudándose o refinanciando.

Cuando refinancie, pida una cuota «par», que significa cero puntos y cero derechos iniciales. El corredor de la hipoteca puede lograr una ganancia vendiendo el préstamo; ellos no necesitan el derecho inicial para ser rentable.

Mito: Es conveniente aprovechar las tasas más bajas ofrecidas por una hipoteca ARM o hipoteca con tasa ajustable (o hipoteca «balón») si usted sabe que «va a mudarse en unos pocos años de todas maneras».

Realidad: Usted se mudará cuando inicien juicio hipotecario.

La HTA, hipoteca de tasa ajustable [ARM, Adjustable Rate Mortgage], se inventó a principio de los años 80. Anteriormente, aquellos que estaban en el negocio de bienes raíces vendíamos hipotecas con tasas fijas a 7 u 8%. ¿Qué pasaba? Yo estaba allí en medio de aquel desastre de economía cuando las hipotecas con tasa de interés fijo subieron hasta 17% y el mundo de los bienes raíces se congeló. Los prestamistas pagaban 12% sobre CD, pero tenían dinero prestado a 7% en cientos de millones de dólares en hipotecas.

Estaban perdiendo dinero, y a los prestamistas no les gusta perder dinero. Así, pues, nació la hipoteca de tasas ajustables, en la cual su tasa de interés sube cuando suben las tasas de interés prevalecientes en el mercado. La HTA nació para transferirle a usted, el consumidor, el riesgo de altas tasas de interés. En los últimos años, las tasas e hipotecas de casas han llegado a lo más bajo en treinta años. ¡No es aconsejable aceptar algo que se ajusta cuando uno está en lo más bajo de las tasas! Los propagadores del mito parece que desean añadir riesgos a su casa, el único lugar que usted debe estar seguro que tiene estabilidad.

ADÉNDUM UNO

Cómo calcular el nuevo pago
Pago mensual por cada $1,000 del préstamo

_____\1,000= _____X_____ = _____

Precio \1,000=   # de miles X Factor =   Pago mensual

Ejemplo: Precio = $90,000, 15 años a 8%

$90,000/1,000 = 90 X 9.56 (busque la tasa y el # de años financiados) =
Pago mensual: $860.40

Tasa	15 años	30 años
4.5%	7.65	5.07
5.0%	7.91	5.37
5.5%	8.17	5.68
6.0%	8.44	6.00
6.5%	8.71	6.32
7.0%	8.99	6.66
7.5%	9.28	7.00
8.0%	9.56	7.34
8.5%	9.85	7.69
9.0%	10.15	8.05
9.5%	10.44	8.41
10.0%	10.75	8.78
10.5%	11.05	9.15
11.0%	11.37	9.52
11.5%	11.68	9.90
12.0%	12.00	10.29

ADÉNDUM DOS

¿Debo refinanciar?

Amortización y pago de interés   _____

(sin impuestos ni seguro)

Menos nueva amortización y pago de interés   _____

Igual a ahorro mensual   _____

_____ / _____ =   _____

Total de gastos de cierre dividido por ahorro = # de meses para no perder

Ejemplo: Refinanciamiento de una hipoteca de $90,000

    $1,100 de pago actual - $950 del nuevo pago = $150 de ahorro
    $1,950 son los gastos divididos por los $150 de ahorro = 13 meses

¿Estará en esa casa más del número de meses necesario para no perder? Si es así, usted es un candidato a refinanciar.

TABLA DE LOS GASTOS DE CIERRE

Préstamo	Gastos de cierre	Préstamo	Gastos de cierre
30,000	1,500	35,000	1,550
40,000	1,600	45,000	1,650
50,000	1,700	55,000	1,725
60,000	1,775	65,000	1,800
70,000	1,825	75,000	1,850
80,000	1,900	85,000	1,925
90,000	1,950	95,000	1,975
100,000	2,000	150,000	2,300
200,000	2,600	250,000	2,900

ADÉNDUM TRES

Cómo calcular el cambio en una hipoteca de interés variable

La hipoteca de interés variable (ARM por sus siglas en inglés) se ajusta al movimiento de un índice. Usted puede hallar ese índice en la nota original o hipoteca. El índice que más se usa es el de las Notas de la Tesorería (T-Bill). Una hipoteca de interés variable de un año usa la T-Bill de un año, y una hipoteca de interés variable de tres años usa la T-Bill de tres años, y así sucesivamente. Otros índices que se usan son el LIBOR y el 11TH DISTRICT COST OF FUNDS (Costo del dinero del distrito #11).

Primero, averigüe qué índice usa usted y cuándo se ajusta. Después, averigüe (también en sus papeles) qué «margen» se le asignó a su préstamo (por lo general 2.59).

Básicamente el interés de su hipoteca se mueve cuando el índice se mueve.

El índice lo suele publicar todos los días el *Wall Street Journal.*

Así que si usted tiene una hipoteca de interés variable que se ajusta con la T-Bill de un año y un margen de 2.59 (que es el normal), al cumplirse un año del cierre usted busca la T-Bill de un año en el *Wall Street Journal.* Añada la T-Bill a su margen y esa es la nueva tasa (si no está sellada).

Ejemplo: T-Bill 4.41 más margen 2.59 = 7% nueva tasa de interés

Advertencia: Casi todas las hipotecas de interés variable comienzan por debajo del margen el primer año, lo que garantiza un aumento en el pago en su aniversario a menos que la tasa BAJE.

Las hipotecas tipo globo («balloon» en inglés) son peores aun. El globo revienta, y siempre es extraño para mí que el sonido de la explosión sea tan alarmante. ¿Por qué no lo esperamos? Por naturaleza los globos revientan. Las personas con inteligencia financiera siempre se apartan del riesgo, y las hipotecas «balón» crean pesadillas de riesgos. Cuando toda su hipoteca vence en treinta y seis o sesenta meses, usted envía invitaciones a relieve a Murphy (¿lo recuerda? Si puede ir mal, irá mal) para que venga a vivir en su cuarto extra. He visto a través de los años a cientos de clientes y solicitantes como Jill.

Estadísticas sorprendentes

Ochenta por ciento de los estadounidenses creen que su nivel de vida mejorará cuando se retiren. ¡Qué fantasía!

Jill es la esposa de un sujeto sofisticado, que se mueve hacia arriba. Su marido le aseguró que podían ascender porque su carrera iba avanzando rápidamente. Así, pues, obtuvieron la tasa de interés más baja y tomaron una hipoteca «balón» por cinco años. «Acabábamos de saber que nos mudaríamos antes de cinco años», dice ella. Su esposo comenzó a tener dolores de cabeza al tercer año de la hipoteca, lo cual, lamentablemente, descubrieron que era causado por un tumor en el cerebro. Conocimos a este ágil ejecutivo con habla limitada y en silla de ruedas, total y permanentemente inhabilitado a los treinta y ocho años de edad. Le habían salvado la vida, pero las operaciones lo habían devastado. Jill, ya una madre de mediana edad con dos hijos y un esposo inhabilitado, no tuvo las entradas para refinanciar la casa cuando el «balón» se hizo pagadero.

El banco no era el culpable; ellos simplemente cumplían con su trabajo cuando comenzaron el juicio hipotecario. Yo quisiera poder describirles un final feliz, pero la verdad es que vendieron la casa con un extraordinario descuento para detener el juicio hipotecario y ahora alquilan y tratan de sobrevivir. Todo eso ocurrió porque trataron de ahorrar unos cuantos dólares en la tasa de interés, «y sabíamos que íbamos a mudarnos». Y lo hicieron.

Mito: Es bueno tener un préstamo sobre el valor neto de la casa en lugar de un fondo de emergencia.

Realidad: Repito, las emergencias se presentan precisamente cuando usted no necesita incurrir en deudas.

El préstamo sobre el valor neto de la casa es uno de los préstamos que más agresivamente se ofrece en el mercado hoy. El estadounidense promedio endeudado hasta la coronilla ha agotado todos los medios de pedir prestado salvo la segunda hipoteca grande sobre su casa. Esto es muy lamentable porque ahora arriesgamos nuestra casa para ir de vacaciones, abrir un negocio, consolidar deudas o para tener un fondo de emergencia. Las familias vienen a nosotros con extrema urgencia cuando el préstamo sobre el valor neto de la casa es el último gran error que han cometido y la paja que rompe la espalda al camello.

La industria bancaria llama a estos préstamos HEL [Home Equity Loan] para abreviar, y mi experiencia me dice que simplemente dejaron fuera una *L*. (La palabra en inglés *HELL* quiere decir infierno.) Estos préstamos son muy peligrosos y una increíble cantidad de ellos termina en juicios hipotecarios.

Aun una persona conservadora que no tiene deudas de tarjetas de crédito y paga en efectivo sus vacaciones puede caer en el error del HEL al establecer un préstamo o una «línea de crédito» solo para emergencias. Eso parece razonable hasta que usted ha pasado por una emergencia o dos, y comprende muy claramente que una emergencia es cuando menos necesita pedir prestado dinero. Si sufre un accidente de automóvil o pierde su empleo y pide prestado 30,000 dólares contra su casa para ir viviendo mientras se recupera, probablemente perderá su casa. La mayoría de los HEL son renovables anualmente, queriendo decir que ellos lo recalifican para el préstamo una vez al año.

Ed y Sally no se dieron cuenta de eso. Ed es un tipo muy sofisticado financieramente, o al menos lo cree, de modo que tenía un HEL para emergencias. Sally sufrió un grave accidente de automóvil y en tres meses Ed quedó fuera de su empleo debido a una reducción de personal. Inmediatamente acudieron al HEL y se atrasaron en sus cuentas. La renovación anual llegó en el HEL, y el banco decidió no renovar el préstamo debido a su mal crédito, que había sido perfecto durante los diecisiete años previos de matrimonio. El banco exigió el pago. Ed no podía creer que el banco les diera un puntapié estando en el suelo. La exigencia del pago significaba que tenían que refinanciar para pagar al banco, pero ¿sabe qué pasó? Ellos no podían porque su crédito era malo. El resultado final fue muy lamentable; vendieron su casa para evitar un juicio hipotecario.

Ed estaba equivocado. Ellos debían haber tenido un fondo de emergencia en lugar de un préstamo.

Mito: ¡Usted no puede pagar una casa al contado!
Realidad: ¿Quiere apostar?

Primero, permítanme decirle que la deuda de la hipoteca es la única clase de deuda de la que no hablo a gritos. Yo quiero que pague su casa como parte de su total transformación del dinero, y por todas las razones expuestas en las páginas precedentes, usted tiene que ser muy cuidadoso. Cuando se me pregunta acerca de las hipotecas le digo a todo el mundo que nunca tome un préstamo por más de quince años a una tasa fija de interés y nunca tenga un pago por más de 25% de su ingreso neto. Esto es lo máximo que usted debe pedir prestado.

Yo no pido prestado dinero nunca. Luke me llamó desde Cleveland para decirme que algunos de mis oyentes y lectores están haciendo lo que Sharon y yo hemos hecho. «El plan del pago inicial de 100%». Pagar en efectivo. La mayoría de las personas no piensan que eso puede hacerse. Luke lo hizo.

> Pagar al contado por una casa es posible, muy posible.

Luke hizo realmente buen dinero. Su ingreso a los veintitrés años era de 50,000 dólares, y se casó con una joven que ganaba 30,000 dólares. Su abuelo le había predicado que nunca pidiera dinero prestado. Así, pues, Luke y su nueva esposa vivían en un pequeño apartamento sobre el garaje de una dama rica. Pagaban solo 250 dólares mensuales por eso. Vivían con nada y no hacían nada que costara dinero y podían ahorrar. ¡Y qué cantidad ahorraron! Con una entrada de 80,000 dólares, ahorraron 50,000 dólares al año por tres años y pagaron al contado una casa de 150,000 dólares. Cerraron la compra el día en que la esposa de Luke cumplía veintiséis años. Vivían como nadie, y ahora viven como nadie. Si usted hace 80,000 dólares al año y no tiene pagos, puede llegar a ser muy rico muy pronto.

Pero recuerde que los amigos de Luke y sus familiares creían que él debía vivir de otra manera. Se burlaban de sus autos, de su estilo de vida y sus sueños. Solo su esposa y su abuelo creían en sus sueños. ¿Qué importa lo que piensen las personas en quiebra? Puede ser que no gane 80,000 dólares al año, pero usted quizás no necesite una casa de 150,000 dólares para empezar. Tal vez haga 80,000 dólares por año, así que su sueño puede tomar cinco años en lugar de tres como Luke. ¡Pregunte a cualquiera de ochenta años si cinco años de sacrificio merecen cambiar su destino financiero para el resto de su vida! Pregunte a un octogenario si cinco años de sacrificio no valen la pena y tener la satisfacción de saber que usted cambió su árbol familiar. Pagar al contado por una casa es posible, muy posible. Lo que es difícil es encontrar personas dispuestas a pagar el precio en sacrificio de un estilo de vida.

M i historia comienza con el sacrificio a los que tienden a enfrentarse la mayoría de los logros financieros. Uno de los más apremiantes principios financieros que Dave Ramsey ejemplifica en su trabajo es que hay necesidad de establecer metas financieras audaces con la convicción de perseverar. Para la época en que yo cumplía 26 años había ahorrado suficiente dinero para pagar al contado una nueva casa. La verdadera naturaleza de cómo manejo el dinero me fue inculcada a una tierna edad. Mis padres venían de familia muy pobre donde no podían satisfacer sus necesidades básicas. Aprendieron a estar contentos con lo que tenían. A diferencia de las filosofías actuales, mi hermana y yo teníamos que aprender a ser pacientes. Nunca hubo premios instantáneos, teníamos primero que aprender a desear lo que teníamos y no siempre a tener lo que deseábamos.

Cuando tenía 19 años, pude haber pedido prestado dinero y comprar un bote de esquiar o un automóvil deportivo como algunos de mis amigos. Sin embargo, escogí ahorrar mi dinero en la búsqueda de construir una casa. En esa época mi entrada bruta era de cerca de 10,000 dólares por año.

Trabajaba de treinta a cuarenta horas a la semana mientras iba a la escuela a tiempo completo. No era nada para mí terminar mi trabajo a las 2:00 a.m. y comenzar otra vez a las 8:00 a.m. Lo bueno que derivé de mi horario era que estaba tan ocupado trabajando que no tenía tiempo para gastar dinero. Mis gastos personales y de negocio eran de un promedio inferior a 6,000 dólares anuales durante cinco años. La parte más difícil para mí en cuanto al ahorro era enfocar mis esfuerzos en ahorrar para algo que parecía imposible.

A fin de combatir el problema tuve que hacer un plan que me mantuviera motivado. Copié el plano del piso para mi casa y lo dividí en cuadrados, con cada cuadrado representando 1,000 dólares respecto del verdadero costo de la casa.

Cuando cumplí 26 años, tenía un promedio de entradas de 44,000 dólares, había ahorrado suficiente dinero para pagar al contado por mi casa y la paciencia había dado fruto. Después de trabajar y ahorrar dinero por tres años, construí una casa de 135,000 dólares con dinero en efectivo.

Ahorrar para una casa y no tener que lidiar con pagos de hipoteca nos ha dado una gran libertad.

John Lambert (edad 30)
Bienes raíces residenciales

Un cuadro de libertad

Bueno, aquí está el sexto paso de bebé, libre de deudas y muy a gusto. Nuestra observación de las familias que se mantienen con intensidad de gacela es que liquidan la hipoteca en unos siete años desde la fecha en que le declararon la guerra a la cultura, desde la fecha en que decidieron tener una *Transformación total de su dinero*. Estoy seguro ahora que usted está más que convencido de que este no es un libro para hacerse rico con rapidez. ¿Qué autor le diría a una cultura de microonda que necesita un promedio de siete años para alcanzar el último paso de bebé?

¿Qué clase de autor le diría a una cultura de música electrónica que los primeros dos pasos necesitan unos dos o dos años y medio muy difíciles? Un autor que haya visto esto realizado decenas de miles de veces por personas ordinarias con deseo extraordinario de hacer eso, es el mismo que le dice a usted que no es fácil, pero que vale la pena.

He utilizado el argumento emocional con la radioaudiencia y con la audiencia en vivo, de que la hierba se siente de modo diferente bajo sus pies cuando usted es su dueño. Cuando usted paga la hipoteca, haga una fiesta para celebrar el hecho e invite a todos sus amigos, familiares y vecinos. Tal vez puedan imitarlo y deseen una *Transformación total de su dinero* al ver que la suya funciona realmente.

Si usted visita mi oficina, encontrará en nuestra sala de reuniones recuerdos de personas que adoptaron la *Transformación total de su dinero*. Hay montones de exhibiciones de tarjetas de crédito destruidas y

ARITMÉTICA TORCIDA

Por fin, la Internet sirve para algo

Cada año, más de 4 mil millones de dólares en becas no académicas ni atléticas quedan sin reclamar. (¡Qué barbaridad!) Poner a su adolescente candidato a la universidad a trabajar buscándolas puede producir miles (o aun decenas de millares) de dólares para las cuotas universitarias. ¿No vale la pena dejar el televisor, los foros de la Internet o los juegos de vídeos unas horas a la semana?

mutiladas que envían las personas que han descubierto que si *viven* como nadie, después *podrán* vivir como nadie. Una de las más notables piezas expuestas es una carta enmarcada con una bolsa de cierre con cremallera. Esta carta y la muestra de hierba cañuela me fue entregada en persona en un centro comercial en Louisville, Kentucky. Yo estaba allí en una presentación radial y firmando libros, cuando apareció Alicia, o «Al», como ella quiere que la llamen.

Según su carta, la historia de Alicia era típica, pero no terminaba normalmente. Ella y su esposo comenzaron la *Transformación total de su dinero* a la edad de 25 años. Ellos me oían en nuestro programa de radio y decidieron que ya habían padecido bastante. Comenzaron con 20,000 dólares en préstamos estudiantiles, 10,000 dólares en préstamos para automóviles, 3,000 dólares en deudas de tarjetas de crédito, y una hipoteca de 85,000 dólares; un gran total de 118,000 dólares en deudas. Con una entrada neta de 70,000 dólares al año, liquidaron todo en seis años. A los 31 años, Al se paró delante de mí como una mujer libre y sonriente. Me trajo, además, uno de mis regalos favoritos: una carta y un saquito con cremallera. ¿Qué había dentro del saquito? Hierva cañuela de su patio, «porque —dijo— la hierba se siente de modo diferente bajo mis pies descalzos en mi patio, ahora que no hay hipoteca y que estamos LIBRES DE DEUDAS». Le pregunté qué iba a hacer ahora que estaba libre de deudas. Su respuesta fue divertida. Me dijo que ella y su esposo iban a cenar para celebrarlo. En la comida iban a hacer dos cosas, primero, leer el menú de izquierda a derecha para hacer las cosas distintas, ya que el costo no era ahora lo primordial. Segundo, ¡en la cena de celebración intentarían gastar más que en un pago del automóvil! Ve usted, si usted vive como nadie, después podrá vivir como nadie. A continuación Al me dijo que ella y su esposo estaban tomando un curso directo sobre el último paso de bebé y darían más de lo que ellos habían jamás imaginado que tendrían. A los 31 años esta pareja está destinada a muy altos niveles de riqueza. Felicidades, Al, tú y tu esposo son verdaderos ejemplos de lo que es una *Transformación total de su dinero*.

12

Cree riqueza como loco: Arnold Schwarzedollar, Míster Universo del Dinero

Usted ha alcanzado el número perfecto, el séptimo paso de bebé. Al alcanzar la última etapa de la *Transformación total de su dinero*, ha entrado al tope de 2% de los estadounidenses. Está totalmente libre de deudas: no hay pago de casa, no hay pagos de autos. No está bajo el dominio de ninguna tarjeta de crédito, no tiene préstamos de estudiantes (su vieja mascota) y está libre. Vive con arreglo a un plan escrito y conviene en esto con su cónyuge, si están casados. Usted está destinado a un retiro que aparenta considerablemente ser mejor que Alpo y la Inseguridad Social. Si tiene hijos, serán estudiantes sin préstamos estudiantiles. Usted ha vivido diferente de los demás, y ahora puede vivir mejor que los demás. Con sudor y sacrificio ha recuperado el dominio de su vida y su más poderoso instrumento para crear riqueza, su ingreso.

Séptimo paso de bebé: Creación de riqueza

¿Cuál fue el propósito de tener una *Transformación total de su dinero*? ¿Por qué lo hizo? ¿Por qué tanto sacrificio y trabajo? Estar endeudado y fuera de control no requiere mucho esfuerzo. ¿Por qué pasar esas inconveniencias? ¿Por qué desea tener riquezas? Si cree que la riqueza tiene la respuesta a todas las preguntas de la vida y lo convierte en una persona libre de problemas, está medio loco. He tenido riqueza dos veces en mi vida, y no fue libre de problemas; en realidad, la mayoría de los problemas se escriben con varios ceros. La riqueza no es un mecanismo de escape. Es más bien una tremenda responsabilidad. De modo que, ¿qué haría usted si tuviera 18 millones de dólares que le costaron cuarenta años adquirirlos?

Después de estudiar varios años, enseñar y aun predicar sobre el tema en todos Estados Unidos, encuentro solo tres buenos usos del dinero. El dinero es bueno para DIVERTIRSE. El dinero es bueno para INVERTIR. Y el dinero es bueno para DAR. Todo lo demás que pudiera hacer con el dinero no representa buena salud mental y espiritual de su parte. Así que, si tiene algún día 18 millones de dólares, debe hacer estas tres cosas. Realmente, mientras da los pasos hacia la riqueza, debería hacer

> La riqueza no es un mecanismo de escape. Es más bien una tremenda responsabilidad.

esas tres cosas. Usted ha perdido peso, ha mejorado su sistema cardiovascular y ahora ha aumentado su musculatura porque ha pagado las deudas, ha ahorrado para las emergencias y ha invertido a largo plazo para el retiro y la planificación académica. En esta etapa de la *Transformación total de su dinero*, usted es Arnold Schwarzdollar, Míster Universo del Dinero, con notable musculatura. Tiene toda esa musculatura financiera, de modo que ahora debe hacer algo intencional con ella. No es solo echar un vistazo. Construimos este supercuerpo financiero por una razón. Para tener *DIVERSIÓN*, para *INVERTIR* y para *DAR*.

Sí, tenemos que divertirnos

Al niño dentro de nosotros le gusta la parte DIVERTIDA de esta ecuación, y puesto que hemos hecho que este niño se comporte por largo tiempo con promesas de helados si lo hace, él debe recibir algún helado. ¿Debe alguien tener un reloj de 30,000 dólares? ¿Debe alguien manejar un automóvil nuevo de 50,000 dólares? ¿Debe alguien vivir en una casa de 700,000 dólares? Absolutamente que sí. El problema con las personas es que compran esas cosas cuando no pueden permitírselo. En el capítulo 3 sobre mitos de la deuda, hablé sobre los autos nuevos y cuán mala inversión son.

Bajan de valor muy rápidamente. Debido a que el automóvil nuevo es lo más grande que podemos comprar que baja de valor, su pago es usualmente el mayor que hacemos, salvo la hipoteca de la casa. Aproximadamente 70% de las personas a las que ayudo en la *Transformación total de su dinero* tienen que hacer la difícil decisión de vender su automóvil para poder quedar libres de pagos grandes. Si no se liberan ellos mismos de esa gran deuda y ese pago grande, encontrarán muy difícil escalar los pasos de bebé. Por eso algunos días mi charla por radio se convierte en el programa «venda su auto». Algunos días parece que mi respuesta a cada pregunta es: «Venda el automóvil». «No compre ese automóvil nuevo» es un consejo que usted escuchará de mi parte tan a menudo que lo repetirá en su sueño.

Algunas veces un oyente preguntará si puede permitirse hacer una compra mientras esté siguiendo el plan de la *Transformación total de su dinero*. Otras veces un nuevo oyente llega hasta a preguntar sobre la compra de algo totalmente ridículo. Soy paciente, al principio, para explicar que no pueden hacer eso ahora. Les digo algo como «el fondo de emergencia es más importante que un sofá de piel». Tengo una computadora frente a mí cuando vuelo, cuyo teléfono me informa quién me llama y para qué. No hace mucho tiempo miré la pantalla y vi que Michael estaba esperando para hablar conmigo. La nota decía que deseaba comprar una motocicleta Harley-Davidson. Las motocicletas Harley son fabulosas, pero no son para personas en quiebra porque una buena cuesta más de 20,000 dólares. Juzgué de antemano a Michael como de veintiocho años, con dos pagos de autos, dos hijos, una esposa y sin dinero. Me figuraba que era uno de esos tipos que coloca sus fantasías infantiles antes que el bien de su familia. Cargué mi escopeta para responder su pregunta. Estaba preparado no solo para decirle que no comprara la Harley, sino también para orientar su manera general de considerar las cuestiones financieras.

Creía que Michael estaba probablemente ganando 48,000 dólares por año y en quiebra, de modo que evidentemente no le era negocio comprar un juguete de 20,000 dólares. «Dave, siempre he soñado con tener una Harley», comenzó diciéndome Michael. «Solo llamé para ver si crees que debo comprarla, y si puedo permitírmelo».

Por unos minutos solo pensé en lo estupendas que son las Harley y cómo muchas personas desearían tener una. Usualmente pregunto un poco sobre la situación financiera de la persona que llama, a fin de hacer un juicio casi razonable, por eso le pregunté a Michael cuánto ganó el año pasado. «Unos 650,000 dólares», fue su respuesta. «Sí, pero ¿cuál ha sido su promedio durante los últimos cinco años?», le pregunté, pensando que quizás se sacó el premio gordo. «Cerca de 550,000 dólares por año», fue su respuesta. Ahora sí que me la puso en China. «Y ¿cuánto tienes en inversiones?», inquirí además. «Cerca de 20 millones de dólares», fue su último disparo. «¡Cómprate la Harley, compadre!», fue mi consejo. ¿Puede Michael permitirse un juguete de 20,000 dólares? Absolutamente que sí. ¿Es moralmente erróneo que disfrute de un objeto de diversión que desea, cuando su compra es para él, como porcentaje de su riqueza, igual al de la mayoría de las personas que se compran una comida para niños en un McDonald's?

No, no hay absolutamente ningún error, financiero o moral con esa compra. El hombre se ha ganado su Harley, y mucho más.

Le conté la historia de Michael para estar seguro de que entienden

ARiTMÉTiCA TORCiDA

Hogar dulce endeudar

¿Quiere sacar un préstamo de 100,000 dólares para invertirlos? A 8%, pagaría 8,000 dólares de interés, pero si invierte los 100,000 que pidió sobre su casa y saca 12%, le quedaría neto 4,000. ¿Está seguro?

Después de los impuestos, puede que solo le queden de 400 a 1,600 dólares y habrá puesto su casa en gran peligro.

que una razón para tener la *Transformación total de su dinero* es crear riqueza que le permita divertirse. ¡Así que disfrute de alguna diversión!

Llevar a su familia, aun a los miembros más lejanos, en un crucero de siete días, comprar grandes diamantes, o aun comprar un automóvil nuevo, son cosas que pueden permitirse cuando se tienen millones de dólares. Usted puede permitirse hacer esas cosas porque cuando las hace, su posición económica apenas es afecta-

Mito vs. Realidad	
Mito:	No puedo usar el efectivo porque es peligroso; me pueden robar.
Realidad:	A usted lo roban cada día por no usar el poder del efectivo.

da. Si le gusta viajar, viaje. Si le gusta la ropa, compre alguna. Estoy dejándolo en libertad de disfrutar de alguna diversión con su dinero porque el dinero es para disfrutarlo. Ese disfrute libre de culpabilidad es una de las tres razones para tener una *Transformación total de su dinero*.

Invirtiendo es como nos mantenemos ganando

Al hombre maduro dentro de nosotros le gusta la INVERSIÓN de dinero porque es parte de lo que lo hace a usted rico. Además, los dólares en crecimiento son un medio de mantener el puntaje del juego de la *Transformación total de su dinero*. ¿Estamos ganando? Esto realmente se convierte en un juego. En la película *Two Weeks' Notice*, Hugh Grant hace el papel de George Ward. El personaje de George es una figura decorativa muy rica y consentida al frente de una corporación. Su carácter es uno que no queremos imitar, pero él desempeña un gran papel en la película sobre su dinero. Él le cuenta al personaje de Sandra Bullock que vive en ese lujoso hotel, y le dice imperturbablemente: «Realmente, soy el dueño del hotel; mi vida es un poco como el Monopolio».

¡Diviértase!

Invertir puede sentirse como eso después de un momento: «un poco como el Monopolio». Cuando juega Monopolio, puede subir o puede quedarse atrás. Algunas veces el mercado fluctúa, pero como inversionistas maduros navegamos sobre las olas, nos mantenemos allí por largo plazo. Algunas veces me encuentro con personas que llegan a este paso y se asustan porque tan pronto alcanzan la edad del retiro, sus inversiones van cuesta abajo. No tema nunca, si tiene inversiones de calidad que se ha probado que son buenas, ellas vuelven a valer. Además, no necesita todo el ahorro para retirarse, solo necesita parte de lo que eso produce. Y como usted no lo necesita todo en ese momento, sería tonto hacerlo efectivo mientras el mercado está en su situación más baja. «Comprar cuando está alto, vender cuando está bajo» no es la fórmula de la riqueza. Sea paciente con el mercado mientras permite que el ingreso del nido produzca. Usted puede optar por ser un poco más sofisticado, pero mientras no sobrepase los 10 millones de dólares, yo mantendría mi inversión muy simple. Puede abarrotar su vida con multitud de cargas innecesarias haciendo inversiones sumamente complejas. Yo utilizo los sencillos fondos mutuos y bienes raíces libres de deudas como mi conjunto de inversiones, inversiones muy limpias, sencillas, con algunas ventajas tributarias básicas. Al llegar a este paso de bebé, si desea adquirir algún bien raíz ya pagado, puede ser divertido.

> Administre siempre su propio dinero.

Siempre administre su propio dinero. Debe rodearse de un equipo de personas de mayor capacidad que usted, pero quien toma las decisiones es usted. Puede saber si son más capacitados que usted si pueden explicar cuestiones complejas de manera que pueda entenderlas. Si un miembro de su equipo desea que usted haga algo, «porque yo lo digo», cambie de miembro. Usted no está contratando a un papaíto, está procurando consejo. Dios no les dio a ellos la responsabilidad de su dinero. Se la dio a usted.

Estadísticas sorprendentes

Diecinueve por ciento de las personas que se declararon en bancarrota en 2002 eran estudiantes universitarios.

Las celebridades y los atletas reconocidos pierden con frecuencia toda su fortuna debido a que ceden la responsabilidad de administrar su propio dinero. El administrador del dinero que pierde sus bien ganadas inversiones con esfuerzo no va a vivir con la pesadumbre y el dolor que usted sentirá. La Biblia declara: «En la multitud de consejeros hay seguridad» (Proverbios 11.14). Un buen abogado planificador del patrimonio, un contador público o experto en impuestos, un profesional de seguros o un inversionista profesional, y un buen corredor de bienes raíces son unos pocos de los miembros esenciales del equipo que usted debe reunir en derredor suyo. Apruebo el uso de planificadores financieros si son miembros del equipo y no capitanes de equipo.

Cuando escoja y trabaje con su equipo del dinero, es vital que no traiga solo miembros que tengan el corazón de un maestro, ni el corazón de un vendedor o de un «experto». El vendedor siempre está en busca de una comisión y pensando a corto plazo, y el «experto» no puede ayudar siendo condescendiente, lo cual es cómico porque es probable que tengan menos dinero que usted. Además, cuando pida consejo evalúe si la persona que da el consejo se beneficiará con él. Si su profesional en seguros viene con ideas más grandes de seguro cada semana, puede tener un problema. Eso no es decir que todo el que recibe comisión de usted quiere explotarlo. Hay abundantes personas en el campo financiero que trabajan a comisión únicamente que tienen un alto nivel de integridad. Esté alerta solo de los posibles conflictos de intereses.

M i esposa y yo nos casamos hace nueve años e inmediatamente seguimos la recomendación de algunos amigos de acudir a los consejeros financieros de una importante firma. Ellos desarrollaron *un plan para nuestras metas. El plan incluye mantener los dos fondos mutuos de Sharon y su reserva de efectivo, la compañía de seguros Comprehensive Life y las inversiones con impuesto diferido… hasta aquí todo va bien. El plan incluía también algunos fondos mutuos de la propia firma, una pensión, algunos certificados de acciones, una compañía de inversiones en bienes raíces (REIT, por sus siglas en inglés) y, ya puede imaginarse, seguro de vida con ahorros (Whole Life). No muy bueno. Busqué en mi arsenal algunas armas para evaluar ese plan y no encontré ninguna. Adelanté, ahorrando 50% de mis entradas para esas «inversiones de oportunidad». Entonces tropecé con el programa de radio de Dave Ramsey y comencé a escucharlo. Inmediatamente comprendí que Dave es una de las miles de personas que son más inteligentes que yo. ¡Mi esposa se molesta conmigo, pues ha estado tratando de hacerme entender estos principios todo el tiempo! Primero comprendí que hacer que Sharon tomara todas las decisiones financieras y presupuestarias durante los últimos siete años era algo irresponsable e incorrecto. Después comprendí que yo había estado invirtiendo en un montón de cosas que no entendía. Comencé a investigar los fondos mutuos en la Internet. Le dije a mi asesor de la importante firma financiera que no pensaba que Whole Life era un buen producto. ¡Entonces trató de venderme más! Le dije que no entendía el REIT ni cómo funcionaba. ¿Adivina qué? Él realmente no podía explicarme por qué yo lo tenía, ni cómo funcionaba tampoco. ¡Le dije que quería salirme de eso, y no supo siquiera cómo sacarme de allí! Los comentarios de Dave Ramsey sobre el conocimiento de dónde usted invierte son muy ciertos. Invertir con alguien con «el corazón de maestro» comenzó a lucir atractivo.*

¡Cataplum! Súbitamente todo comenzó a hacerse evidente, de modo que eché inmediatamente a un lado a mi

*«asesor financiero» y decidí enseñar a mis hijos, temprano
en la vida, el plan de la Transformación total de su dinero.*

*Bill (edad 39) y Sharon (edad 39) Been
Piloto de línea aérea; madre y ama de casa*

Dentro del séptimo paso de bebé: Crear riqueza, hay una subsección b, otro hito. El segundo hito dentro del concepto de llegar a ser rico es el «Pináculo».

Criado en los suburbios en Tennessee, crecí acostumbrado a montar en bicicleta y a enfrentarme a las lomas. Para un muchacho de siete años con una bicicleta de una sola velocidad, una loma alta parecía el Everest. Yo no sé qué chico en la historia lo hizo primero, pero la técnica de escalar con una bicicleta de muchacho se ha transmitido a través de generaciones: en zigzag. En lugar de pedalear cuesta arriba, íbamos trabajosamente de lado a lado, ascendiendo poco a poco por nuestras montañas de Tennessee. Las tarjetas de peloteros impopulares sonaban *clic, clic, clic* a través de los rayos de las ruedas mientras ascendíamos. El calor parecía el de un horno, y las gotas de sudor se convertían en ríos. Esta es la época en que un muchacho de siete años empuja con cada músculo de su ser. El esfuerzo y la determinación manifestada en su cara parecen una máscara del «día de todos los santos» del año pasado.

Usted tira de los manubrios con toda la fuerza que sus músculos del brazo producen para impulsar sus piernas sobre los pedales una vez más. Impulsa e impulsa, respira y respira hasta que alcanza la cima.

¿Qué encuentra en la cima? El petulante entre nosotros dice: «Otra altura que escalar». Aquellos con el muchacho aún vivo en nuestro interior sabemos qué había en la cima. Aquellos que aún tienen un muchacho en su interior que puede soñar, que puede creer y que puede esperar sabemos lo que encontramos en la cima. Aquellos que hemos escalado algunas increíbles alturas sabemos qué encontrar aquel verano en Tennessee en la cima de la loma. Encontramos aquel momento perfecto. El momento cuando pisó el pedal la última vez antes de descender la enorme elevación por el otro lado. El momento perfecto cuando se mantuvo en equilibrio, luego de sudar, de trabajar y de la agonía, y de una sonrisa a través de su cara. Ese momento, justo antes que tomáramos la gloriosa jornada en descenso, es el «Pináculo». Y el viaje hacia abajo *es* glorioso. El viento sopla a través de su cabello, y sus pies ya no están sobre los pedales sino sobre los manubrios. El *clic, clic, clic* de las tarjetas de peloteros se convierten en un parlotear con un sonido como de miles de grillos. Usted está ahora disfrutando el paseo; deslizarse es el fruto de su trabajo. Las memorias del esfuerzo, el sudor y los casi reiterados fracasos se desvanecen a medida que brilla el sol y

> ## Dave declara...
>
> Tener cuentas bancarias por separado indica una de dos cosas: ignorancia o problemas.

el viento cosquillea sus oídos, susurrando «¡Eres el rey! ¡Lo hiciste! ¡Escalaste la loma! ¡No te echaste atrás! ¡Pagaste el precio para ganar!» La sonrisa en su alma le dice: «*Meta cumplida*».

Si está comenzando a pensar que soy demasiado dramático, puede que lo sea. Es difícil describir la llegada al «Pináculo» sin ninguna emoción. Este paso de bebé nos lleva al punto donde su dinero traba-

> El viaje en descenso es glorioso.

ja más fuertemente que usted. Este es el instante cuando la concentrada gacela intensa ha tomado cuerpo y su dinero asume vida por su propia cuenta.

Este punto no significa que va a dejar de vivir cuando llegue allí; usted todavía administra y dirige, pero el dinero tendrá sus pies arriba, y usted estará deslizándose cuesta abajo. La riqueza hallará su camino hacia usted. Los errores en su declaración de impuestos serán en su favor; el Departamento de Rentas los descubrirá y le devolverá el dinero con intereses.

Bueno, eso es probablemente un sueño imposible, pero seguro que capta la idea.

Cuando su dinero gana más que usted, usted es oficialmente rico. Cuando puede vivir confortablemente de sus ingresos por inversión, está financieramente seguro. El dinero es un trabajador recio, más duro que usted. Nunca se enferma, nunca sale embarazado y nunca se inhabilita. El dinero trabaja veinticuatro horas al día, siete días a la semana. El dinero cumple con su trabajo y pide solo dirección y un dueño firme.

Ha arribado al pináculo cuando puede vivir de 8% de su nido. Adelante, multiplique su nido por .08 y si puede vivir con esa cantidad o ese número es más de lo que usted gana, usted está bajando la pendiente. ¡Felicidades! ¡Su dinero gana más que usted! Si desea hacer algunos cálculos sobre cómo alcanzar este punto de seguridad financiera, puede usar los formularios de las páginas siguientes. Podrá calcular cuál es el pináculo de su nido de ahorros y, entonces, usando su ingreso disponible, ver cuántos años le tomará subir esa loma. Créame, todo es cuesta abajo después de eso. Disfrute su paseo.

> Cuando su dinero gana más que usted, usted es oficialmente rico.

Dar es el mayor premio de todos los ejercicios

La porción más madura de quién es usted se reunirá con el niño que lleva adentro a medida que aprende a involucrarse en el uso final del dinero, que es DAR. Dar es posiblemente lo más divertido que jamás hará con su dinero. DIVERTIRSE es bueno, pero se cansará del golf y de los viajes, y si come suficiente, la langosta comienza a saberle a jabón. INVERTIR es bueno, pero dar vueltas y vueltas alrededor del cartón de Monopolio al fin pierde su atractivo, especialmente después que alcance el pináculo. Toda persona saludable mental y espiritualmente que he conocido ha sido transformada por la virtud de dar, en tanto que esto no signifique que sus propias luces sean limitadas. Puedo asegurarle, después de haberme reunido literalmente con miles de millonarios, que lo que los saludables comparten en común es el amor por DAR.

Solo el fuerte puede ayudar al débil, y eso también es cierto con el dinero. A un niño pequeño no se le permite cargar a un recién nacido; solo los adultos que tienen fuerza muscular para mantener su seguridad deben cargar a los bebés. Si desea ayudar a alguien, muchas veces no puede hacerlo sin dinero. La Biblia establece que la pura religión es realmente ayudar al pobre, sin teorizar por qué es pobre (véase Santiago 1.27). Margaret Thatcher dijo: «Nadie habría recordado al buen samaritano si él no hubiese tenido dinero». El buen samaritano tenía buen corazón y una bolsa suficientemente rica para pagar al posadero el cuidado del herido. El dinero estuvo involucrado. El dinero brilló como lo mejor ese día. El dinero da poder para las buenas intenciones. Por eso no siento vergüenza de estar a favor de la creación de riqueza.

Mi esposa y yo escuchamos a Dave Ramsey por la radio tanto como podemos. Cuando tenía solo un poco más de 19 años en el ejército, mi esposa y yo decidimos que teníamos que comenzar a hacer un presupuesto. Decidimos que cualquier dinero adicional sería ahorrado, y que no compraríamos nada hasta tener el dinero para pagarlo. Desde entonces no hemos tenido una cuenta que haya pasado de treinta días sin pagar.

Cuando me jubilé era E9 (Primer Sargento de Comando), y decidimos continuar viviendo con mi salario de antiguo E7 (Sargento Maestro). La diferencia y todos mis aumentos iban directamente al banco para ahorros. Nunca tuvimos que hacer un pago por la casa, el automóvil ni ningún mueble. Me retiré hace treinta años, y hemos mantenido nuestro presupuesto y nuestra libertad de deudas. No le debemos un centavo a nadie. Realmente, poseemos una casa y pudimos darla como obsequio a nuestra hija y nuestro yerno, y ellos han vivido con los mismos principios desde entonces. ¡El plan nos puso literalmente en una posición para darles la casa a ellos!

Les Powers (edad 79)
Retirado del ejército

Suelte la mano

Es triste encontrarme con personas que tratan de evitar este tercer uso del dinero, pensando erradamente que van a terminar con más dinero. Eric Butterworth nos habla de un interesante sistema usado para capturar monos en la jungla. Los captores usan pesadas botellas de vidrio con cuellos largos. Dentro de cada botella depositan algunas nueces dulces y olorosas. El aroma de las nueces atrae a los monos hacia las botellas. Cuando los monos meten la mano en las botellas para tomar las nueces, el cuello de las botellas es muy pequeño para que una muñeca cerrada pueda salir. El mono no puede sacar su mano de la botella sin que se le caigan las nueces, lo cual no está dispuesto a hacer. Las botellas son muy pesadas para llevarlas, de modo que los monos quedan atrapados nada más que por su codicia. Podemos sonreír ante estos tontos monos, pero cuántas veces hemos perdido nuestra libertad nada más que por nuestra codicia.

La mayoría hemos dado algo una vez que otra, pero he visto suceder algunas cosas realmente divertidas cuando las personas buenas se convierten en ricos. Cuando usted tiene la *Transformación total de su dinero* puede hacer algunas cosas paulatinamente. Tengo un amigo que compra setenta y cinco bicicletas nuevas para un ministerio urbano cada año. Las compra en Navidad y conjuntamente con un grupo misionero que conoce a las familias en el área, le da una a cada niño en un proyecto subvencionado de viviendas. El lugar está infestado por la droga y cargado de crimen, pero por un día al año, estos muchachos ven a alguien que da sin esperar algo de vuelta.

Otro pastor amigo mío está en un proyecto llamado Semillas de Bondad. Un miembro anónimo de esa congregación fue donando 50,000 dólares a los miembros, un billete de 100 dólares cada vez, para que los fueran repartiendo. El miembro no debía usar ese dinero donado, ni recibir nada en recompensa, y debía darlo tan personalmente como fuera posible. Esos billetes de 100 dólares se fueron entregando de una persona a otra en toda la ciudad con fabulosos resultados. Personas que habían perdido completamente su fe en Dios y en la raza humana se conmovían hasta lo más profundo por un simple regalo de 100 dólares. Los donantes informaban con frecuencia que gozaban más que los que lo recibían.

San Nicolás anónimo

Siempre hemos visto esos poderosos ejemplos de dádivas. *USA Today* ha seguido por varios años a un personaje que se llama a sí mismo San Nicolás Secreto en Navidad. Este San Nicolás Secreto recorre las calles cerca de la Navidad y reparte billetes de 100. Nada exige, nada espera, y permanece anónimo. Algunas veces da a personas necesitadas, y otras simplemente da. Cada año reparte cerca de 25,000 dólares en billetes de 100. Comenzó esta tradición hace años en el pueblo donde reside en Kansas City y se ha movido por todos Estados Unidos. Repartió en Nueva York después del 9 de septiembre de 2001 y en el área de Virginia, Washington, D.C., después del ataque de los terroristas. Simplemente camina y entrega a las personas billetes de 100 dólares. Recibe reacciones fabulosas y escucha maravillosas declaraciones.

En el invierno de 1971 trabajó como vendedor, y cuando su compañía quebró, se encontró también en quiebra. Durmió en su automóvil por ocho días y no había comido por dos días cuando fue al Dixie Diner. Ordenó y comió un gran desayuno. Esperó que la gente se fuera y actuó como si hubiera perdido su billetera. El dueño del restaurante, Tom Horn, que era también el cocinero, se acercó a la silla donde San Nicolás se había sentado y recogió un billete de 20 dólares y le dijo: «Hijo, a usted se le debe haber caído esto». San Nicolás comprendió más tarde que Tom había plantado aquel billete de veinte para dejarlo salir de una desagradable situación con su dignidad intacta. Al salir, San Nicolás dijo: «Gracias, Señor, por ese hombre, prometo que si alguna vez tengo dinero, haré lo mismo».

En 1999 San Nicolás, ahora un empresario muy próspero, buscó a Tom Horn, ahora con ochenta y cinco años, en su hogar de Tupelo, Mississippi. San Nicolás volvió a contar la historia del joven hambriento que en 1971 se hallaba en el portal de Tom con gorro de San Nicolás. Le preguntó a Tom cuánto creía él que sería el valor de 20 dólares en aquella época, y Tom riéndose le dijo: «Probablemente 10,000 dólares». Santa entonces le entregó a Tom 10,000 dólares en efectivo en un sobre. Por supuesto, Tom trató de rechazarlo. Pero finalmente San Nicolás prevaleció, así que Tom depositó el dinero en el banco. Dijo que podría necesitarlo para atender a su esposa que padecía de Alzheimer.

Horn dice acerca de San Nicolás Secreto: «Él no quiere que le den gracias o alabanzas por lo que hace. Lo hace porque brota de la bondad de su corazón». Después de obsequiar a docenas de personas esta última Navidad, San Nicolás dijo: ¿No es divertido estimular a las personas y contemplar la sonrisa en su rostro? Creo que sé por qué San Nicolás da. Porque quizás eso sea lo más divertido que puede hacer con el dinero, y usted nunca lo sabrá hasta que lo haga alguna vez.

Haga las tres cosas

Hay solo tres usos para el dinero: DIVERSIÓN, INVERSIÓN y DONACIÓN. Usted no puede atribuirse el estatus de la *Transformación total de su dinero* hasta que haya hecho estas tres cosas.

No tiene que comprar una Harley, invertir millones o regalar 25,000 dólares en efectivo, pero tiene que hacer algo de cada una. Y como dije anteriormente, debería comenzar haciendo algo de cada una a medida que da los pasos. Dé algo, aunque done su tiempo sirviendo sopa a los desamparados, comience desde el primer paso de bebé. La diversión también comienza aquí. Aunque tenga que ser una diversión poco costosa al principio, es mayor y mejor a medida que llegamos más alto en los pasos. La inversión, por supuesto, comienza en el cuarto paso de bebé (inversión de 15% de su ingreso para el retiro). Usted no alcanzará el pleno uso y disfrute de su dinero hasta que haga las tres cosas.

El que nunca se divierte con su dinero no capta este punto. El que nunca invierte dinero jamás logrará divertirse. El que nunca da es un mono con su mano dentro de una botella. Haga algo de cada una de esas cosas y si es casado, deje que su esposa tenga alguna flexibilidad tan pronto como se pueda. Después que haya completado el paso del fondo de emergencia, permita que cada uno funcione en las áreas que estimen mejor. Mi esposa, Sharon, es una ahorradora natural, así que siempre hace trampas con el fin de invertir. Yo soy un gastador natural, de modo que quiero estar seguro de que ella se divierte. Ambos gozamos con dar.

Por favor, empuje ese pedal una vez más. Déle hacia atrás si tiene que hacerlo; el fracaso no es una opción. ¡Empuje, empuje! Le prometo, y las decenas de miles de personas que han alcanzado el pináculo en la *Transformación total de su dinero* también lo aseguran, que en la cima de la loma hay un glorioso descenso. ¡Haga esa carrera con nosotros!

Soy un buscador de emociones.

No me tiro al mar, ni doy saltos, ni nado con los tiburones. Las emociones que busco como pastor son ligeramente diferentes.

Busco emociones como practicar misiones que llamo «búsqueda y bendición».

De vez en cuando, me encuentro con una madre soltera con tres hijos y un automóvil con gomas raídas. La emoción que busco es pedirle prestado su automóvil para hacer una gestión. La gestión es manejar hasta donde venden gomas y lubricante, y cambiar el aceite del auto y ponerle gomas nuevas. En el viaje de regreso lo lleno de gasolina y lo llevo a lavar. Entonces le devuelvo las llaves y no digo ni una palabra al respecto.

Busco emociones como entrar a un restaurante con mi hija de diez años, y al ver a una pareja de oficiales de policía comiendo, si tengo dinero extra en mi bolsillo, llegar a su mesa y ofrecerle pagar por su comida, como expresión de gratitud por todo lo que hacen en nuestra comunidad. (¿Puede usted llamarle «momento de enseñanza» en la vida de su hijo?)

Busco emociones como poder dejar una buena propina en un restaurante un domingo después de la iglesia, en lugar de ser catalogado como devoto religioso tacaño que da una miserable propina.

Busco emociones como poder disfrutar de paz financiera teniendo mis cuentas pagadas, mi fondo de emergencia abastecido, mi automóvil ya pagado, haciendo depósitos mensuales en mi Roth IRA y en el fondo educacional para mi hijo, y disponiendo de suficiente sobrante de cada cheque de mi sueldo para llevar de 75 a 100 dólares en efectivo conmigo, listo, dispuesto y capaz de responder a las necesidades de las personas que necesiten una mano y no una limosna. Estoy convirtiéndome en una ilustración viviente para un sermón, de que más bienaventurado es dar que recibir. Todas esas emociones son contingentes con mi vida en un lugar de paz financiera, dejando atrás la esclavitud de las deudas, navegando triunfalmente a través del desierto de planificación de flujo de dinero y sabias inversiones, tanto en el reino de Dios como en mi propio futuro financiero.

Como pastor, me preocupa que pudiera ser culpable de «mala práctica espiritual» si no hablaran las vidas de aquellos que apacenté en el área de la mayordomía financiera.

¡La verdad los hará verdaderamente libres!

David Roberston (edad 42)
Pastor

—— 13 ——

Viva como nadie

Usted comenzó este libro financieramente flojo, sobrecargado de deudas, fuera de forma en ahorros y en desesperada necesidad de un adiestrador personal. En estas páginas ha revisado cómo decenas de miles de personas normales han adquirido gran estatura financiera. Este es un libro acerca de cómo salir de deudas y entrar en la riqueza. Desde luego, existe un problema en el seguimiento del plan de la *Transformación total de su dinero*. El problema es sencillamente que es un «plan probado», porque funciona. Si sigue este sistema, *funcionará*. Y dará tan buenos resultados que va a hacerse rico al cabo de veinte a cuarenta años. El problema con hacerse rico es que corre el riesgo de llegar a enamorarse de la riqueza. Podemos fácilmente comenzar a adorar el dinero, especialmente después que tenemos alguno.

Falsos centavos de seguridad

Según Proverbios 10.14, la riqueza de un hombre puede llegar a ser su ciudad amurallada. En tiempos de la Biblia la muralla alrededor de la ciudad era la protección contra el enemigo. Si todo lo que usted obtiene de su riqueza es el concepto erróneo de la misma, la riqueza destruirá su paz. Si deriva de su riqueza la idea de que usted es algún personaje porque reunió cierto dinero, perdió de vista la esencia de la

Transformación total de su dinero. La persona rica que es gobernada por sus pertenencias no es más libre que el consumidor acosado por la deuda que hemos escogido a través del libro. Antoine Rivaroli dijo: «Hay hombres que ganan de su riqueza solo el temor de perderla».

Puesto que ha leído muchas páginas, aprendiendo de mí un sistema para crear riqueza, puede pensar que creo que las cosas son la respuesta a la felicidad, bienestar emocional y madurez espiritual. Usted se equivocará porque yo sé que ese no es el caso. Por el contrario, veo un verdadero peligro espiritual en tener gran riqueza. El peligro es el materialismo pasado de moda. En su gran libro *Money, Possessions and Eternity* [Dinero, posesiones y eternidad], el autor Randy Alcorn echa una mirada exploradora al materialismo. Randy habla de una enfermedad que anda suelta en Estados Unidos: la «afluenza». La afluenza es una enfermedad que afecta a algunos y a sus hijos. Como algunos ricos y sus hijos buscan felicidad, solaz y satisfacción en el consumo de cosas, ellos encaran un problema. Al tratar de que las cosas hagan algo para lo que no están concebidas, salen vacíos y deprimidos y hasta llegan al suicidio. Descubren la sabiduría a través de las etiquetas que se adhieren a los parachoques de los autos: «El que muere con mayor número de juguetes ya está muerto». Las pertenencias son maravillosas; adquiera algunas, pero no permita que la riqueza se convierta en su dios.

Mi esposa y yo nos preocupamos porque nuestra riqueza sea una bendición y no una maldición para nuestros hijos. Por eso somos severos con ellos respecto del trabajo, el ahorro, las donaciones y los gastos. Esperamos mucho de ellos y lo hemos esperado desde que eran muy pequeños. Estoy muy orgulloso del carácter de nuestros hijos. Ellos, como sus padres, no son perfectos, pero están actuando bien. Cuando una de nuestras hijas era adolescente, se quejó: «¿Sabes tú lo difícil que es ser hija de Dave Ramsey? Papá, tú eres muy duro con nosotros, haciéndonos comprar nuestros propios autos y manejar nuestras libretas de cheques. No nos

> El AMOR al dinero, y no el dinero, es la raíz de todos los males

diste flexibilidad». Le respondí que éramos severos con ellos porque un día ellos heredarían nuestra riqueza, y esa riqueza arruinaría sus vidas o llegaría a ser instrumento para mucho bien.

Mis hijos, usted y yo podemos hacer que ocurran cosas buenas como resultado de nuestra *Transformación total de su dinero*, solo si tenemos el carácter espiritual para reconocer que la riqueza no es la respuesta a las preguntas de la vida. Tenemos además que reconocer que si bien la riqueza es muy divertida, viene con gran responsabilidad.

> La riqueza no es la respuesta a las preguntas de la vida.

Otra paradoja es que la riqueza lo hará a usted más de lo que usted es. Vamos a empaparnos de esto por un minuto. Si es un tonto y llega a hacerse rico, será el rey de los tontos. Si es generoso y llega a hacerse rico, será más generoso. Si es amable, la riqueza le permitirá mostrar amabilidad en forma inmensurable. Si se siente culpable, la riqueza le asegurará que se sentirá culpable por el resto de su vida.

Como cristiano, me sorprende cómo ciertos grupos políticos y religiosos han decidido que la riqueza es mala. Muchos de los héroes de la fe bíblica, de la historia universal y de nuestra nación han sido muy ricos, incluso el rey David, Salomón, Job y la mayoría de nuestros Padres Fundadores. Existe una mentalidad negativa que justifica la mediocridad del dinero que es locura. La riqueza no es un mal, y la persona que la posee no es un mal por virtud de la riqueza. No hay rico estúpido ni pobre estúpido. Dallas Willard, en su libro *Spirit of the Disciples* [El espíritu de los discípulos], dice que *usar* la riqueza es causar que se consuman, *confiar* en las riquezas es contar con ellas para cosas que no pueden suministrar, pero poseer riquezas es tener el derecho a decir cómo serán o no usadas.

> *Poseer* riquezas es tener el derecho a decir cómo serán o no usadas.

Si usted es una buena persona, es su deber espiritual poseer riquezas para el bien de la humanidad.

Si es cristiano como yo, es su deber espiritual poseer riquezas de modo que pueda hacer con ellas cosas que den gloria a Dios. El resultado es, que si toma la posición de que administrar la riqueza es malo o carnal, entonces por descuido deja toda la riqueza a la persona mala y carnal. Si la riqueza es espiritualmente mala, entonces las buenas personas no pueden tenerla, de manera que todas las malas personas la poseen. Es deber de las buenas personas adquirir riqueza para que no caigan en manos de las malas personas, porque las buenas personas harán el bien con ella. Si todos abandonamos el dinero algunas almas mal guiadas lo verán como un mal, entonces los únicos con dinero serán los pornógrafos, los traficantes de drogas o los proxenetas. ¿Está claro?

> Es hora de que se convierta en una gacela.

Para darle esperanza

Creo que usted puede decir ahora que la *Transformación total de su dinero* es más que una mera discusión sobre temas de dinero. La *Transformación total de su dinero* lo hace enfrentarse al hombre o la mujer en el espejo. Hacerle frente a ese hombre o esa mujer nos hace encarar aspectos emocionales, de relación, físicos y aun espirituales de nuestra vida. Las personas ricas que he conocido que están satisfechas no tienen una *Transformación total de su dinero*. Ellos tenían una transformación de vida. Porque las finanzas personales son 80% de comportamiento y 20% de conocimiento; usted hará su vida según este proceso, o terminará hecho un miserable. Estoy siendo muy espiritual aquí al final, pero lo espiritual es un aspecto legítimo de la conducta. Conozco a personas bien formadas y maduras que llegaron a ser diseñadas por Dios para cuando tuvieron limpios sus armarios de dinero. Dios tiene un plan para su vida, y ese plan no va a dañarlo; es un plan para su futuro para darle esperanza (Jeremías 29.11).

Esperanza es lo que deseo que saque de la lectura de este libro. Espero que pueda ser como las personas cuyas historias he presentado aquí. Espero que pueda convertir los problemas de dinero en triunfos monetarios. Espero que pueda retirarse con dignidad. Espero que pueda cambiar su árbol familiar porque, al crear riqueza, dejará una herencia. Espero que pueda dar dinero en una forma que nunca antes ha hecho. Es hora de que se convierta en una gacela. Es tiempo para que deje atrás la lectura y el aula de clases y ponga en práctica estos principios. Son viejos principios, y funcionan. Decenas de miles de personas sencillas como usted y yo han llegado a estar libres de deudas y aun ricos usando este plan. No es algo mágico, es puro sentido común. Lo excitante es que cualquiera puede practicarlo, *cualquiera*. ¿Será usted el próximo? Así lo espero.

Modelos de presupuesto

COMPONENTES PRINCIPALES DE UN PLAN FINANCIERO SALUDABLE

	Paso necesario	Fecha del paso
Plan de flujo de dinero		
Testamento o plan de patrimonio		
Plan de reducción de la deuda		
Plan de reducción de impuestos		
Fondo de emergencia		
Fondo para los estudios		
Donativos		
Enseñar a mis hijos		
Seguro de vida		
Seguro médico		
Seguro de incapacidad		
Seguro de autos		
Seguro de la casa		

Yo (Nosotros) _____, adulto(s) responsables, por este medio prometemos dar los pasos mencionados arriba en la fecha marcada para asegurar el bienestar económico de mi (nuestra) familia y el mío (nuestro).

Firmado:_____ Fecha:_____
(tonto o ahorrador)

Firmado:_____ Fecha:_____
(libre o gastador)

HOJA DE VALORES NETOS DEL CONSUMIDOR

ÍTEM/DESCRIBA	VALOR	- DEUDA	= VALOR NETO
Bienes raíces _____	_____	_____	_____
Bienes raíces _____	_____	_____	_____
Auto _____	_____	_____	_____
Auto _____	_____	_____	_____
Efectivo en mano	_____	_____	_____
Cuenta de cheques	_____	_____	_____
Cuenta de cheques	_____	_____	_____
Cuenta de ahorro	_____	_____	_____
Cuenta de ahorro	_____	_____	_____
Cuenta Money-Market	_____	_____	_____
Fondos mutuos	_____	_____	_____
Plan de retiro	_____	_____	_____
Acciones o bonos	_____	_____	_____
Valor efectivo (seguros)	_____	_____	_____
Mobiliario	_____	_____	_____
Joyas	_____	_____	_____
Antigüedades	_____	_____	_____
Barco	_____	_____	_____
Deuda sin garantía (Neg)	_____	_____	_____
Deuda en tarjetas (Neg)	_____	_____	_____
Otro _____	_____	_____	_____
Otro _____	_____	_____	_____
Otro _____	_____	_____	_____
TOTAL	_____	_____	_____

FUENTES DE INGRESO

FUENTE	CANTIDAD	PERÍODO/DESCRIBA
Salario 1		
Salario 2		
Salario 3		
Bono		
Por cuenta propia		
Intereses		
Regalías		
Alquileres		
Notas		
Pensión alimenticia		
Pensión de niños		
AFDC		
Desempleo		
Incapacidad		
Retiro		
Pensión		
Anualidad		
Seguro de incapacidad		
Regalos en efectivo		
Trust fund		
Otro		
Otro		
Otro		
CANTIDAD		

Instrucciones para el plan de flujo de dinero

Cada centavo de sus entradas debe asignarse a alguna categoría en esta hoja. El dinero que «sobra» debe reintegrarse a alguna categoría aun si tiene que crear una nueva. Aquí usted está tomando por adelantado la decisión de gastar. Casi todas las categorías (excepto las deudas) deben tener algún dinero. Ejemplo: Si usted no planea con tiempo cambiar los muebles, cuando lo haga le causará tensión o deuda, así que adelante y planee, ahorre desde ahora. Hay gente que me ha dicho que pueden pasar sin comprarse ropa. ¡No me diga! Tenga cuidado de que en su celo por cuadrar los números no quite lo importante para poner lo urgente.

Escriba la cantidad de cada subcategoría bajo «Subtotal» y el total de cada categoría principal bajo «Total». Durante el primer mes, llene la columna «Gasto real» con los gastos que de veras ha tenido o los ahorros que ha tenido en esa categoría. Si hay una diferencia importante entre el plan y la realidad, algo tiene que hacerse. Usted tendrá que aumentar la cantidad presupuestada para ese gasto y disminuirla en otro o tendrá que controlar mejor los gastos en ese capítulo.

«% de sus entradas netas» es el porcentaje de lo que usted lleva a casa y gasta en esa categoría; por ejemplo, ¿qué porcentaje de lo que lleva a casa gastó en «Vivienda»? Entonces comparamos ese porcentaje con lo que se ofrecen en la hoja «Porcentajes que se recomiendan» para ver si debe ajustar su estilo de vida.

Un asterisco (*) junto a un ítem quiere decir que hay que usar el «sistema de sobres».

El fondo de emergencia debe recibir todos los ahorros hasta que se haya ahorrado de 3 a 6 meses de gastos.

Nota: Los ahorros deben aumentar a medida que se liquidan todas las deudas.

Sugerencia: Si ahorra por adelantado lo de la Navidad, podrá aprovechar las grandes rebajas y dar mejores regalos con el mismo dinero.

- **Hallará tres hojas del «Plan de flujo de dinero» a partir de la próxima página.**

- **Use estos como su modelo para presupuestos con base «cero», el que debe revisarse cada pocas semanas.**

- **Saque suficientes copias de estos modelos para un año de forma que pueda desarrollar los hábitos de manejo de dinero adecuados.**

PLAN MENSUAL DE FLUJO DE DINERO

Ítem presupuestado	Subtotal	TOTAL	Gasto real	% de sus entradas netas
DONATIVOS	_____	_____	_____	_____
AHORROS				
Fondo de emergencias	_____		_____	
Fondo de retiro	_____		_____	
Fondo para los estudios	_____	_____	_____	_____
VIVIENDA				
Primera hipoteca	_____		_____	
Segunda hipoteca	_____		_____	
Impuestos de la casa	_____		_____	
Seguros de la casa	_____		_____	
Reparaciones o cuota de mantenimiento	_____		_____	
Cambiar los muebles	_____		_____	
Otro _____	_____	_____	_____	_____
SERVICIOS				
Electricidad	_____		_____	
Agua	_____		_____	
Gas	_____		_____	
Teléfono	_____		_____	
Basura	_____		_____	
Cable	_____	_____	_____	_____
COMIDA				
*Víveres	_____		_____	
*Restaurantes	_____	_____	_____	_____
TOTAL DE LA PÁGINA 1		_____	_____	_____

PLAN MENSUAL DE FLUJO DE DINERO

Ítem presupuestado	Subtotal	TOTAL	Gasto real	% de sus entradas netas
TRANSPORTE				
Pago del auto	_____		_____	
Pago del auto	_____		_____	
*Gasolina y aceite	_____		_____	
*Arreglos y neumáticos	_____		_____	
Seguros de auto	_____		_____	
Licencias e impuestos	_____		_____	
Reposición de auto	_____	_____	_____	_____
*ROPA				
*Niños	_____		_____	
*Adultos	_____		_____	
*Limpieza/Lavandería	_____	_____	_____	_____
MÉDICOS/SALUD				
Seguro de incapacidad	_____		_____	
Seguro médico	_____		_____	
Médicos	_____		_____	
Dentista	_____		_____	
Optometrista	_____		_____	
Medicinas	_____	_____	_____	_____
PERSONAL				
Seguro de vida	_____		_____	
Cuidado de niños	_____		_____	
*Niñeras	_____		_____	
*Artículos de tocador	_____	_____	_____	_____
TOTAL DE LA PÁGINA 2	_____			

PLAN MENSUAL DE FLUJO DE DINERO

Ítem presupuestado	Subtotal	TOTAL	Gasto real	% de sus entradas netas
*Cosméticos	_____		_____	
*Cuidado del pelo	_____		_____	
Educación/Adultos	_____		_____	
Cuotas escolares	_____		_____	
Materiales escolares	_____		_____	
Pensión de niños	_____		_____	
Pensión alimenticia	_____		_____	
Suscripciones	_____		_____	
Cuotas de organizaciones	_____		_____	
Regalos (incluso Navidad)	_____		_____	
Misceláneos	_____		_____	
*$$ PARA TIRAR	_____	_____	_____	_____
RECREACIÓN				
*Diversión	_____		_____	
Vacaciones	_____	_____	_____	_____
DEUDAS (Ojalá que «0»)				
Visa 1	_____		_____	
Visa 2	_____		_____	
Mastercard 1	_____		_____	
Mastercard 2	_____		_____	
American Express	_____		_____	
Discover Card	_____		_____	
Tarjeta de crédito gasolina 1	_____	_____	_____	_____
TOTAL DE LA PÁGINA 3	_____			

PLAN MENSUAL DE FLUJO DE DINERO

Ítem presupuestado	Subtotal	TOTAL	Gasto real	% de sus entradas netas
Tarjeta de crédito gasolina 2	————		————	
Tarjeta de tienda 1	————		————	
Tarjeta de tienda 2	————		————	
Préstamo 1	————		————	
Préstamo 2	————		————	
Financiamiento 1	————		————	
Financiamiento 2	————		————	
Línea de crédito	————		————	
Préstamo estudiantil 1	————		————	
Préstamo estudiantil 2	————		————	
Otra	————		————	
Otra	————		————	
Otra	————		————	
Otra	————		————	
Otra	————	————	————	————
TOTAL DE LA PÁGINA 4		————	————	
TOTAL DE LA PÁGINA 3		————	————	
TOTAL DE LA PÁGINA 2		————	————	
TOTAL DE LA PÁGINA 1		————	————	
GRAN TOTAL		————	————	
TOTAL DE ENTRADA FAMILIAR		————		
		CERO		

PORCENTAJES QUE SE RECOMIENDAN

He utilizado una compilación de diversas fuentes y mi propia experiencia para presentar las siguientes orientaciones en cuanto a estos porcentajes. Sin embargo, son solo recomendaciones y cambiarán dramáticamente si usted tiene unas entradas muy altas o muy bajas. Por ejemplo, si tiene entradas bajas, el porcentaje de sus necesidades será alto. Si tiene ingresos altos, sus necesidades serán de menor porcentaje, y espero que los ahorros (no las deudas) sean mayores que lo recomendado.

ÍTEM	% ACTUAL	% RECOMENDADO
DONATIVOS	_____	10-15%
AHORROS	_____	5-10%
VIVIENDA	_____	25-35%
SERVICIOS	_____	5-10%
COMIDA	_____	5-15%
TRANSPORTE	_____	10-15%
ROPA	_____	2-7%
MÉDICOS/SALUD	_____	5-10%
PERSONAL	_____	5-10%
RECREACIÓN	_____	5-10%
DEUDAS	_____	5-10%

INSTRUCCIONES PARA UN PLAN DE ASIGNACIÓN PARA GASTOS

Esta hoja es donde el trabajo que ha hecho hasta ahora comienza a darle algo de paz. Usted lleva su «Plan mensual de flujo de dinero» de la teoría a la práctica usando el «Plan de asignación para gastos».

Hay cuatro columnas para distribuir hasta cuatro entradas diferentes en un mes. Cada columna es un período de pago. Si usted es el único que tiene entradas en la casa y le pagan dos veces por mes, usará solo dos columnas. Si los dos trabajan, y a uno se le paga semanalmente y al otro cada dos semanas, sume los dos cheques en las semanas en que ambos reciben uno, y anote solo un cheque en las otros dos. Feche las columnas con las fechas de pago, y anote la entrada de ese período. Al asignar dinero a un ítem, ponga lo que le queda a la derecha de una diagonal. Por ejemplo, la entrada del período 3/1 es de 1,000 dólares, y estamos asignando 100 dólares a donativos, y escribiendo 900 dólares a la derecha de la diagonal en esa misma columna. Unas cuentas saldrán de cada período de pago y otras solo en períodos de pago selectos. Como ejemplo, puede sacar para «gasolina» de todos los cheques, pero pagar la electricidad del segundo período. Usted ya paga ciertas cuentas de ciertos cheques, pero ahora pagará todas las cosas con cheques distribuidos de antemano.

El propósito de esta hoja, que es la culminación de su plan mensual, es asignar o «gastar» todo su cheque antes de recibirlo. No me importa a qué partida lo asigne, pero asígnelo antes de recibirlo. Con esto se eliminan esos tensos síntomas de crisis, porque usted lo tiene todo planeado. Los que tiendan a ser impulsivos deben asignar más dinero a la partida «Para tirar». Por lo menos ahora lo hace a propósito y no mecánicamente. Lo último que tiene que escribir debe ser un «0» a la derecha de la diagonal, lo que quiere decir que ha asignado todo el dinero.

**Un asterisco junto a un ítem quiere decir
que hay que usar el «sistema de sobres».**

**El fondo de emergencia retiene todos los ahorros
hasta tener de 3 a 6 meses de gastos.**

MUESTRA DE PLAN DE ASIGNACIÓN DE DINERO PARA GASTOS

PERÍODO DE PAGO:	_3/1_			
ÍTEM				
ENTRADA	1.000			
DONATIVOS 100/900	_/_	_/_	_/_	
AHORRO				
Fondo de emergencia	50/850	_/_	_/_	_/_
Fondo de retiro	_/_	_/_	_/_	_/_
Fondo para los estudios				
VIVIENDA				
Primera hipoteca	725/125	_/_	_/_	_/_

PLAN DE ASIGNACIÓN PARA GASTOS

PERÍODO DE PAGO: _____ _____ _____ _____

ÍTEM

ENTRADAS _____ _____ _____ _____

DONATIVO _/_ _/_ _/_ _/_

AHORROS

Fondo de emergencias _/_ _/_ _/_ _/_
Fondo de retiro _/_ _/_ _/_ _/_
Fondo para los estudios _/_ _/_ _/_ _/_

VIVIENDA

Primera hipoteca _/_ _/_ _/_ _/_
Segunda hipoteca _/_ _/_ _/_ _/_
Impuestos de la casa _/_ _/_ _/_ _/_
Seguros de la casa _/_ _/_ _/_ _/_
Arreglos o cuota de mant. _/_ _/_ _/_ _/_
Cambiar los muebles _/_ _/_ _/_ _/_
Otro _____ _/_ _/_ _/_ _/_

SERVICIOS

Electricidad _/_ _/_ _/_ _/_
Agua _/_ _/_ _/_ _/_
Gas _/_ _/_ _/_ _/_
Teléfono _/_ _/_ _/_ _/_
Basura _/_ _/_ _/_ _/_
Cable _/_ _/_ _/_ _/_

COMIDA

*Víveres _/_ _/_ _/_ _/_
*Restaurantes _/_ _/_ _/_ _/_

PLAN DE ASIGNACIÓN PARA GASTOS

TRANSPORTE

Pago del auto   _/_ _/_ _/_ _/_
Pago del auto   _/_ _/_ _/_ _/_
*Gasolina y aceite   _/_ _/_ _/_ _/_
*Arreglos y neumáticos   _/_ _/_ _/_ _/_
Seguros de auto   _/_ _/_ _/_ _/_
Licencias e impuestos   _/_ _/_ _/_ _/_
Reposición de auto   _/_ _/_ _/_ _/_

*ROPA

*Niños   _/_ _/_ _/_ _/_
*Adultos   _/_ _/_ _/_ _/_
*Limpieza/Lavandería   _/_ _/_ _/_ _/_

MÉDICOS/SALUD

Seguro de incapacidad   _/_ _/_ _/_ _/_
Seguro médico   _/_ _/_ _/_ _/_
Médicos   _/_ _/_ _/_ _/_
Dentista   _/_ _/_ _/_ _/_
Optometrista   _/_ _/_ _/_ _/_
Medicinas   _/_ _/_ _/_ _/_

PERSONAL

Seguro de vida   _/_ _/_ _/_ _/_
Cuidado de niños   _/_ _/_ _/_ _/_
*Niñeras   _/_ _/_ _/_ _/_
*Artículos de tocador   _/_ _/_ _/_ _/_
*Cosméticos   _/_ _/_ _/_ _/_
*Cuidado del pelo   _/_ _/_ _/_ _/_
Educación/Adultos   _/_ _/_ _/_ _/_
Cuotas escolares   _/_ _/_ _/_ _/_
Materiales escolares   _/_ _/_ _/_ _/_
Pensión de niños   _/_ _/_ _/_ _/_

PLAN DE ASIGNACIÓN PARA GASTOS

Pensión alimenticia	/__	/__	/__	/__
Suscripciones	/__	/__	/__	/__
Cuotas de organizaciones	/__	/__	/__	/__
Regalos (incluso Navidad)	/__	/__	/__	/__
Misceláneos	/__	/__	/__	/__
*$$ PARA TIRAR	/__	/__	/__	/__
RECREACIÓN	/__	/__	/__	/__
*Expansión	/__	/__	/__	/__
Vacaciones	/__	/__	/__	/__
DEUDAS (Ojalá que «0»)	/__	/__	/__	/__
Visa 1	/__	/__	/__	/__
Visa 2	/__	/__	/__	/__
Mastercard 1	/__	/__	/__	/__
Mastercard 2	/__	/__	/__	/__
American Express	/__	/__	/__	/__
Discover Card	/__	/__	/__	/__
Tar. de cré. gasolina 1	/__	/__	/__	/__
Tar. de cré. gasolina 2	/__	/__	/__	/__
Tarjeta de tienda 1	/__	/__	/__	/__
Tarjeta de tienda 2	/__	/__	/__	/__
Préstamo 1	/__	/__	/__	/__
Préstamo 2	/__	/__	/__	/__
Financiamiento 1	/__	/__	/__	/__
Financiamiento 2	/__	/__	/__	/__
Línea de crédito	/__	/__	/__	/__
Préstamo estudiantil 1	/__	/__	/__	/__
Préstamo estudiantil 2	/__	/__	/__	/__
Otra _____	/__	/__	/__	/__
Otra _____	/__	/__	/__	/__
Otra _____	/__	/__	/__	/__
Otra _____	/__	/__	/__	/__

PLAN PARA ENTRADAS IRREGULARES

Muchos tienen entradas irregulares. Si usted trabaja por cuenta propia o a comisión o regalías, planear los gastos se hace difícil, porque no puede predecir sus entradas. De todos modos debe llenar todas las hojas, excepto el «Plan de asignación de dinero para gastos». El plan de flujo de dinero mensual le dirá lo que tiene que ganar al mes para sobrevivir y prosperar, y esos números legítimos son magníficos para establecer metas.

Lo que tiene que hacer es tomar las diferentes partidas en el plan de flujo de dinero mensual y ordenarlos según su importancia. Repito: según su importancia, no según su urgencia. Debe preguntarse: «Si solo tuviera dinero para pagar una cosa, ¿qué pagaría?» Repase la lista con eso en mente. Pero manténgase firme porque hay cosas que parecen importantes cuando solo son urgentes. El ahorro debe tener alta prioridad.

La tercera columna «Cantidad acumulativa» es la suma de todas las cantidades que la preceden en la lista. De esta manera, si recibe un cheque de 2,000 dólares, ya sabe hasta dónde puede llegar en su lista priorizada.

Ítem	*Cantidad*	*Cantidad acumulativa*

PLAN PARA ENTRADAS IRREGULARES

Ítem	Cantidad	Cantidad acumulativa

DESGLOSE DE LOS AHORROS

Después de que su fondo de emergencia esté completo, puede ahorrar para ciertas cosas como cambiar los muebles, el automóvil, arreglar la casa o comprar ropa, y su saldo de ahorros crecerá. Esta hoja está diseñada para recordarle que todo ese dinero está reservado para algo, no para unas vacaciones en Hawai de las que se han antojado porque ahora son «ricos». Mantenga su desglose de ahorro mensual de trimestre en trimestre.

ÍTEM	SALDO DEL MES		
		___	___	___
Fondo de emergencia (1)	$1,000	___	___	___
Fondo de emergencia (2)	3-6 meses	___	___	___
Fondo de retiro		___	___	___
Fondo para los estudios		___	___	___
Impuestos sobre bienes raíces		___	___	___
Seguro de la casa		___	___	___
Reparaciones o cuota de mant.		___	___	___
Cambiar los muebles		___	___	___
Seguro del auto		___	___	___
Cambiar el auto		___	___	___
Seguro de incapacidad		___	___	___
Seguro médico		___	___	___
Médico		___	___	___
Dentista		___	___	___
Optometrista		___	___	___
Seguro de vida		___	___	___
Cuotas escolares		___	___	___
Materiales escolares		___	___	___
Regalo (incl. Navidad)		___	___	___
Vacaciones		___	___	___
Otros _____		___	___	___
Otros _____		___	___	___
TOTAL		___	___	___

LA BOLA DE NIEVE DE LA DEUDA

Enumere sus deudas en orden con la de menor saldo primero. No se preocupe de la tasa de interés a menos que dos deudas tengan el mismo saldo, y entonces ponga la de mayor interés primero. Cuando se elimina primero la deuda menor uno lo siente enseguida, y eso entusiasma para seguir con el plan.

Rehaga esta hoja cada vez que liquide una deuda, para que vea cómo se va acercando a la libertad. Guarde las hojas anteriores para que empapele con ellas las paredes del baño en la nueva casa libre de deudas. El «nuevo pago» se saca sumando a la cuenta en que se está trabajando todos los pagos a las cuentas enumeradas encima, para tener pagos cada vez mayores que lo ayudarán a salir de la cuenta muy pronto. «Pagos que quedan» es el número de pagos que restan al bajar la bola de nieve a esa cuenta. «Pagos acumulativos» es el número de pagos que quedan, incluyendo la bola de nieve, para pagar esa cuenta. En otras palabras, es el total de «Pagos que quedan».

¡CUENTA REGRESIVA HACIA LA LIBERTAD!

Fecha:_____

Cuenta	Saldo total	Pago mínimo	Nuevo pago	Pagos que quedan	Pagos acumulativos
___	___	___	___	___	___
___	___	___	___	___	___
___	___	___	___	___	___
___	___	___	___	___	___
___	___	___	___	___	___
___	___	___	___	___	___
___	___	___	___	___	___
___	___	___	___	___	___

LA BOLA DE NIEVE DE LA DEUDA

Cuenta	Saldo total	Pago mínimo	Nuevo pago	Pagos que quedan	Pagos acumulativos
_____	_____	_____	_____	_____	_____
_____	_____	_____	_____	_____	_____
_____	_____	_____	_____	_____	_____
_____	_____	_____	_____	_____	_____
_____	_____	_____	_____	_____	_____
_____	_____	_____	_____	_____	_____
_____	_____	_____	_____	_____	_____
_____	_____	_____	_____	_____	_____
_____	_____	_____	_____	_____	_____
_____	_____	_____	_____	_____	_____
_____	_____	_____	_____	_____	_____
_____	_____	_____	_____	_____	_____
_____	_____	_____	_____	_____	_____
_____	_____	_____	_____	_____	_____
_____	_____	_____	_____	_____	_____
_____	_____	_____	_____	_____	_____

PRORRATEO DE LA DEUDA

Si usted no puede pagarles a sus acreedores lo que le piden, debe tratarlos a todos con justicia y por igual. Debe pagar aun a los que no son pesados y pagar a todos lo más que pueda. Muchos acreedores aceptarán un plan por escrito y ofrecerán arreglos especiales. Siempre que usted se esté comunicando con ellos y quizás comunicándose demasiado y enviándoles algo. Hemos tenido clientes que han hecho esto aun enviando pagos de 2 dólares y han sobrevivido literalmente por años. Prorrata significa: «lo que le corresponde». El porcentaje del total de la deuda que corresponde a cada acreedor. Eso determinará cuánto le va mandar. Entonces usted manda con un presupuesto y esta hoja todos los meses, aunque el acreedor diga que no lo acepta.

Ítem	Pago Total	Saldo de la deuda	=por ciento	Entrada X disponible	=Nuevos pagos
_____	_____	/_____	=._____	X_____	=_____
_____	_____	/_____	=._____	X_____	=_____
_____	_____	/_____	=._____	X_____	=_____
_____	_____	/_____	=._____	X_____	=_____
_____	_____	/_____	=._____	X_____	=_____
_____	_____	/_____	=._____	X_____	=_____
_____	_____	/_____	=._____	X_____	=_____
_____	_____	/_____	=._____	X_____	=_____
_____	_____	/_____	=._____	X_____	=_____
_____	_____	/_____	=._____	X_____	=_____
_____	_____	/_____	=._____	X_____	=_____